W0196968

Mosaik bei
GOLDMANN

Buch

Attraktiv, clever, aber Single? Dann geht es Ihnen wie vielen tollen Frauen und Männern, denen es unglaublich schwerfällt, den richtigen Partner zu finden. Dabei ist das Glück zu zweit keine Hexerei. Man kann viel dafür tun, um nicht länger allein durchs Leben zu gehen.
Autor und Kommunikationstrainer Eric Hegmann und Diplompsychologin Lisa Fischbach haben als »Dating Docs« in ihren Dating- und Partnerwahlseminaren schon viele Menschen erfolgreich beraten, und sie kennen die Stolpersteine, über die wir bei der Partnersuche immer wieder fallen. Sie erklären, worauf es bei der Partnersuche wirklich ankommt und wie der Traum vom Liebesglück Wirklichkeit werden kann. Ein großer Persönlichkeitstest und zahlreiche Checklisten helfen dabei, herauszufinden, was man sich vom zukünftigen Partner und einer Beziehung wünscht, und viele praktische Übungen sorgen dafür, dass man beim ersten Treffen den besten Eindruck hinterlässt.

Autoren

Eric Hegmann ist Journalist, Autor und Kommunikationstrainer und schreibt als Experte für zahlreiche Zeitschriften und Magazine. Außerdem ist er beratend tätig für PARSHIP.de, die größte Online-Partneragentur für langfristige Beziehungen im deutschsprachigen Raum. Mehr Informationen über Eric Hegmann finden Sie im Internet unter www.eric-hegmann.de
Die Diplompsychologin Lisa Fischbach arbeitet in eigener Praxis als Coach, Trainerin und als Single- und Partnerschaftsberaterin. Sie bietet im Rahmen ihrer Tätigkeit Einzelberatungen für berufliche und persönliche Veränderungsprozesse an sowie Seminare, die sich mit den Themen Partnersuche, Beziehungen und Persönlichkeitsentwicklung auseinandersetzen. Zudem berät sie eine große Online-Partneragentur. Weitere Informationen unter www.lisafischbach.de

Von Eric Hegmann und Lisa Fischbach außerdem bei Mosaik bei Goldmann
Die Traumprinz-Falle (16898)
Online-Dating (16624)
Dating-Regeln (16678)

Eric Hegmann · Lisa Fischbach

Die Dating-Docs

Schritt für Schritt zum Liebesglück

Mosaik bei
GOLDMANN

Alle Ratschläge und Hinweise in diesem Buch wurden von den Autoren und vom Verlag sorgfältig erwogen und geprüft. Eine Garantie kann dennoch nicht übernommen werden. Eine Haftung der Autoren beziehungsweise des Verlags für Personen-, Sach- und Vermögensschäden ist daher ausgeschlossen.

FSC

Mix
Produktgruppe aus vorbildlich
bewirtschafteten Wäldern und
anderen kontrollierten Herkünften

Zert.-Nr. SGS-COC-1940
www.fsc.org
© 1996 Forest Stewardship Council

Verlagsgruppe Random House FSC-DEU-0100
Das für dieses Buch verwendete FSC-zertifizierte Papier *Munken Print*
liefert Arctic Papers Munkedals AB, Schweden.

1. Auflage
Originalausgabe November 2008
© 2008 Wilhelm Goldmann Verlag, München,
in der Verlagsgruppe Random House GmbH
Umschlaggestaltung: Design Team München
Umschlagfoto: Paul Schimweg, Hamburg
Redaktion: Angela Troni
Satz: Uhl + Massopust, Aalen
Druck und Bindung: GGP Media GmbH, Pößneck
WR · Herstellung: IH
Printed in Germany
ISBN 978-3-442-17041-8

www.mosaik-goldmann.de

Inhalt

Anhang

Einführung:
Die Welt des Dating – Singles und Partnersuche heute

»Gibt es eine bessere Form mit dem Leben
fertig zu werden, als mit Liebe und Humor?«

Charles Dickens

»Einen Menschen zu nehmen, wie er ist,
ist noch gar nichts, das muss man immer.
Die wirkliche Liebe besteht darin,
ihn auch zu wollen, wie er ist.«

Emile Chartrier, frz. Philosoph u. Schriftsteller

Über elf Millionen Frauen und Männer zwischen 18 und 59 Jahren bezeichnen sich laut einer Studie im Auftrag von Parship derzeit in Deutschland als Singles. Das ist beinahe jeder Fünfte. Die größte Gruppe stellen übrigens die bis 40-Jährigen. Nicht jeder dieser Menschen möchte jedoch einen Partner, immerhin ein Viertel von ihnen sagt, sie seien nicht auf der Suche.

Warum ist das so? Hier unterscheiden sich die Angaben von Frauen und Männern: Das »starke Geschlecht« hält zu 38 Prozent die eigene Schüchternheit für den größten Hemmschuh bei der Partnersuche, gefolgt von schlechten Erfahrungen (37 Prozent), dem eigenen Alter (30 Prozent) und dem hohen Anspruch (30 Prozent). Dagegen begründen 48 der befragten Frauen, also fast jede zweite, ihr Single-Dasein mit schlechten Erfahrungen, 38 Prozent mit ihrem Alter, und als zu anspruchsvoll bezeichnen sich 32 Prozent.

Die Zahl der freiwillig Alleinlebenden steigt und mit ihr die Ansprüche der Singles an den Wunschpartner. Gerade wer von sich selbst sagt, er habe viel im Leben erreicht, möchte eine Beziehung mit einem Partner, der das ebenfalls von sich behaupten kann. So heiraten Akademiker beispielsweise am häufigsten unter sich.

Allerdings ist die Ehe vor allem in Deutschland nicht mehr gefragt: 76 Prozent der Singles wünschen sich eine langfristige und verbindliche Partnerschaft – ohne Trauschein. Den streben nur noch 24 Prozent an.

Mit derart veränderten Ansprüchen und Lebensumständen der Singles gehen gravierende Umverteilungen auf dem Partnerwahlmarkt einher. Allem voran verändern sich die Orte, an denen Singles ihre zukünftigen Partner zu treffen hoffen – und sie auch tatsächlich treffen. Mehrere Studien zeigen, dass Erwartungen und Realität zumindest in diesem Punkt eng beieinander liegen. Auf Platz eins stehen nach wie vor die eigenen Freunde und das soziale Umfeld als Kuppler. Auf Platz zwei der Arbeitsplatz und auf drei und vier Ausgehen sowie das Internet. Aber: Bereits jeder zweite deutsche Single hat innerhalb der letzten zwölf Monate mindestens einmal online nach einem Partner gesucht, Tendenz steigend. Vor allem die Best Ager, also die 40– bis 59-Jährigen erhoffen und erwarten von der Internetpartnersuche nicht gerade wenig. Nach Meinung der Autoren tun sie das zu Recht, da es im Netz für jeden Geschmack und jede Präferenz eigene Angebote gibt und jedem individuellen Dating-Verhalten Rechnung getragen werden kann.

Während in den kommenden Jahren die Grenzen der zufälligen Partnersuche zwischen so genannten Social Networks, in denen sich beispielsweise Studenten oder Berufstätige bestimmter Branchen vernetzen, Web-2.0-Homepage-Anbietern wie Myspace und Flirtbörsen zunehmend verschwimmen, hält der Erfolg von Online-Partneragenturen weiterhin an. Hier treffen sich überwiegend Menschen der Generation 30+, um zielgerichtet einen Partner für eine Beziehung zu suchen. Dieser Markt erfindet ununterbrochen neue Angebote für seine Zielgruppe: Single-Reisen, Single-Tanzkurse, Single-Kuschelgruppen, Speed Dating, Silent Dating, Flirtseminare, Blind Dates im Dunkeln, Single-Kochen...

Auch wenn die Erfolgschancen mancher Angebote vermutlich eher gering sind: Die Kreativität der Anbieter macht deutlich, wie groß das Bedürfnis zahlreicher Menschen ist, bei der Partnerwahl neue Wege zu gehen und sich dabei an die Hand nehmen zu lassen.

Bei der Betrachtung solch neuer Kennenlernvarianten (von denen sich jedoch beim näheren Hinsehen die meisten als Klassiker in einem neuen, modischen Gewand entpuppen) zeigt sich, wie verschieden die Bedürfnisse der unterschiedlichen Altersgruppen sind. Ein sehr anschauliches Beispiel ist hier das Internet. Während sich Singles zwischen 16 und 25 überwiegend in den kostenlosen Flirtbörsen und Community-Netzwerken tummeln, wo sie vor allem nach neuen Freunden und Bekannten mit ähnlichen Hobbys Ausschau halten, gehen ältere Singles mit ernsthaften Interessen in speziellen Agenturen für den zweiten Frühling auf Partnersuche. Mit zunehmender Computererfahrung entdecken auch immer mehr

Senioren das Web für sich. Deren Ansprüche unterscheiden sich von denen der jüngeren Singles nur wenig (sie sind meist hoch und folgen der Maxime »Ich habe das Beste für mich verdient«), allerdings sind sie geprägt von einem deutlich höheren Realitätssinn. Die »große Liebe« ist nicht mehr das Ziel älterer Singles, sondern vielmehr eine gleichberechtigte Beziehung mit einem passenden Partner, gerne auch in zwei Wohnungen oder gar verschiedenen Städten. In solchen Fällen zeigen sich die älteren Singles für manche überraschend mutig in der Konstruktion ihrer individuellen Lebensgemeinschaften.

Die vielfältigen Single-Angebote ermöglichen vielfältige Lösungen. Daraus ergibt sich: Individuelle Lebenswünsche sind mit dem Bedürfnis nach einer Partnerschaft zunehmend vereinbar.

Gerade das Internet als Veranstaltungskalender, Plattform der Selbstdarstellung und natürlich als gewaltige Single-Börse eröffnet neue Möglichkeiten – und einen neuen Markt.

Allein in Deutschland haben Singles laut einer Studie im Jahr 2007 rund 100 Millionen Euro für Vermittlungs- und Abonnementgebühren verschiedener Dating-Seiten und Online-Partneragenturen ausgegeben. Im Jahr zuvor waren es noch gut 60 Millionen. Tendenz nach wie vor steigend.

Bei diesen Zahlen wird übrigens nicht unterschieden, ob die Singles nun einen Partner für eine Nacht oder fürs ganze Leben suchen. Dabei ist dieser Unterschied überaus wichtig: Denn nur wer weiß, was er will, kann Erfolg versprechend suchen, finden oder gefunden werden.

Die Autoren wollen an dieser Stelle ausdrücklich darauf hinweisen, dass sie nicht denken, eine Partnerschaft sei das einzig Erstrebenswerte für einen Single. Im Gegenteil gibt es durchaus (mal kurze, mal längere) Lebensabschnitte, in denen ein Mensch sich zunächst um sich selbst, etwa um die Aufarbeitung früherer Beziehungen oder einfach nur um neue Kontakte und eine Erweiterung seines sozialen Umfeldes kümmern sollte. So betrachten wir etwa einen Flirt in einer Bar, der in beidseitigem Einverständnis zu einem One-Night-Stand ohne weitere Verbindlichkeiten führt, völlig wertfrei. Dennoch behandelt dieses Buch die erfolgreiche Partnersuche für eine langfristig angelegte Beziehung, sei es zwischen Frauen und Männern, Frauen und Frauen oder Männern und Männern. Aus diesem Grund haben wir den populären Tipps und Tricks der so genannten Pick-up-Artists, die auf die schnelle Verführung und weniger nachhaltigen Erfolg setzen, auch kaum Platz eingeräumt.

Wir stellen den Wunsch nach einer langfristigen Partnerschaft deshalb so sehr heraus, weil wir einerseits denken, dass jeder erfolgreichen Suche ein zuvor definiertes Ziel vorangehen muss, und weil es andererseits im deutschsprachigen Raum durch die Verwendung des englischen Begriffs Dating zunehmend zu Verwirrungen kommt.

Hierzulande werden Dating, Flirten und Verabreden häufig auf die gleiche Ebene gestellt. Wenn *wir* Dating benutzen, dann in der Bedeutung, die wir alle aus diversen TV-Serien kennen und die beispielsweise in Nordamerika verwendet wird: Dort beschreibt Dating nämlich nicht das eigentliche Kennenlernen, sondern den Prozess des Aufeinanderzugehens zweier Personen, die gemeinsam ausprobieren wollen, ob sie zusammenpassen könnten.

So ist es in den USA beispielsweise üblich, dass der Erstkontakt kurz und knapp verläuft: Er trifft sie in einer Bar, sie flirten, dann fragt er: »Darf ich Sie anrufen?« Wenn sie ihm ihre Telefonnummer gibt, bedankt er sich und geht wieder (etwa zurück zu seinen Freunden). Nun liegt es an ihm, sich für das erste Date etwas einfallen zu lassen und sie anzurufen. Daher stammt übrigens die allgemein bekannte, aber hierzulande durch andere Abläufe eher überflüssige Dating-Regel: Innerhalb von 48 Stunden muss er angerufen haben, sonst hat er kein Interesse. Verlief das erste Treffen gut, kommt es meist zu einem weiteren, vielleicht sogar zu einem dritten oder gar einem »Real Date«, das in der Regel zu Sex führt. Von »exklusivem Dating« spricht man dann, wenn beide beschließen, ab sofort keine weiteren potenziellen Partner mehr zu treffen. Bis zu einer solchen Vereinbarung kann es übrigens durchaus einige Monate dauern, in denen beide auch andere in Frage kommende Kandidaten sehen. Dieses Parallel-Dating ist hierzulande allerdings fast nur beim Online-Dating bekannt und verbreitet.

Die unterschiedliche Verwendung des Begriffs »Dating« in Deutschland birgt somit einige Verständnisrisiken, da nicht jeder darunter die gleiche Verbindlichkeit versteht. Hierzulande gehen die meisten Menschen miteinander aus, ohne ihren aktuellen Beziehungsstatus mit einem Begriff festmachen zu wollen. In den USA dagegen besteht sehr wohl ein Unterschied zwischen »Wir sehen uns«, »Wir gehen miteinander aus« und »Wir daten«. Jeder kennt sicher eine TV-Serie, in der jemand erstaunt fragt: »Ist das jetzt ein Date?« Damit wird explizit nachgehakt, ob man denn nun als Freunde oder als mögliche Beziehungspartner einen Abend miteinander verbringt. Das mag für manche kompliziert klingen, anderen erleichtert diese Definition die Beurteilung ihres Suchstatus.

Dieses unterschiedliche Dating-Verhalten hat uns ermutigt, einen Single-Coaching-Führer explizit für den deutschsprachigen Raum zu verfassen.

Wie können Sie dieses Buch nun am besten nutzen? Ganz einfach: Es versteht sich als Angebot, einen Blick hinter die Kulissen zu werfen, bevor Sie auf der Bühne loslegen. Oft glauben wir uns selbst gut zu kennen, haben ein Bild von uns und meinen zu wissen, was wir wollen. Aber ist das wirklich so? Und ist es überhaupt sinnvoll, diese alten Trampelpfade immer weiter zu beschreiten?

Natürlich bietet Ihnen dieses Buch die Möglichkeit, zu verschiedenen Aspekten der Partnersuche, des Kennenlernens und der Anbahnung einer Beziehung Neues zu erfahren, angereichert mit wissenschaftlichen Erkenntnissen, psychologischen Zusammenhängen und aktuellen Informationen zum gegenwärtigen Stand der Dinge. Aber das ist längst nicht alles! Wer die alten Bahnen verlassen will und bereit ist, sich, sein Verhalten und das Miteinander zu durchleuchten und dafür auch noch die Verantwortung zu übernehmen, der findet hier konkrete Anregungen, erprobte Übungen, Ratschläge und Tipps aus der Praxis. Sie erfahren, wie Ihr eigenes Verhalten, Ihre Erwartungen an den Partner und die Beziehung sowie Ihre Muster die Suche nach einem Partner beeinflussen, aber auch, wie sie diese verändern können.

Neue Sichtweisen und Aha-Erlebnisse werden sich einstellen, wenn Sie aktiv mitmachen. Hierzu bieten Ihnen die zahlreichen Checklisten und Übungen in den einzelnen Kapiteln vielfältige Möglichkeiten. Verstehen Sie diese Anregungen als Angebote von uns, mehr über sich selbst zu erfahren. Die Entdeckungsreise, auf die Sie sich begeben, kann Sie überraschen und manchmal herausfordern. Je nach Intensität der Auseinandersetzung mit sich selbst und der Bereitschaft, sich auf die diversen Übungen einzulassen und sich mit den Fragen auseinanderzusetzen, können Bereiche berührt werden, die Sie womöglich als unangenehm erleben werden. Daher möchten wir Sie bitten, während des Prozesses auf sich zu achten und stets das Tempo zu wählen, mit dem Sie sich wohlfühlen.

Manches mag Ihnen anfangs ungewohnt erscheinen, so wie man sich nach der Umgestaltung des Schlafzimmers in der ersten Zeit ständig an der Kommode stößt, weil sie auf einmal im Weg zu stehen scheint, und neben den Lichtschalter der Lampe greift, weil sie jetzt auf der anderen Seite des Nachttisches steht. Aber nach einiger Zeit wird das Neue wieder zur Routine, schleift sich ein und gibt einem das Gefühl, als wäre es schon immer so gewesen – allerdings nur dann, wenn man sich damit wohlfühlt.

Mit diesem Hinweis laden wir Sie ein, verschiedene Blickwinkel einzunehmen, alte Begrenzungen zu hinterfragen und neue Dinge auszuprobieren. Wir können Ihnen natürlich nicht versprechen, dass Sie automatisch einen Partner finden, wenn Sie die Übungen gemacht und die Anregungen umgesetzt haben. Aber sicherlich erhöhen Sie Ihre Chancen, einem potenziellen Partner zu begegnen, allein dadurch, dass Sie aufbrechen und neue Wege einschlagen.

Dieses Buch soll Sie praxisnah und wie ein Coach auf Ihrem Weg begleiten. Deshalb beginnen wir auch mit einem Blick nach innen und entwickeln danach den Blick nach außen. Wenn sich das für Sie allzu therapeutisch anhört: Single-Sein ist kein Anlass für eine Psychotherapie, und Coaching ist auch kein Ersatz für eine solche Therapie. Es setzt die funktionierende Selbststeuerungsfähigkeit des Klienten voraus und appelliert stets an dessen Eigenverantwortlichkeit. Das bedeutet: Sie sind der Experte für Ihre Probleme und Lösungen, der Coach ist lediglich der Experte für die Lösungsfindung oder den Weg dorthin. Wir möchten mit Ihnen gemeinsam individuell passende Lösungen erarbeiten und Ihnen keine vorgeblich allgemeingültigen Vorschläge servieren.

Viel Erfolg und viel Spaß wünschen Ihnen

Lisa Fischbach und Eric Hegmann
Hamburg, im August 2008

1. Blick nach innen

Einführung: Persönlichkeiten und Beziehungsmuster

Bevor es darum gehen kann, einen Partner zu finden, der wirklich zu Ihnen passt, ist eine Bestandsaufnahme Ihrer Persönlichkeit, der eigenen Talente, Vorteile, Stärken und Schwächen nötig. Um diese benennen zu können, müssen viele Menschen sie allerdings erst einmal in sich ausfindig machen. Denn wenn es um Selbstmarketing geht, fühlen wir uns häufig gehemmt. Die meisten von uns wurden dazu erzogen, bescheiden und unauffällig durchs Leben zu gehen. Sich selbst über den grünen Klee zu loben fällt nicht wenigen Menschen schwer. »Glaub bloß nicht, dass du etwas Besonderes bist«, wurde vielleicht auch Ihnen auf den Lebensweg mitgegeben.

Welch ein fataler Irrtum! Jeder Einzelne ist nämlich etwas Besonderes. In der Summe all Ihrer Eigenschaften und sämtlicher Facetten Ihrer Persönlichkeit entsteht ein einzigartiger Mensch, auf den Sie hoffentlich stolz sein können. Denn das, was Sie vielleicht als Ihre Schwäche bezeichnen, kann für Ihren Partner eine Stärke sein, also die ausgleichende Ergänzung, die es für eine stabile Partnerschaft braucht.

Besonders anschaulich wird dies in der Persönlichkeitstypologie von Fritz Riemann aus *Grundformen der Angst*. Sie geht auf die »Lehre von den Temperamenten« des Arztes

Galenos zurück und unterscheidet seit dem Altertum vier Grundpersönlichkeiten: Choleriker, Melancholiker, Phlegmatiker und Sanguiniker. Ein jeder Mensch vereint diese Anteile – natürlich in unterschiedlicher Ausprägung – in sich.

Dabei geht es in keiner Weise darum, Sie in eine Schublade zu stecken. Vielmehr wollen wir Ihnen begreifbar machen, wie unterschiedlich die gleiche Handlung eines Menschen von anderen verstanden und wahrgenommen werden kann. Wenn Sie glauben, dass die Menschen verschieden sind, dann bedeutet die Fortführung dieses Gedankens letztlich, dass alle Menschen anders sind als Sie. Das heißt wiederum, dass Sie der Versuchung widerstehen müssen, Ihre eigene Gedanken- und Erfahrungswelt auf Ihr Gegenüber zu projizieren. Das ist zugegeben nicht einfach, schon gar nicht, wenn man verliebt ist. Schließlich geht es in dieser Phase des Kennenlernens vor allem darum, Ähnlichkeiten mit dem anderen sowie gemeinsame Erfahrungen und Werte herauszufinden. Sollten Sie beispielsweise feststellen, dass ihm oder ihr die gleiche Musik gefällt, so ist das fraglos ein Indiz für einen gleichen Geschmack – aber missverstehen Sie dies bitte nicht als Indiz für gleiche Verhaltensweisen.

Um Gewissheit zu erhalten, bleibt uns nur die Kommunikation – und die kann durchaus auch nonverbal sein. Um sich auszutauschen, braucht es wechselseitig Sender und Empfänger. Die meisten gehen zunächst davon aus, dass ein Sender deutlich mehr Informationen übermittelt, als der Empfänger auswerten kann. Beim ersten Gespräch am Tresen wäre das etwa die gesamte Lebensgeschichte Ihres Gegenübers, die über

Sie ausgeschüttet wird und von der Sie sich garantiert nur einen Teil merken werden.

Das ist allerdings ein Trugschluss. Natürlich bleiben einige Informationen des Senders beim Empfänger auf der Strecke, dafür reichert der Empfänger jedoch die gesendeten Informationen mit subjektiven Interpretationen, Parallelen zur eigenen Wahrnehmung und Erfahrung ebenso wie mit Vorurteilen und Schubladendenken an, so dass am Ende erheblich mehr Infos »empfangen« als »gesendet« werden. Das lässt sich zwar in der Regel nicht vermeiden, aber Sie können es berücksichtigen.

Beim Kennenlernen ist es deshalb hilfreich, wenn Sie sich die Zeit nehmen, Alternativen abzuwägen und Reaktionen zu reflektieren. Manchmal reicht es schon aus, sich die unterschiedlichen Abläufe bei einem selbst und dem jeweiligen Gegenüber bewusst zu machen.

Ohne zu stark zu verallgemeinern oder zu vereinfachen, möchten wir Ihnen im Folgenden eine kleine Übersicht über die verschiedenen Kommunikationstypen vorstellen.

Bei näherer Betrachtung werden Sie erkennen, dass alle diese Kommunikationstypen Eigenschaften besitzen, die einen Menschen – je nach Betrachtungsweise – positiv oder negativ wirken lassen. Nehmen wir als Beispiel einen Buchhalter, also den vernünftigen Typ, und sehen wir ihn uns einmal genauer an: Positiv betrachtet ist er ein gewissenhafter Mensch, der geduldig und strukturiert Dinge abarbeitet, auf den Sie sich verlassen können und der in letzter Minute niemals ein Date absagen würde. Das lässt sich aber auch anders sehen: Er ist korrekt, penibel und detailverliebt und dadurch langsam.

Die Stärken und Schwächen der vier Kommunikationstypen

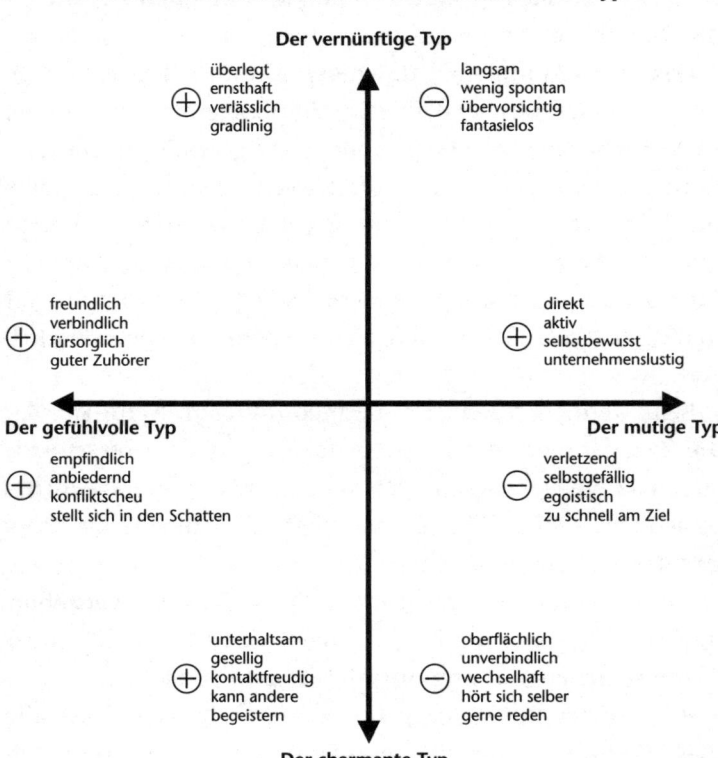

Der vernünftige Typ

⊕ überlegt
ernsthaft
verlässlich
gradlinig

⊖ langsam
wenig spontan
übervorsichtig
fantasielos

⊕ freundlich
verbindlich
fürsorglich
guter Zuhörer

⊕ direkt
aktiv
selbstbewusst
unternehmenslustig

Der gefühlvolle Typ

Der mutige Typ

⊕ empfindlich
anbiedernd
konfliktscheu
stellt sich in den Schatten

⊖ verletzend
selbstgefällig
egoistisch
zu schnell am Ziel

⊕ unterhaltsam
gesellig
kontaktfreudig
kann andere
begeistern

⊖ oberflächlich
unverbindlich
wechselhaft
hört sich selber
gerne reden

Der charmante Typ

Außerdem lassen ihm seine Strukturen keinen Platz für Fantasie. Sie sehen: Ihr Blickwinkel macht den Unterschied.

Es ist davon auszugehen, dass Sie, wenn Sie sich eher als Romantiker sehen, dem Controller wohlwollend gegenüberstehen – und zwar in allen verbindenden Bereichen, also in allem, was Beständigkeit ausdrückt. Denn hier bestehen ein gemeinsames Verständnis und der gemeinsame Blickwinkel.

Anders wenn Sie sich als Entertainer einordnen, den die Freude an schneller Veränderung auszeichnet. Aus dessen Perspektive sind die überlegten Handlungen des Controllers eine Qual, die seiner wechselhaften Erfahrungs- und Wahrnehmungswelt zunächst entgegenläuft.

Sind Sie dagegen ein mutiger Mensch, dann mögen Sie an dem Controller vor allem sein überlegtes Vorgehen, denn Sie beide haben gemeinsam, dass Sie Ihre Ziele erreichen wollen.

Beim Blick auf die Typen, die sich in der Grafik direkt gegenüberstehen, fällt eines sofort auf: Sie unterscheiden sich in jeweils zwei grundsätzlichen Dingen. Sie sind entweder menschen- oder aufgabenorientiert, und sie sind entweder offen für Veränderung und Wechsel, oder sie schätzen Beständigkeit. Die Anknüpfungspunkte in der Kommunikation sind schwieriger, weil diese Paare in der Regel durch ihren Blickwinkel aneinander vorbeireden. Nicht etwa, weil sie boshaft sind, sondern weil sie Dinge unterschiedlich betrachten, verstehen, angehen und bewerten.

Gerade hier wird es spannend: Wem es gelingt, dies wertfrei zu tun, der stellt fest, dass sich gerade jene Typen hervorragend in ihren Stärken ergänzen und ihre Schwächen sogar gegenseitig aufheben. Allerdings können sie im Einzelfall auch so gegensätzlich sein, dass sie sich nicht für ihre Stärken schätzen, sondern diese vielmehr als erhebliche Schwächen ablehnen.

Was bedeutet diese Erkenntnis nun für Ihre Partnersuche? Erstens: Es gibt mehr als einen Flirttyp. Zweitens: Die Chancen stehen gut, dass Sie beim Flirten an einen anderen Flirttyp als ihren eigenen geraten.

Hinterfragen Sie deshalb stets die Reaktionen Ihres Gegenübers, wenn Sie diese nicht verstehen. Versuchen Sie, nicht Ihre eigene Wahrnehmung zum Maßstab zu erheben. Behalten Sie jederzeit im Hinterkopf, dass viele Wege zum Ziel führen können und dass der Weg, der für Sie perfekt ist, für jemand anderen völlig ungeeignet sein kann. Gehen Sie so weit wie möglich wertfrei mit den Signalen des anderen um, bemühen Sie sich um einen anderen Blickwinkel, bevor Sie ihm und sich vorschnell die Chance nehmen. Ganz besonders gilt das übrigens, wenn es um die Frage des Tempos beim Kennenlernen geht. Denn Flirten ist eine besondere Form der Kommunikation, und so wie es verschiedene Kommunikationstypen gibt, gibt es eben auch ganz unterschiedliche Flirttypen mit ihren eigenen Herangehensweisen und Strategien.

Sicher war jeder von uns beim Flirten schon mal mit Kommunikationsproblemen und Missverständnissen konfrontiert. Neben den vielen anderen Herausforderungen beim Flirten wird es ganz besonders dann heikel, wenn verschiedene Flirttypen aufeinandertreffen, die keine gemeinsame »Sprache« sprechen. Denken Sie daher immer daran: Es gibt nicht *den einen* Flirttypen und noch weniger *die eine* Flirtstrategie. Vielmehr geht es darum, sich der Vielfältigkeit bewusst zu sein sowie Signale erkennen, verstehen und senden zu können. Doch bevor wir im Kapitel »Flirtschule« detaillierter auf die besondere Form der Interaktion eingehen, richten wir zunächst einen Blick auf uns selbst und in uns hinein.

Wer bin ich?

Ob Sie bei Ihrem Gegenüber punkten, entscheidet sich binnen weniger Sekunden, denn Ihre Ausstrahlung macht Sie attraktiv – oder nicht. Und die ist nun mal abhängig von Ihrem Selbstwertgefühl. Das bedeutet: Können Sie sich gerade selbst nicht leiden, oder halten Sie sich grundsätzlich für jemanden, in dessen Gesellschaft Sie es nicht eine Stunde aushalten würden, dann strahlen Sie genau das auch aus. Daran werden weder coole Anmachsprüche noch erlernte Strategien oder abgeschaute Erfolgsmethoden etwas ändern können – höchstens für kurze Erfolgserlebnisse.

Attraktiv und sexy sind Sie nur dann, wenn Sie mit sich im Reinen und dadurch in Ihrem Auftritt authentisch sind. Das bedeutet, der erste Schritt bei der Partnerwahl ist ein Schritt zurück. Sie müssen erst auf sich selbst, die eigenen Stärken und Schwächen und auf das eigene Beziehungspotenzial blicken, also auf all das, was Sie in eine Partnerschaft überhaupt einbringen wollen und können.

Viele Singles haben sicher schon mal den mehr oder weniger scherzhaft gemeinten Ausruf gehört: »Du bist doch beziehungsunfähig!« Meist wird damit unterstellt, dass man sich während seines Daseins als Single kleine Ticks oder Marotten angewöhnt hat, die jeden neuen potenziellen Partner in die Flucht schlagen. Das kann die Angewohnheit sein, auch bei minus zehn Grad im Winter bei offenem Fenster zu schlafen. Oder die penible Vorbereitung des Frühstücks – bereits am Abend zuvor – mit aufgefülltem Wasserkocher für den Tee und fertig gedecktem Tisch. Oder die Vorliebe für kitschige Weihnachtsfiguren, die wie Fabeltiere aus 1001 Nacht aussehen.

Wer alleine lebt, muss auf niemanden Rücksicht nehmen und darf sich so geben, wie er möchte. Natürlich sollte man sich auch in einer Partnerschaft nicht verbiegen und seinen Partner so lieben, wie er ist – aber seien wir mal ehrlich: Manche Eigenheiten sind im besten Fall liebenswerte Schrulligkeiten, einige verschwinden automatisch beim Einzug eines Partners und andere sind schlicht die berüchtigte Kehrseite der Medaille.

Jeder von uns bringt mit der eigenen Persönlichkeit auch eigene Verhaltensweisen in eine Partnerschaft ein. Das heißt, ohne Kompromisse und die Bereitschaft, an der Beziehung zu arbeiten, geht es nicht. Mit dem, was Sie persönlich in eine Partnerschaft mitbringen können, meinen wir die Bereiche, in denen Sie Ihrem Partner entgegenkommen können – und die Wegstrecke, die Sie dabei zurücklegen.

Wenn Sie beispielsweise zu jenen Menschen gehören, die sich bei Stress zurückziehen, um zunächst mit sich selbst ins Reine zu kommen, dann werden Sie mit einem Partner, der zum Stressabbau den Austausch mit anderen Menschen und vor allem mit Ihnen benötigt, rasch an die Grenzen des Ihnen Möglichen gelangen. In diesem Fall sind Ihre Bedürfnisse so unterschiedlich, dass wir von Konfliktpotenzial sprechen müssen. Das bedeutet auf keinen Fall, dass Sie nicht miteinander glücklich werden können. Doch statistisch gesehen und auf Basis von Langzeitstudien werden Sie mehr Reflexionsvermögen und Kommunikationstalent aufwenden müssen als zwei Partner, die in diesem Punkt »gleich ticken«.

Es gibt Situationen und Entscheidungen in einer Partnerschaft, bei denen Kompromisse nicht möglich sind und sich nur ein Partner durchsetzen kann. In aller Regel werden Sie daher mal mehr geben, mal werden Sie eher nehmen, und manchmal werden Sie sich danach über sich (und Ihren Partner) ärgern und neue Absprachen treffen.

Vielleicht möchten Sie ja jetzt einwenden: »Aber es gibt Teile meiner Persönlichkeit, die sich nicht steuern lassen.« Sie meinen damit sicher jene Situationen, in denen Sie einfach nicht über Ihren Schatten springen können, so gerne Sie das auch wollen. Oder Sie bezweifeln nach zahlreichen rasch aufgegebenen Annäherungsversuchen und Kontaktanbahnungen sogar Ihre Bindungsfähigkeit. Das sollten Sie jedoch nicht tun.

Fraglos bringt jeder Mensch die Erfahrungen seines Lebens mit in eine Partnerschaft ein – und es wäre naiv, zu glauben, diese Erfahrungen seien ausnahmslos positiv und geeignet, das Vertrauen in uns selbst oder andere zu bestärken.

Der britische Psychoanalytiker John Bowlby bestätigte unter anderem in seinem Buch *Bindung – eine Analyse der Mutter-Kind-Beziehung*, dass die Beziehungserfahrungen mit Bezugspersonen während der Kindheit besonders bedeutsam sind für die spätere Entwicklung eines Menschen. Er hat das Konzept der Bindung als ein emotionales Band zwischen zwei Menschen entwickelt. Ein Kind leitet demnach aus den vielfältigen Reaktionen seiner Bezugsperson den eigenen Wert ab, geliebt und umsorgt zu werden. Daraus entsteht eine modellhafte Vorstellung des eigenen Selbst und der Beziehung zu vertrauten Personen, die alle weiteren Begegnungen und natürlich alle späteren Verbindungen beeinflusst.

Das Material, aus dem dieses Band geknüpft ist, ist das, was Sie in eine jede Partnerschaft einbringen. Wenn Sie sich darüber klar werden, was Sie in einer Beziehung geben können und wollen, haben Sie bereits eine ganze Menge über sich selbst und den zu Ihnen passenden Partner erfahren.

Sind Sie zufrieden mit Ihrem Leben und fühlen Sie sich wohl in Ihrer Haut, vergrößert sich die Chance, einen Partner zu finden oder gefunden zu werden. Selbstzufriedenheit macht attraktiv, und ein ausgeprägtes Selbstwertgefühl wirkt anziehend auf andere, weil damit die Ausstrahlung positiv zunimmt. Wer sich seiner *selbst* bewusst ist, kann mit seinen Stärken und sympathischen Seiten gewinnend in Kontakt treten und beim Flirten punkten. Im folgenden Kapitel nehmen wir daher zuerst das Thema Zufriedenheit ins Visier und anschließend die Bereiche Selbstbild und eigene Stärken.

Wie heißt es so schön? Selbsterkenntnis ist der erste Schritt zur Besserung. Wenn Sie sich mit Ihrer momentanen Lebensgestaltung, äußeren Erscheinung, Fitness oder Wohnsituation nicht wohlfühlen, sollten Sie daran etwas ändern. Fangen Sie am besten noch heute damit an, und sorgen Sie zuallererst für Ihre eigene Zufriedenheit.

Machen Sie sich auf die Suche nach den Dingen, die Sie aktuell stören – ungeachtet der Tatsache, dass Sie ohne Partner sind. Notieren Sie, weshalb Sie sich unwohl fühlen, was Sie nicht an sich mögen und was Sie unzufrieden macht. Umfasst Ihre Liste mehrere Punkte, so sollten Sie im zweiten Schritt eine

Rangfolge erstellen, aus der ersichtlich wird, was Sie besonders unzufrieden macht. Ordnen Sie dafür jedem »Störfaktor« auf Ihrer Liste einen Wert von 1 bis 10 zu.

   1: stört kaum, könnte aber langfristig verändert werden

   5: ist schon lange ein Thema, eine Verbesserung steht in nächster Zeit an

  10: brennt unter den Nägeln

Jetzt haben Sie sich einen Überblick verschafft. Damit diese Erkenntnisse nicht nur gute Vorsätze bleiben, sollten Sie sich umgehend einen ganz persönlichen Projektplan Ihrer Zufriedenheit erstellen. Legen Sie genau fest, was Sie wie und wann angehen möchten. Wichtig ist, nicht alles gleichzeitig und am besten sofort zu wollen. Dabei laufen Sie nur Gefahr, sich zu verzetteln oder zu überfordern.

Ziele, die nicht angemessen und realistisch sind, motivieren nicht, sondern führen vielmehr zu Frustration, weil sie unerreichbar bleiben. Damit haben Sie dann dem hinderlichen Glaubenssatz »Das schaffe ich sowieso nicht« erneut Rechnung getragen und ihn darüber hinaus für die Zukunft bestätigt. Zu hohe Ziele wirken hemmend, weil der Berg unüberwindbar scheint, der vor Ihnen liegt. Sie stärken zugleich den inneren Schweinehund, nichts zu verändern und lieber alles beim Alten zu belassen.

Ihr Projektplan ist besonders dann gegen Durststrecken gefeit, wenn Sie detailliert festlegen, welche Etappen Sie auf dem Weg zu Ihrem großen Ziel meistern wollen. So können Sie zwischendurch messen, wie erfolgreich Sie im Hinblick auf das Gesamtziel bereits sind. Und ganz wichtig: Vergessen

Sie nicht, sich zwischendurch für erreichte Teilziele und am Ende für das große Ganze zu belohnen.

Checkliste 1: Mein Masterplan der Zufriedenheit

Auch wenn vielen Singles ein Partner an ihrer Seite fehlt und diese Tatsache das Empfinden dominiert, sollte jeder versuchen, auch die positiven Seiten dieser Phase zu erkennen. Begreifen Sie die Partnerlosigkeit mehr als eine Chance, Ihr Leben selbstbestimmt zu gestalten und sich voll und ganz der Steigerung Ihrer eigenen Zufriedenheit zu widmen.

Dazu erstellen Sie am besten einen Masterplan für Ihre eigene Zufriedenheit, der beispielsweise so aussehen könnte wie die nebenstehende Tabelle.

Nehmen Sie alle Bereiche Ihres Lebens unter die Lupe, und legen Sie mehr Engagement darauf, Ihre Freizeitaktivitäten zu steigern. Nutzen Sie die Gelegenheit, sich neue Hobbys zu suchen, alte wieder aufzunehmen und mit Bekannten oder Kollegen Unternehmungen zu starten. So stärken Sie Ihre innere Zufriedenheit, Sie kümmern sich gezielt um sich selbst und schenken sich viel Aufmerksamkeit. »Mir mal wieder richtig was gönnen und mich verwöhnen«, sollte das Motto dieses Lebensabschnittes lauten.

Sind Sie mit Ihrem Aussehen unzufrieden, kann es hilfreich sein, erst einmal Zeit in Ihren Körper und Ihre Gesundheit zu investieren. Sport und Wellness intensivieren das eigene Körperbewusstsein. Ein verbessertes Verhältnis zur eigenen Physis geht meist einher mit dem Gefühl, attraktiver zu sein und eine erotischere Ausstrahlung zu haben. Vor allem aber unterbin-

Was und wie genau?	Bis wann?	Ziel erreicht? Ja, denn...
Freizeitaktivitäten erhöhen		
– Welche Hobbys machen mir Spaß? Welche möchte ich wieder aufnehmen?	23. August	Liste liegt vor
– Welche Angebote gibt es in meinem Umfeld? Recherche Branchenbuch, Volkshochschule, Internet	24. August 30. August	Angebote sind recherchiert, Kosten liegen vor
– Kontakt zu den Anbietern aufnehmen und über Angebot und Leistung informieren	7. September	Infos sind eingeholt
– Entscheidung und Anmeldung		Anmeldebestätigung
Die eigenen vier Wände wohnlicher machen		
– Bestandsaufnahme: Was würde ich am liebsten in meiner Wohnung ändern?	1. Juli	Liste erstellt
– Wohnzimmer ausmisten – alles einer genauen Prüfung unterziehen – Überflüssiges raus!	2. Juli	Wohnzimmer ist ausgemistet, altes Gerümpel entsorgt
– Wie soll es werden? Prospekte blättern, Freunde und Bekannte um Rat fragen, Plan machen	14. Juli	Plan ist erstellt
– Umsetzung: Renovierung und Einkauf (verschiedene Geschäfte ansteuern, inspirieren lassen, kaufen)	30. Juli	Liste erstellt Wohnzimmer ist eingerichtet
– Einweihungsessen planen	2. August	Es war ein toller Abend

31

Was und wie genau?	Bis wann?	Ziel erreicht? Ja, denn...
Freundschaften aktivieren, Kontakte pflegen – Welche Menschen in meinem Umfeld zählen zu meinen Freunden? Wer ist mir wichtig? Zu wem möchte ich mehr Kontakt? – Initiative ergreifen, gemeinsame Aktivitäten planen, zum Essen einladen...	...	...
Fitness erhöhen – mehr Bewegung – Bestandsaufnahme: eine Woche beobachten und aufschreiben, wie und wann ich mich bewege (Fahrstuhl statt Treppe, Auto statt zu Fuß) – Wo kann ich Bewegung in den Alltag einbauen? – Welche Sportart passt zu mir? – Mit wem könnte ich das zusammen machen?	...	...
Gesünder ernähren – Bestandsaufnahme: eine Woche beobachten und aufschreiben, wie ich mich ernähre...	...	...

det dieses körperliche Selbst-Bewusstsein das kontraproduktive Kreisen der Gedanken um den ungeliebten Zustand des Alleinseins. Mit einem gesteigerten Wohlbefinden können Sie nun auch besser nach einem passenden Partner Ausschau halten.

In einer Leistungsgesellschaft wie der unseren legen wir das Augenmerk häufig auf hohe Ideale und betrachten diese als Standard. Die Abweichung der eigenen Fähigkeiten und Maße von den Schönheitsidealen wird schnell als Makel empfunden. Gerade Frauen sind erziehungs- und gesellschaftsbedingt darauf fokussiert, extrem selbstkritisch mit sich ins Gericht zu gehen und eher zu betonen, was fehlt oder zu wenig vorhanden ist, als sich stolz auf die Schulter zu klopfen für die vielen wertvollen Eigenschaften und Kompetenzen. Allzu oft werden diese als selbstverständlich wahrgenommen und erscheinen nicht der Rede wert.

Aus diesem Grund richten wir hier erst mal ein außerordentliches Augenmerk auf die eigene Person mit ihren Schokoladenseiten. Nur wer sich seiner Stärken bewusst wird und diese betont, der mindert auch seine Schwächen.

Wie bereits zu Beginn erwähnt, gehört eine gewisse Form von Selbstmarketing zur Partnersuche dazu. Die Kunst besteht darin, die Marke »Ich« ins rechte Licht zu rücken, und zwar in einem angemessenen Maß zwischen Prahlerei und Untertreibung. Das beginnt ganz schlicht mit der Frage: »Was ist besonders an mir?«

Denn eine gute Selbstdarstellung bedeutet letztlich, die eigenen Stärken gekonnt zu betonen. Jeder Mensch hat ganz eigene Stärken und Besonderheiten, die Schwierigkeit liegt eher darin, sie zu entdecken. Seien Sie also Ihr eigener Detektiv, und begeben Sie sich voller Neugier auf eine Entdeckungsreise zu sich selbst.

Übung 1: Perspektivenwechsel – Blick von außen auf mich selbst

Fragen Sie mindestens fünf Freunde, Bekannte, Kollegen oder Familienmitglieder, welchen Eindruck diese von Ihnen haben. Was schätzen sie an Ihnen? Wofür mögen sie Sie? Warum sind sie gerne mit Ihnen zusammen?

Jeder dieser Menschen hat eine persönliche Beziehung zu Ihnen und sieht Sie mit anderen Augen. Je nach Umfeld und Intimität des Kontaktes haben die Befragten eine völlig andere Perspektive auf Sie und Ihre Stärken. Sammeln Sie alle Aussagen, und machen Sie eine Bestandsaufnahme, damit ein rundes Bild entsteht.

Anschließend nehmen Sie Ihre individuellen Besonderheiten viel bewusster wahr als zuvor.

Sicherlich werden Sie einige Ihnen bereits bekannte Dinge hören, aber wahrscheinlich werden auch Aussagen dabei sein, die Sie überraschen. Teilweise sind das völlig neue Aspekte, und Sie hätten sicher nicht vermutet, dass andere diese Fähigkeiten so deutlich an Ihnen wahrnehmen oder Sie gerade für jene Eigenschaften schätzen. Sie haben diese bisher eher als normal empfunden oder vielleicht sogar als kleine Schrulligkeit abgetan.

Jeder Mensch beurteilt sich selbst, so auch Sie. Daraus entsteht Ihr Selbstbild, das subjektiv durch Ihre spezielle Sicht auf Sie selbst geprägt ist. Es ist verzerrt durch kritische Filter, Selbstzweifel und negative innere Glaubenssätze über die eigene Wertigkeit.

Nicht umsonst ist es so schwierig, ein objektives Urteil über sich selbst zu fällen. Daher ist es eine gute Möglichkeit, andere Menschen zu fragen, wie sie einen sehen, und auf diese Weise herauszufinden, inwieweit das Selbstbild mit dem Fremdbild übereinstimmt. Vielleicht sind Sie seit Jahren davon überzeugt, dass Sie ausufernd erzählen und dabei wenig unterhaltsam sind. Das hat dazu geführt, dass Sie nur selten das Wort ergreifen und etwas zum Besten geben. Wenn Sie sich dann einmal durchringen können, berichten Sie so knapp wie möglich. Nun hören Sie von Freunden und Bekannten, dass Sie leider oft etwas wortkarg sind, aber wenn Sie erst einmal erzählen, unheimlich gekonnt auf den Punkt kommen und dabei sogar überaus humorvoll sind. Solche hilfreichen Rückmeldungen sind geeignet, Ihr womöglich negatives Selbstbild zu korrigieren.

Checkliste 2: So erleben andere mich

Damit kein einzelner Punkt dieser wertvollen Erkenntnisse verloren geht, sollten Sie die positiven Antworten aus Ihrem Umfeld notieren. Wenn Sie die Kraft dieser Erkenntnisse nutzen wollen, schreiben Sie sich Ihre Stärken auf ein gesondertes Blatt Papier, und lesen Sie sich die Liste täglich vor dem Schlafengehen laut vor. Dieses auf den ersten Blick ungewöhnliche Ritual wird Ihnen helfen, dass Sie den positiven Klang dieser

Zeilen mit der Zeit verinnerlichen und ihn jederzeit abrufen können. Veränderung heißt auch neue Wege gehen und Ungewohntes ausprobieren. In diesem Fall sogar ohne negative Nebenwirkungen.

Nutzen Sie die folgende Tabelle, und kreuzen Sie die Eigenschaften, die Ihre Freunde, Bekannten, Kollegen und Familie genannt haben, darin an. Am Ende gibt es zusätzlich Platz für weitere Punkte. War die Rückmeldung völlig neu, dann machen Sie bitte in der entsprechenden Spalte ein Kreuz. Wenn Ihnen lediglich die Intensität der Eigenschaft neu war, dann bitte in der nächsten Spalte. War Ihnen das Genannte dagegen bereits bekannt, dann kreuzen Sie die entsprechende Spalte an. Haben Sie die meisten Kreuze in Spalte 2 und 3 gemacht, wird deutlich, wie sehr Ihr Selbstbild vom Fremdbild abweicht. Nehmen Sie dies zum Anlass, Ihr Selbstbild zu korrigieren und anzugleichen. Waren Ihnen die Rückmeldungen größtenteils bekannt, sind Sie sich Ihrer Stärken schon recht gut bewusst.

Eigenschaften/ Werte	Völlig neu für mich	Neu in diesem Ausmaß	War mir schon bewusst	Wer sagt das?
sehr zuverlässig				
hilfsbereit				
einfühlsam				
aufmerksam				
gefühlvoll				
kritikfähig				
unterhaltsam				
humorvoll				
geduldig				
analytisch				
kreativ				
schnell				
gebildet				
toller Gesprächspartner				
kann gut zuhören				
immer gut gelaunt				
mutig				
spontan				
unternehmungslustig				
höflich				
ordentlich				
ehrlich				
geistreich				
kann gut kochen				
großzügig				
attraktiv				
rücksichtsvoll				
ehrgeizig				
fleißig				
teamfähig				
diplomatisch				

Was suche ich (wirklich)?

Bevor wir uns nun Ihre individuellen Wünsche im Hinblick auf Ihren Partner ansehen, betrachten wir kurz, worauf die anderen hoffen: Ehrlichkeit, Treue, Offenheit, Gesprächsbereitschaft und eine optimistische Lebenseinstellung zählen zu den Eigenschaften, die europäische Singles am ehesten von ihrem künftigen Partner erwarten. Ganze 92 Prozent der Singles zwischen Hamburg und München geben sogar an, Humor dürfe auf keinen Fall fehlen. Wir möchten das gerne so interpretieren: Alleinstehende wissen, dass zu einer gut funktionierenden Partnerschaft Beziehungsarbeit gehört und diese mit einem Lachen viel leichter und erfolgreicher zu bewerkstelligen ist als mit nachtragendem Groll.

Dennoch verliert sich so mancher, der sich auf den Partnermarkt begibt, in der Suche nach der perfekten Frau oder dem perfekten Mann. Gepaart mit dem Anspruch, das Beste für einen selbst zu finden, vergisst man leicht, was einem tatsächlich dauerhaft guttut.

Viele Paare, die in einer langjährigen Beziehung leben, berichten: Gerade das, was sie anfangs an ihrem Partner ungeheuer fasziniert hat, finden sie nach einiger Zeit entsetzlich nervtötend. Lena zum Beispiel mochte, als sie ihren Freund kennenlernte, vor allem, wie fest er mit beiden Beinen auf dem Boden stand, wie er seine Karriere im Griff hatte und wie selbstbewusst und seriös er auftreten konnte. Nach zwei Jahren kann sie jedoch das Wort Büro nicht mehr hören, die permanenten Überstunden ruinieren alle gemeinsamen Freizeitaktivitäten, und ihren Erfolgsmann bekommt sie kaum noch zu Gesicht.

Wenn sich nun wie bei Lena der Traumprinz in einen Frosch zurückverwandelt, dann haben Sie vielleicht falsche Prioritäten bei der Partnerwahl gesetzt. Oder einer der Partner hat sich eine Zeit lang so verstellt, wie er dachte, dass es von ihm erwartet würde.

So früh wie möglich sollten Singles deshalb bei potenziellen Partnern auf jene Aspekte achten, die zu den wichtigsten Pfeilern einer Beziehung gehören.

- **Ähnlichkeiten und Übereinstimmungen:** Nur wer sich mit der Erfahrungswelt, den Wertvorstellungen und Lebensmotiven des Partners vertraut fühlt, kann sich auch fallen lassen. Man kann sich geben, wie man ist, und wird dafür geliebt.
- **Positivität der Beziehung gegenüber:** Beide Partner müssen (zur gleichen Zeit) überzeugt sein, dass sie es miteinander versuchen wollen und dass die Chancen gut stehen.
- **Fürsorge:** Hier geht es um die emotionale Bindung. Darunter fällt vor allem der Wunsch, füreinander da zu sein, Vertrauen zum Partner zu haben, sich um ihn zu kümmern und sich für ihn zu interessieren (und das auch zu zeigen).
- **Unabhängigkeit:** In jeder Beziehung brauchen die Partner neben gemeinsamen Erlebnissen auch die Möglichkeit zum Rückzug, um individuelle Bedürfnisse befriedigen zu können. Wenn es zwischen tatsächlichem und gewünschtem Freiraum zu starke Abweichungen gibt, entsteht schnell Unzufriedenheit.

- **Sex:** Wenn es im Bett klappt, dann funktioniert die Beziehung, heißt es häufig. Andersherum wird eher ein Schuh daraus: Wenn die Partnerschaft gut läuft, dann ist auch der Sex gut. Dass die anfängliche Leidenschaft irgendwann abkühlt, ist völlig normal. Vielleicht haben Sie nach einer Weile nicht mehr so häufig Lust, doch wenn Sie Ihrer erotischen Beziehung Aufmerksamkeit und Fantasie widmen, wird das sexuelle Erleben mit den Jahren immer besser und intensiver.

- **Toleranz:** Den anderen so zu akzeptieren, wie er ist, ohne ihn ändern oder verbiegen zu wollen, lautet die Devise. Das bedeutet auch, die eigenen Erwartungen an den Partner zu zügeln. Niemand ist dafür da, dass er Ihre Erwartungen erfüllt. Die Dinge, die Ihr Partner für Sie tut, muss er aus freien Stücken tun – einfordern können Sie nichts.

Wer eine langfristige Beziehung anstrebt, sollte unterscheiden zwischen Eigenschaften, die kurzfristig anziehend wirken, und solchen, die eine Basis für eine Partnerschaft darstellen. Die erste Frage sollte also immer lauten: Was suche ich in einer Partnerschaft? Definieren Sie, was Sie brauchen, damit Sie sich in einer Beziehung wohlfühlen – und lassen Sie sich dabei nicht von idealisierten Bildern aus Romanen, Filmen oder der Presse verführen.

Erst wenn Sie wirklich wissen, was Sie wollen, sollten Sie sich auf die Suche nach dem passenden Partner machen, mit dem Sie Ihre Traumbeziehung gemeinsam erleben (und erarbeiten) können. Eines sollte Ihnen dabei klar sein: Den Traumpartner, der Ihnen ohne Ihr Zutun die perfekte Beziehung frei Haus liefert und Sie von all Ihren Sorgen befreit, gibt es nicht.

Vor allem die Bindungshaltung der Partner definiert, wie sich beide in der gemeinsamen Beziehung fühlen, da sie sehr viel mit den Erwartungen und Wünschen an eine Beziehung zu tun hat. Im Detail können das einzelne Faktoren von Sex bis zum Versorgungsgedanken sein, doch in Gänze lässt sich zusammenfassen: In einer Beziehung ist ein großes Maß an Positivität nötig, damit diese dauerhaft tragfähig bleibt.

Beide Partner sollten also das Gefühl haben, in einer sicheren und verlässlichen Beziehung zu leben. Idealerweise fühlen sie sich einander verbunden, sind bereit, sich für den Partner und die Beziehung zu engagieren, und zufrieden mit dem gemeinsamen Sexleben. Aus derart erfüllten Hoffnungen entsteht also eine Grundhaltung, die den Partnern erst ermöglicht, das Miteinander positiv zu erleben. Weniger wissenschaftlich ausgedrückt geht es darum, die eigene Beziehung möglichst optimistisch zu sehen.

Diese optimistische Grundhaltung basiert ganz klar auf einer individuellen Kosten-Nutzen-Rechnung. Bedenken Sie allerdings eines, wenn Sie Ihre aktuelle Beziehung mit früheren Liebeserfahrungen vergleichen: Ein jeder rechnet anders. Wir bewerten also unsere eigene Attraktivität für eventuelle neue Partner, versuchen einzuschätzen, wie hoch unser Marktwert sein könnte, und prüfen, welche Alternativen wir gegebenenfalls hätten. Am Ende wägen wir noch eventuelle Trennungshindernisse ab, etwa eine gemeinsame Wohnung, gemeinsam angeschaffte Güter, natürlich Kinder, aber auch gemeinsame

Erlebnisse. Vor allem Letztere verleihen der gemeinsamen Lebensgeschichte einen hohen Wert.

Die Kosten-Nutzen-Rechnung geschieht häufig unbewusst, was jedoch nichts daran ändert, dass sie regelmäßig stattfindet – bei jedem von uns.

»Kann ich meinen Partner dauerhaft lieben, obwohl er nicht perfekt ist?« Wer diese Frage mit einem klaren Ja beantworten kann, hat den passenden Lebensgefährten gefunden. Auch wenn es an anderer Stelle in diesem Buch hieß, Sie sollten Ihre Chancen auf eine neue Partnerschaft nicht mit überzogenen Ansprüchen schmälern: *Diesen* hohen Anspruch sollten Sie niemals aufgeben.

Die Antwort auf die Frage, welchen Partner Sie suchen, können Sie nur in sich selbst finden oder aus Ihrem Inneren heraus entwickeln.

Checkliste 3: Beziehungsprofil – Was ist mir in einer Partnerschaft wichtig?

Stellen Sie sich Ihre zukünftige Partnerschaft vor: Wie sollte diese gestaltet sein, was ist Ihnen wichtig? Auf welche Grundpfeiler legen Sie unbedingt wert, worauf möchten Sie ganz sicher nicht verzichten?

Prüfen Sie Ihre Erwartungen, und vervollständigen Sie anschließend die nachfolgende Liste. Oder Sie notieren die Ergebnisse Ihrer Analyse auf einem Extrablatt.

Grundpfeiler	sehr wichtig	wichtig	weniger wichtig	unwichtig
Den gemeinsamen Freundeskreis pflegen				
Gemeinsame Interessen und Hobbys teilen				
Liebe und Zuneigung				
Zärtlichkeit und eine zufrieden stellende Sexualität				
Zur Treue dieselbe Einstellung haben und sich daran auch halten				
Zeit füreinander haben				
Über alles reden und Konflikte konstruktiv lösen können				
Eigene Freiräume für Hobbys und Freunde haben und sie auch dem Partner zugestehen				
Miteinander lachen können und Spaß haben				
Offen und ehrlich miteinander umgehen und vertrauen können				
Gemeinsamer Besitz wie Haus, Wohnung, Auto				

Grundpfeiler	sehr wichtig	wichtig	weniger wichtig	un- wichtig
Gemeinsame Kinder				
Die gleiche Wellenlänge				
Nähe zum Partner				
Sich gegenseitig unterstützen und auch in schweren seiten füreinander da sein				
Gemeinsame Ziele verfolgen				
Beibehaltung der eigenen Karriere				
Gefühl von Sicherheit zu erhalten				
Intimität und Vertrauen				
Respektvoller Umgang				
Den anderen so nehmen, wie er ist				
Gegenseitiges Verständnis				
Bereitschaft, die Hausarbeit gleichberechtigt zu erledigen				

Test: Welcher Beziehungstyp sind Sie?

Wir haben in diesem Kapitel bereits den Blick auf die Dinge gerichtet, die Ihnen an einem Partner und in einer Beziehung wichtig sind. Bevor wir uns mit dem Thema Beziehungsmuster auseinandersetzen werden, Sie dabei unterstützen, Muster aus alten Beziehungen zu erkennen und aus diesen Gedanken Vorsätze für die zukünftige Partnerschaft zu ziehen, möchten wir mit Ihnen gemeinsam zunächst einen Blick auf Ihren Beziehungstypen werfen. Lassen Sie uns herausfinden, was Sie momentan persönlich in eine Beziehung einbringen, was Sie sich wünschen und erhoffen, eben welche Faktoren zu einer für Sie befriedigenden Partnerschaft gehören.

Der von uns entwickelte Beziehungstypen-Test orientiert sich wie die zuvor in der Grafik auf Seite 22 dargestellten Kommunikations- und Flirttypen an einem Modell aus der Tiefenpsychologie, das Fritz Riemann basierend auf dem Vier-Temperamente-Modell entwickelt hat. Zusätzlich haben wir Erkenntnisse aus unserer Praxis einfließen lassen. Dieses Modell kann Ihnen somit nicht nur helfen, die einzelnen Kommunikationsstile besser zu verstehen, es spielt ebenso bei Partnerschaften und in der Partnerwahl eine Rolle. Wir werden es daher speziell unter dem Aspekt der langfristigen Partnerschaft betrachten.

Zwar haben die in diesem Modell beschriebenen vier Persönlichkeitsstrukturen bestimmte Grundtendenzen, doch geht es bei unserem Test keinesfalls um eine Zuordnung in Schubladen, da Mensch alle diese Charaktereigenschaften – in mehr oder minder starker Ausprägung – besitzt. Der Unterschied

45

liegt in eben jenen Ausprägungen. Riemann betonte, dass jeder von uns in seiner Persönlichkeit Anteile all dieser vier Beziehungstypen hat. Wir stellen uns also immer als eine Mischung aus den vier Typen oder Temperamenten dar. Diese können sich allerdings je nach Umgebung, Situation und Partner verstärken und dominant unser Verhalten beeinflussen oder eben abschwächen und in den Hintergrund treten.

Das bedeutet ganz praktisch: Jeder Mensch ist individuell und wandlungsfähig und kann ganz bewusst und gezielt bestimmte Bereiche stärken, die bisher womöglich nur schwach ausgeprägt waren. Das heißt aber auch: Betrachten Sie diese Typen bitte unbedingt wertfrei! Es gibt nämlich weder gute noch schlechte Beziehungstypen. Jeder Typ hat sowohl Stärken als auch Schwächen, in denen jeweils Chancen und Risiken für eine Beziehung liegen.

Wenn Sie mehr über Ihre momentane Haltung zu einer Partnerschaft erfahren möchten, dann antworten Sie möglichst spontan und vor allem ehrlich auf die Fragen. Bitte berücksichtigen Sie jede Aussage in der Kategorie, und überspringen Sie keine Fragen.

Wenn Sie zum Beispiel der Aussage »Konflikte in meiner Partnerschaft versuche ich zu vermeiden« voll und ganz zustimmen, dann machen Sie bitte ein Kreuz in der Spalte A, wenn Sie der Aussage eher zustimmen, dann kreuzen Sie bitte die Spalte B an usw. Mehrfachantworten pro Aussage sind übrigens nicht möglich. Zählen Sie anschließend die Anzahl Ihrer Kreuze pro Spalte zusammen, und tragen Sie das Ergebnis in die entsprechende Auswertungsbox ein.

Aussage		A Stimme voll und ganz zu	B Stimme eher zu	C Stimme eher nicht zu	D Stimme gar nicht zu
1	Ich brauche in einer Beziehung sehr viel Raum für mich, meine Freunde und Interessen.				
2	In Auseinandersetzungen mit meinem Partner vertrete ich stets meine Meinung – auch mit den möglichen Konsequenzen.				
3	Ein oder zwei Freunde sind mehr als genug.				
4	Ich kenne meine Bedürfnisse und setze diese auch in meiner Beziehung strikt durch.				
5	Ich fühle mich allein wohler als in Gesellschaft.				
6	Wenn es um Gefühle geht, bin ich nicht der Mensch, der viele Worte macht.				
7	Eine Fernbeziehung reicht mir völlig aus.				
8	Ich möchte niemals auf einen Partner angewiesen sein.				
9	Ich bin für meine eigene Zufriedenheit selbst verantwortlich, nicht mein Partner.				
10	Ich denke, dass das, was mein Partner nicht über mich weiß, ihn auch nicht verletzen kann.				

Aussage		A *Stimme voll und ganz zu*	B *Stimme eher zu*	C *Stimme eher nicht zu*	D *Stimme gar nicht zu*
11	Zusammenziehen muss äußerst gut überlegt sein.				
12	Intensive Gefühle und sehr enger Kontakt strengen mich an.				
13	Mir ist Harmonie wichtiger als alles andere in der Beziehung.				
14	In meiner Beziehung muss ich mich geborgen und aufgehoben fühlen.				
15	Wenn es meinem Partner schlecht geht, leide ich mit.				
16	Mein Partner ist mein Seelenverwandter.				
17	Konflikte in meiner Partnerschaft versuche ich zu vermeiden.				
18	Ich würde meinem Partner alle Wünsche von den Augen ablesen.				
19	In einem Streit kann ich auch mal zurückstecken.				
20	Vertrauen entsteht nur durch viel Gemeinsamkeit.				
21	Für die Liebe meines Partners tue ich alles.				
22	Am meisten genieße ich die Wochenenden, wenn ich alles gemeinsam mit meinem Partner unternehmen kann.				

Aussage	A Stimme voll und ganz zu	B Stimme eher zu	C Stimme eher nicht zu	D Stimme gar nicht zu
23	Nein sagen fällt mir in einer Partnerschaft schwer.				
24	Ich kann sehr leicht enge Beziehungen eingehen.				
25	»Spaß und Abwechslung« ist das Motto einer guten Beziehung.				
26	Es ist der Anfang vom Ende, wenn in eine Beziehung Routine einkehrt.				
27	Sexuelle Treue fällt mir in einer längeren Beziehung sehr schwer.				
28	Was zählt in der Partnerschaft, ist das Hier und Jetzt und nicht das Morgen.				
29	Zu einer Beziehung gehört, dass sich Partner immer wieder überraschen.				
30	Ich würde niemals einen Urlaub ein Jahr im Voraus planen.				
31	Ich muss mir unseren Jahrestag aufschreiben, um ihn nicht zu vergessen.				
32	Ich bin offen für Neues und möchte mit meinem Partner noch vieles ausprobieren.				
33	Lebenslang ist für mich ein Urteil und kein Versprechen.				

Aussage		A Stimme voll und ganz zu	B Stimme eher zu	C Stimme eher nicht zu	D Stimme gar nicht zu
34	Flirten macht mir vor allem Spaß.				
35	Wenn meine Beziehung ihre Leidenschaft verliert, lohnt sie sich nicht mehr.				
36	Ich verliebe mich schnell und häufig.				
37	Damit eine Beziehung funktioniert, braucht es Ausdauer.				
38	Wenn ich mich verabrede, dann kommt auch nichts dazwischen.				
39	Für mich ist es wichtig, mit meinem Partner Ziele in der Zukunft zu haben und diese zu verfolgen.				
40	Ich könnte mich nicht in einen unordentlichen Partner verlieben.				
41	Jeder Streit lässt sich klären, wenn man ihn systematisch angeht.				
42	Mit einer Überraschungsparty zu meinem Geburtstag würde mir mein Partner keine Freude machen.				
43	Ich mag es, mit meinem Partner auf ein Ziel hinzusparen und währenddessen zu verzichten.				

Aussage		A Stimme voll und ganz zu	B Stimme eher zu	C Stimme eher nicht zu	D Stimme gar nicht zu
44	Wenn ich mich für einen Menschen entschieden habe, stehe ich zu ihm ohne Wenn und Aber.				
45	Heiraten ist eine Entscheidung fürs Leben.				
46	Ich bin stolz darauf, ein Organisationstalent zu sein.				
47	Feste Gewohnheiten in meiner Partnerschaft machen mich glücklich.				
48	In einer Partnerschaft gehe ich keine Risiken ein.				

Auswertung:

Tragen Sie nun Ihre Ergebnisse einzeln für jeden der vier Beziehungstypen den Hinweisen folgend in die Auswertungsbox ein. Multiplizieren Sie die Anzahl der Antworten mit dem entsprechenden Faktor, und bilden Sie anschließend eine Summe. Achten Sie bei der Auswertung bitte genau darauf, welche Zeilen auf das Konto des jeweiligen Typen gehen.

Beispiel: Für den unabhängigen Typen zählen die Antworten aus den Spalten A und B von Zeile 1 bis 12 sowie die Werte der Spalten C und D aus Zeile 13 bis 24.

Wenn Sie möchten, können Sie Ihr Ergebnis auch gleich in die Grafik auf Seite 56 eintragen und erhalten damit ein ganzheitliches Bild Ihres Beziehungstyps in all seinen Ausprägungen.

Der unabhängige Beziehungstyp

Für die Zeilen 1 bis 12:

Anzahl der Antworten aus Spalte **A** ___ x 2

=_____

Anzahl der Antworten aus Spalte **B** ___ x 1

=_____

Für die Zeilen 13 bis 24:

Anzahl der Antworten aus Spalte **C** ___ x 1

=_____

Anzahl der Antworten aus Spalte **D** ___ x 2

=_____

Summe: _____

Der gefühlvolle Beziehungstyp

Für die Zeilen 13 bis 24:

Anzahl der Antworten aus Spalte **A** ___ x 2

=_____

Anzahl der Antworten aus Spalte **B** ___ x 1

=_____

Für die Zeilen 1 bis 12:

Anzahl der Antworten aus Spalte **C** ___ x 1

=_____

Anzahl der Antworten aus Spalte **D** ___ x 2

=_____

Summe: _____

Der charmante Beziehungstyp

Für die Zeilen 25 bis 36:

Anzahl der Antworten aus Spalte **A** ___ x 2

=_____

Anzahl der Antworten aus Spalte **B** ___ x 1

=_____

Für die Zeilen 37 bis 48:

Anzahl der Antworten aus Spalte **C** ___ x 1

=_____

Anzahl der Antworten aus Spalte **D** ___ x 2

=_____   **Summe:** _____

Der beständige Beziehungstyp

Für die Zeilen 37 bis 48:

Anzahl der Antworten aus Spalte **A** ___ x 2

=_____

Anzahl der Antworten aus Spalte **B** ___ x 1

=_____

Für die Zeilen 25 bis 36:

Anzahl der Antworten aus Spalte **C** ___ x 1

=_____

Anzahl der Antworten aus Spalte **D** ___ x 2

=_____   **Summe:** _____

Wir möchten es noch einmal betonen: Jeder Mensch vereint in sich sämtliche Eigenschaften aus allen vier Beziehungstypen, die sich allerdings in ihrer jeweiligen Ausprägung unterscheiden.

Allein deshalb sollten Sie nicht nur die Angaben in der Sparte lesen, in der Sie die meisten Punkte hatten. Da sich die beiden gegenüberliegenden Typen (der Charmante – der Beständige sowie der Gefühlvolle – der Unabhängige) in ihren Stärken und Schwächen gegenseitig ergänzen, ist es für die Partnerwahl sehr sinnvoll, gerade die unterschiedlichen Aspekte zu verstehen. Gegensätzliche Typen sollten sich allerdings in ihren Grundbedürfnissen nach Beständigkeit und Veränderung sowie nach Nähe und Distanz nicht zu stark unterscheiden. Sonst werden die Stärken des anderen, wie bereits erwähnt, nicht als eine positive Ergänzung der eigenen Schwächen empfunden, sondern es kommt zu einer Abwertung dieser Qualitäten als vermeintliches Manko.

Wenn Sie sich nun anhand der Ergebnisse Ihr persönliches Profil erstellen, werden Sie erkennen, welche Anteile bei Ihnen aktuell mehr oder weniger stark ausgeprägt sind. Je höher die Punktezahl innerhalb eines Typs, desto stärker wirken sich die jeweiligen Eigenschaften in einer Beziehung aus. Wenn Sie sich dies bewusst machen, haben Sie eine gute Orientierungshilfe, mit der Sie sich mögliche Chancen und Risiken einer Partnerwahl bewusst machen können. Dabei geht es allerdings nicht darum, eine Entscheidung für diesen oder jenen Partner zu treffen, sondern vielmehr achtsam zu werden und sich bewusst zu sein, worin das Potenzial einer Verbindung liegt und worin die möglichen Herausforderungen bestehen.

Wichtig im Umgang mit den Ergebnissen (psychologischer) Tests ist die Bedeutung, die Sie ihnen verleihen. Ein Test kann niemals die tatsächlichen Verhältnisse abbilden, sondern stets nur ein Hinweis darauf sein. Im besten Fall können Sie sich mit dem Ergebnis besser erklären, warum sich Ihre Beziehungen so entwickelt haben, wie es der Fall war. Verstehen Sie das Ergebnis also bitte nicht als Zuschreibung, die Sie zeitlebens festlegt.

Wir empfehlen Ihnen daher, Ihr Ergebnis als Anregung zu persönlichem Wachstum zu verstehen. Sind Sie damit und mit dem, was sich daraus ergibt, zufrieden, dann ist das wunderbar. Sind Sie es nicht, dann bedenken Sie bitte: Es ist nicht erstrebenswert, die Ansprüche einer Norm zu erfüllen, nur um normal zu sein. Faszinierende Menschen liegen in vielen Bereichen außerhalb der Norm. Wenn Sie aber Veränderungsbedarf spüren, kann Ihnen das Ergebnis vielleicht einen wertvollen Hinweis geben, in welchem Bereich Sie sich weiterentwickeln könnten. Selbstverständlich können im Grunde alle Übungen in diesem Ratgeber erste Schritte dazu sein, wenn Sie sie nur anwenden.

Wir beschreiben die vier Persönlichkeitstypen im Folgenden einzeln und in Reinkultur, um sie in ihrer Eigenart möglichst deutlich herauszustellen. Wenn Sie nun beispielsweise den Abschnitt über den charmanten Beziehungstyp lesen, dann stellen Sie sich am besten eine Person vor, die im Test die maximale Punktzahl von 48 erreicht hat.

Nun haben Sie die Möglichkeit, Ihre persönliche Typenausprägung aus dem Test in die folgende Grafik einzutragen. Bitte machen Sie beim entsprechenden Achsenwert ein Kreuz

Die Stärken und Schwächen der vier Beziehungstypen

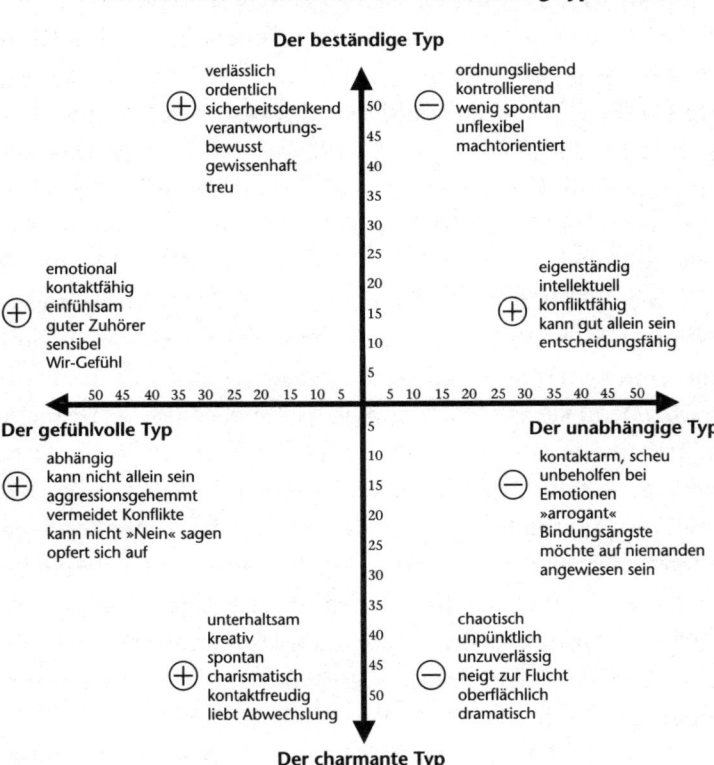

Der beständige Typ

⊕ verlässlich
ordentlich
sicherheitsdenkend
verantwortungs-
bewusst
gewissenhaft
treu

⊖ ordnungsliebend
kontrollierend
wenig spontan
unflexibel
machtorientiert

⊕ emotional
kontaktfähig
einfühlsam
guter Zuhörer
sensibel
Wir-Gefühl

⊕ eigenständig
intellektuell
konfliktfähig
kann gut allein sein
entscheidungsfähig

Der gefühlvolle Typ

Der unabhängige Typ

⊕ abhängig
kann nicht allein sein
aggressionsgehemmt
vermeidet Konflikte
kann nicht »Nein« sagen
opfert sich auf

⊖ kontaktarm, scheu
unbeholfen bei
Emotionen
»arrogant«
Bindungsängste
möchte auf niemanden
angewiesen sein

⊕ unterhaltsam
kreativ
spontan
charismatisch
kontaktfreudig
liebt Abwechslung

⊖ chaotisch
unpünktlich
unzuverlässig
neigt zur Flucht
oberflächlich
dramatisch

Der charmante Typ

für jeden einzelnen Typen, und verbinden Sie anschließend
die vier Kreuze zu einem Trapez.

Der unabhängige Typ

Der unabhängige Typ ist der Gegenentwurf des gefühlvollen
Typs. Als Einzelgänger will er unterscheidbar und eigenständig sein, außerdem sind ihm seine Individualität und innere

Freiheit überaus wichtig. Menschen dieses Typs verstricken sich nur selten emotional, verfügen dafür aber häufig über rationale und analytische Fähigkeiten. Meist sind sie außerordentlich intellektuell, besitzen eine scharfe Beobachtungsgabe und können sich gut abgrenzen – auch in einer Beziehung. Aufgrund ihrer Unabhängigkeit fällt es ihnen leicht, Entscheidungen zu fällen und in Konflikten ihre Meinung klar und deutlich zu vertreten, schließlich haben sie kaum Angst vor negativen Konsequenzen oder emotionalen Verlusten. Ihr Humor ist sehr treffend, kann allerdings auch schon mal ins Zynische abgleiten. Der unabhängige Typ braucht niemanden, um sein Leben zu meistern – er ist sich selbst oft genug. Daher ist sein soziales Netz eher klein.

Manchmal wirkt er nach außen unberührbar und auf gewisse Weise selbstbewusst, obwohl er innerlich häufig unsicher ist. Gerade wenn es sich um zwischenmenschliche Kontakte handelt, kann er schüchtern wirken. Emotionale Bindungen werden ihm gelegentlich zu viel, da er sich schnell überfordert fühlt. Beim Flirten auf einen anderen Menschen zuzugehen, kostet ihn viel Überwindung. Da er seine Gefühle recht gut beherrschen kann, wirkt der Unabhängige im ersten Eindruck häufig kühl und steif, aber darunter liegt häufig ein sensibler Kern.

Eigenverantwortung wird bei ihm großgeschrieben. Unabhängige Typen tun viel dafür, nicht auf einen Partner angewiesen zu sein, und Beziehungen werden eher lose gehalten. So ist zum Beispiel Heirat kein Modell, das mit Nachdruck angestrebt wird. Hinter dieser Haltung stehen häufig Bindungsängste. Nähe und Sich-Einlassen werden als Verlust der Freiheit und Individualität wahrgenommen.

In der Partnerschaft läuft der unabhängige Typ Gefahr, zwischenmenschliche Bedürfnisse nicht deutlich wahrzunehmen oder sie auf eine sachliche Ebene zu reduzieren. Es wäre für ihn daher vorteilhaft, sein Einfühlungsvermögen weiterzuentwickeln. Er achtet in einer Beziehung darauf, genügend Freiraum für eigene Ideen und Vorhaben zu haben. Zwar sehnt er sich nach Nähe, hält diese aber dann schlecht aus. Wenn es um Gefühle geht, ist er kein Mensch vieler Worte, daher werden Romantik und Liebesbekundungen schnell als Gefühlsduselei abgetan. Der Unabhängige ist durchaus zu tiefen Gefühlen in der Lage, kann sie allerdings nur schwer ausdrücken.

Oftmals fühlen sich Menschen dieses Typs von den Romantikern angezogen. Besonders Männer wünschen sich eine warmherzige Frau, die durch ihre Emotionalität und Kontaktfähigkeit die eigene Gefühlswelt ausgleicht. Der Unabhängige bietet Sicherheit und Stärke, der Partner kann sich anlehnen und findet Halt. Mit einem solchen Menschen kann er seine Persönlichkeit erweitern und Erfahrungen machen, die ihm sonst nur schwer zugänglich sind. So, wie der Unabhängige die Distanz braucht, ist das Grundbedürfnis des Romantikers die Nähe. Die Herausforderung besteht darin, Hingabe und Vertrauen zu erlernen. Erst wenn Nähe nicht mehr als Bedrohung der Individualität und Unabhängigkeit empfunden wird, kann sie zugelassen werden. Der Unabhängige braucht daher vor allem Zeit, um sich wirklich intensiv auf eine Beziehung einlassen zu können.

Der gefühlvolle Typ

Der Gefühlvolle ist bei sehr starker Ausprägung in seinen Wünschen, Bedürfnissen und Werten als der Gegenpol des unabhängigen Typs zu verstehen. Sein Wunsch nach Nähe und Gemeinsamkeit mit einem anderen Menschen stehen bei ihm über allem. Beziehung und Familie sind ihm wichtiger als Beruf und Hobbys. Sein grundlegendes Muster ist, zu lieben und geliebt zu werden. Menschen dieses Typs verfügen meistens über außerordentliche zwischenmenschliche Fähigkeiten und ein hohes Maß an Einfühlungsvermögen. Sie können sich sehr gut in andere hineinversetzen und haben Verständnis für das, was in ihnen vorgeht. Ihre Emotionalität macht sie zu guten Zuhörern. Dadurch wirken sie anziehend und attraktiv, denn ein jeder fühlt sich in ihrer Gegenwart verstanden und angenommen.

Weil der gefühlvolle Typ seinen Mitmenschen grundsätzlich positiv und vertrauensvoll begegnet, tritt er in der Regel unvoreingenommen mit anderen in Kontakt. Er hat oftmals eine soziale und tolerante Einstellung, zieht durch seine Herzenswärme viele Menschen an und besitzt einen Freundeskreis mit intensiven Begegnungen. Eine Beziehung mit einem Menschen dieses Typs profitiert durch sein gefühlvolles Innenleben, sein großes Herz und seine Empfindsamkeit. Er ist bereit, sich in seiner Partnerschaft stark einzubringen und seinen Partner auf Händen zu tragen. Schwer fällt es ihm indes, ein ausgewogenes Maß zwischen seinen eigenen Bedürfnissen und denen des Partners zu finden.

Um geliebt zu werden, ordnet er eigene Wünsche und Vorhaben meist denen seines Partners unter. Das kann im Extremfall so weit gehen, dass sich der gefühlvolle Typ für seinen Partner und andere Menschen aufopfert und sich nicht mehr genügend Zeit für sich selbst nimmt. Je nachdem, wie intensiv seine Sehnsucht nach Liebe, Geborgenheit und Nähe ist, zeigt er sich mehr oder minder stark bereit, sich unterzuordnen und anzupassen, um dieses Nest nicht zu verlieren. Um das harmonische Miteinander zu fördern, vermeidet er Konflikte und steckt grundsätzlich lieber zurück. Nein zu sagen und sich abzugrenzen, fällt ihm oft schwer. Der gefühlvolle Typ kann viel in einer Beziehung ertragen und erleiden, nur um diese aufrechtzuerhalten. Grund für dieses Verhalten ist die Angst des Gefühlvollen, die Liebe und Zuwendung seines Partners zu verlieren, sobald er sich und seine eigenen Bedürfnisse zeigt und diese ausleben will.

Für Menschen mit einer sehr starken Ausprägung in diesem Bereich lautet das erstrebenswerteste Ziel, mit dem Partner eins zu werden und zu verschmelzen. Aber auch für alle anderen Menschen dieses Typs steht im Mittelpunkt ihres Lebens das Wir-Gefühl mit dem Partner. Es wird als Genuss erlebt, alles miteinander zu machen und das ganze Leben mit dem geliebten Menschen zu teilen. Deshalb empfindet der gefühlvolle Mensch das Heiraten auch als erstrebenswert. Nicht etwa, weil es nun mal zu einer Partnerschaft gehört, sondern als Ausdruck wahrer Liebe.

Romantik und der Blick ins Gefühlsleben sind für diesen Typ von hoher Bedeutung, und er spricht gerne über (Liebes-)Gefühle. Ist sein Gegenüber dazu nicht in der Lage, empfindet er dies als verunsichernd und als Mangel an Liebe. Ferner fällt es dem gefühlvollen Menschen schwer, Abstand und

Distanz in einer Beziehung auszuhalten. Da er sich meist nur im Wir ganzheitlich fühlt, nimmt er jede Abgrenzung schnell als Bedrohung wahr. Menschen dieses Typs sind zu einer tiefgehenden und echten Liebe fähig. Aufgrund der emotionalen Verbundenheit mit dem Partner und ihrer Angst vor Verletzung ist ihnen Treue wichtig, die aufgrund ihrer Liebe als selbstverständlich erachtet wird. Sexualität ist eng mit Liebe verbunden, wobei die eigene Lust oft im Hintergrund steht.

Der gefühlvolle Typ wird oft von Menschen des unabhängigen Typs angezogen, vor allem von deren Stärke und Sicherheit, da sie ihm selbst fehlen. Partner mit einer großen Stabilität entsprechen der Sehnsucht nach Geborgenheit, Anlehnen und Fallenlassen. So, wie der Unabhängige von der emotionalen Fülle und der Fähigkeit zu Nähe eines gefühlvollen Partners profitieren kann, kann jener von der Eigenständigkeit und Abgegrenztheit des Unabhängigen lernen. Wenn es den beiden gelingt, ihre konträren Eigenschaften jeweils als Bereicherung zu betrachten, kann diese Verbindung zu einer enormen Bereicherung des eigenen Lebens beitragen.

Der charmante Typ

Menschen dieses Typs zeichnen sich dadurch aus, dass sie sehr positiv gegenüber Veränderungen und Entwicklungen eingestellt sind. Sie lieben die Abwechslung, sind kreativ, phantasievoll, flexibel und spontan. Sie können sich allen Situationen gut anpassen und verfügen über ein außerordentliches Improvisationstalent. »Geht nicht« gibt es im Wortschatz und Denken dieses Typs nicht. Der Charmante glänzt mit seiner anziehenden Ausstrahlung und kann Menschen leicht für sich begeistern. Er steht gerne im Mittelpunkt, ist unterhaltsam, humorvoll und sehr offen für neue Kontakte.

Die Art, wie er auf Menschen wirkt, verschafft dem Charmanten klare Vorteile bei der Partnersuche, schließlich beherrscht er erfolgreiches Selbstmarketing ohne jede Mühe. Eine Beziehung lebt er in vollen Zügen im Hier und Jetzt, was morgen ist, kümmert ihn wenig. Dennoch gehört auch der optimistische Blick in die Zukunft zu seinen Qualitäten. Spaß und viel Lust an spielerischen Elementen machen eine Beziehung mit ihm lebendig. Es wird selten langweilig, weil immer wieder mit Überraschungen zu rechnen ist.

Doch Vorsicht: Bei so viel Lust an der Inszenierung kann manchmal der Tiefgang fehlen. Der Charmante ist zwar ein Mensch großer Worte und leidenschaftlicher Gefühle, doch können diese schnell wie ein Strohfeuer erlöschen. So, wie er alles schätzt, was Lust bereitet, ist für ihn auch aufregende Sexualität wichtig. Sobald eine Beziehung in diesem Punkt an Reiz verliert, ist sie für ihn nicht mehr interessant. Da der charmante Typ intensiv im Augenblick lebt, belastet er sich nicht gerne damit, eine Beziehung zu planen, und noch weniger damit, langfristig gemeinsame Ziele zu verfolgen. Auf ein kleines Reihenhaus im Grünen zu sparen, entspricht demnach überhaupt nicht seinem Wunsch. Im Gegenteil: Die Idee würde diesen Typus, zumindest bei einer starken Ausprägung, bereits einengen, und zu viel Gleichförmigkeit schlägt ihn sogar in die Flucht. Er braucht genügend Raum, um zu wirken und sich zu entfalten. Es ist daher ratsam, einen Menschen diesen Typs stets an der langen Leine zu lassen. Zudem braucht er viel Anerkennung und Bewunderung – besonders von seinem Partner. Eine Beziehung empfindet er in aller Regel so lange als gut, solange der Partner bereit ist, ihm Zuwendung in vollem Umfang zu schenken. Fehlt diese oder reicht sie nicht mehr aus, sieht er sich schnell nach einem neuen Partner um. Ausdauernd mit dem Menschen an seiner Seite Durststrecken durchzustehen, fällt dem Charmanten extrem schwer. Streiten gehört für ihn zwar mit zur Leidenschaft in einer Beziehung, dabei kann er Kritik aber eher schlecht annehmen. Wenn es ernsthaft schwierig wird, wählt der Charmante gerne den Notausgang. Leben sie in einer längeren Beziehung, müssen sich Menschen dieses Typs regelmäßig zur Treue ermahnen. Der Reiz des Neuen ist für sie nun mal eine große Verlockung.

Man könnte also sagen: Der Charmante trägt zwei Seelen in seiner Brust. Auf der einen Seite wünscht er sich Abwechslung und Leichtigkeit, auf der anderen Seite sehnt er sich nach einem Partner, der ihm Wärme, tiefgehende Gefühle, Beständigkeit und Anerkennung entgegenbringt. Dadurch kann er nämlich zu seinen eigenen Gefühlen besser in Kontakt treten. Eine Beziehung mit ihm wird am ehesten durch einen Partner zusammengehalten, der Nähe und Zuverlässigkeit einfordert, beispielsweise dem gefühlvollen Typ.

Der beständige Typ

Menschen dieses Typs streben in erster Linie nach Beständigkeit und Dauer. Sie wünschen sich einen sicheren Platz im Leben, an dem sie sich auskennen und zurechtfinden. Damit sind sie in ihren Bedürfnissen völlig konträr zum charmanten Typ, der Veränderung und Abwechslung regelrecht sucht.

Dem Beständigen sind Sicherheit und eine gute Planung, die Risiken vermeidet, bedeutend wichtiger. Veränderungen erzeugen erst einmal Unbehagen, Regeln und Normen dagegen empfindet er nicht als Einengung. Sie verschafften ihm vielmehr Orientierung und ein sicheres Lebensumfeld. Der beständige Typ zeichnet sich vor allem durch seine Zuverlässigkeit aus. Er steht hundertprozentig zu seinem Wort, ist loyal, ehrlich und gewissenhaft – privat wie beruflich. Zu seinen besonderen Fähigkeiten zählt daher sein großes Organisationstalent: Er kann systematisch vorgehen und Aufgaben äußerst sorgfältig und exakt abarbeiten. Eigene Fehler werden penibel vermieden, weshalb er Fehlern von anderen gegenüber sehr intolerant ist.

Menschen dieses Typs denken nach, bevor sie handeln, und wägen jedes Detail sorgsam ab. Das gilt nicht nur für berufliche Zusammenhänge, sondern auch für private. Der beständige Typ verliebt sich nicht Hals über Kopf, schließlich will der Einstieg in eine Beziehung gut überlegt sein. Manchmal steht er sich mit seinem langen Abwägen daher selbst im Weg. Weil er vorher alles genau prüfen will, braucht er oft lange für Entscheidungen. Dadurch bleiben ihm zwar einige Pleiten und Fehlschläge erspart, aber er hat auch schon so manche Chance verpasst, weil er nicht schnell genug war. Flirten ist für ihn eher Mittel zum Zweck, jemanden kennenzulernen. Nur einfach zum Spaß an der Freud würde er nicht mit jemanden in Kontakt treten.

Hat der Beständige sich einmal für eine Partnerschaft entschieden, steht er voll und ganz hinter seinem Entschluss. Er hält an einer Beziehung sehr lange fest, zeigt Ausdauer und

Durchhaltevermögen. Auch in schwierigen Phasen bleibt er treu, nicht unbedingt aus dem Glauben an die wahre Liebe heraus, sondern allein schon wegen der Konventionen. Heiraten ist ein Entschluss fürs Leben mit all seinen Verpflichtungen. Der beständige Typ führt gern ein beschauliches und solides Leben. Seine Stärke liegt in der Wertschätzung der Kontinuität. Wenn sich in Partnerschaften Routinen entwickeln, fühlt er sich wohl. Zu wissen, woran er ist und was ihn morgen erwartet, ist für ihn erleichternd. Außerdem legt er großen Wert darauf, dass die Finanzen geregelt sind. Um für ein Häuschen im Grünen zu sparen, ist er gerne bereit, auf einiges zu verzichten. Mit Geld kann er gut umgehen, er würde nie etwas unbedacht kaufen oder für bloße Genussfreude verschwenden.

Der beständige Typ fordert von seinem Partner daher vor allem Zuverlässigkeit und Sicherheit. Er kann unter Umständen sehr besitzergreifend sein und neigt dazu, den Partner nach seinen eigenen Werten und Anschauungen zu formen. Im Vordergrund einer Beziehung steht ein gerechtes Miteinander, in dem beide sich an gewissen Regeln und Absprachen orientieren. Hält der Partner Vereinbarungen nicht ein, führt das schnell zur Kränkung. Menschen dieses Typs können sehr nachtragend sein. Gut daran ist, dass beide Partner wissen, was sie voneinander erwarten, und dass sie sich auf den anderen verlassen können.

Sexualität gehört für den beständigen Typen zu einer gut funktionierenden Beziehung, zu viel Leidenschaft ist ihm jedoch suspekt, da viel zu unberechenbar. Im Mittelpunkt seiner Partnerschaft steht weniger die Leidenschaft, sondern vielmehr die Liebe, die sich als ein Miteinander versteht, in dem Geben und Nehmen ausgeglichen sind. Die ideale Beziehung für den beständigen Typen wäre eine immerwährende Verbindung, die ihm Sicherheit gibt. Aus Angst, etwas zu verändern und damit Unsicherheit zu erleben, lässt er lieber alles beim Alten. Das kann eine Beziehung unter Umständen recht starr werden lassen und ihr Lebendigkeit nehmen. Nach der sehnt sich der Beständige oft unbewusst mehr, als er sich eingesteht. Deshalb fühlt er sich auch von seinem Gegenpol, dem charmanten Typen, so angezogen. Dieser bringt Freude, Abwechslung und Lebendigkeit in seinen eher eintönigen Alltag. Im Gegenzug vermag er dem Charmanten Stabilität und Kontinuität zu geben. Ein Partner des charmanten Typs bringt jene Anteile in die Beziehung ein, die er selbst nicht oder nur wenig auslebt.

Vom Kompromisspartner zum Traumprinzen

Direkt gefragt weisen fast alle Singles den Vorwurf, sie strebten nach dem Unerreichbaren, von sich. Kaum jemand sagt, nur der perfekte Partner wäre als Lebensgefährte akzeptabel. »Natürlich bin ich Realist«, heißt es dann oft – und das darauf folgende *aber* schwingt wie eine Drohung mit.

Meist folgt dann nämlich ein Zusatz wie: »Ich brauche keine Beziehung, in der es nicht rund läuft.« Oder: »Ich habe es in meinem Leben zu etwas gebracht. Ich will keinen Verlierer als Partner.« Oder: »Lieber glücklich alleine als unglücklich zu zweit.« Jedenfalls enden alle Sätze enden mit den Worten: »Dann bleibe ich lieber Single.«

Natürlich sollen Sie Single bleiben, so lange Sie möchten und sich damit wohlfühlen. Schließlich muss in unserem Kulturkreis kaum jemand mehr aus gesellschaftlichen Zwängen eine Partnerschaft eingehen. Das ist auch gut so. Kurz: Sie *müssen* keine Beziehung eingehen. Sie sind durchaus alleine lebensfähig und können auch als Single ein erfülltes Leben führen. Sie *brauchen* niemanden an Ihrer Seite.

Solche Überlegungen führen ganz automatisch dazu, dass sich die Ansprüche an einen potenziellen Partner erhöhen. Das fängt bei den Äußerlichkeiten an. Und auch wenn wir alle wissen, dass Schönheit vergänglich ist und ein attraktiver Partner allein nicht abendfüllend: Äußerlichkeiten sind wichtig, denn Attraktivität und sexuelle Anziehung spielen bei der Partnerwahl nun mal eine immense Rolle. Was und wer statistisch gesehen attraktiv ist, wurde bereits tausendfach untersucht. Entsprechend sind die Ergebnisse der Umfrage »Das ist Deutschlands Traummann« von Match.com nur wenig überraschend. Der Online-Datingdienst wollte von deutschen Single-Frauen zwischen 18 und 45 Jahren wissen, wie ihr Traummann aussehen soll. Er ist demnach ein mediterraner Typ mit blauen Augen und dunklen, kurzen Haaren, hat ein ovales Gesicht und volle Lippen. Gerade bei den Haaren herrscht eine verblüffende Einigkeit: 73 Prozent wollen, dass sie kurz, 66 Prozent, dass sie dunkel sind. Der Kleidungsstil sollte eher unauffällig wirken: ein athletischer Körper in einem sportlichen Outfit. Trotz aller Selbstständigkeit wirkt immer noch ein vermögender Partner auf über die Hälfte der weiblichen Singles attraktiv. Trost für die Herren der Schöpfung, die nicht Arzt oder Anwalt sind: Wenn der

Rest stimmt, hegt zumindest ein Viertel der Damen ernsthaftes Interesse.

Die Realität der Partnerwahl ist nicht nur romantisch: Als Heiratsgrund nennen nach Angaben der Soziologen Norbert F. Schneider und Heiko Krüger kaum noch Paare allein die Liebe. Für die Hälfte der Verheirateten liegt der Sinn der Ehe vielmehr in dem zur erwartenden Nutzen. Oder, wie die beiden Forscher zusammenfassen: Geheiratet wird, wenn sich die Beteiligten davon Vorteile versprechen.

Nicht nur die Beziehung, sondern auch die Partnerwahl hat also mit Kompromissen zu tun – und Garantien gibt es sowieso keine.

Wenn sich zwei Menschen ineinander verlieben, dann sieht ein jeder zunächst die angenehmen Seiten des anderen. Mit der Zeit ändert sich dieser Blickwinkel, weil andere Aspekte wichtiger werden, neue Erfahrungen hinzukommen, die zu Beginn der Partnerschaft nicht abzusehen waren, und beide in Beziehungen ein gemeinsames Wir entwickeln.

Wir können nicht in die Zukunft blicken, also dürfen wir ruhig etwas mutiger sein, wenn es um den perfekten Partner geht, und ein paar Abstriche machen – einen Versuch ist es allemal wert!

Die Hoffnung auf den absolut perfekten Traumprinzen tut niemandem gut; das haben wir bereits in unserem Buch *Die Traumprinz-Falle* geschrieben.

Vielleicht machen es sich einige Singles mit dem Warten auf den Traumprinzen insgeheim selbst leicht: Nicht mehr sie tragen dann die Schuld an ihrem Singledasein, sondern die anderen – die sind nämlich einfach nicht gut genug!

Das Schlimmste der Traumprinz-Falle ist jedoch: Sie nimmt Ihnen die Chance auf eine realistische Beziehung mit einem realen Menschen, der vielleicht längst in Ihrer Nähe ist.

Checkliste 4: Was ist mir wichtig an meinem Partner?

Wenn Sie sich Ihren zukünftigen Partner vorstellen – was ist Ihnen dann wichtig, was weniger? Worauf legen Sie unbedingt wert?

Die folgende Liste soll nicht als Wunschzettel verstanden werden, auf der Sie alles notieren können, was Ihren absoluten Traumpartner ausmacht. Vielmehr geht es darum, Klarheit darüber zu erlangen, welche Eigenschaften ein anderer Mensch in welchem Maße besitzen muss, damit Sie sich mit ihm eine Beziehung vorstellen können. Prüfen Sie daher, wie wichtig Ihnen die folgenden Eigenschaften an Ihrem zukünftigen Partner sind, und tragen Sie Ihre Ergebnisse in die Liste ein:

Eigenschaften/Werte	sehr wichtig	wichtig	weniger wichtig	unwichtig
Zärtlichkeit				
Treue				
Kritikfähigkeit				
Kommunikationsfähigkeit				
Einfühlsamkeit				
Ehrlichkeit				
Bildung				
Sportlichkeit				

Eigenschaften/Werte	sehr wichtig	wichtig	weniger wichtig	unwichtig
Humor				
Positive Lebens-einstellung				
Fleiß/Leistung				
Großzügigkeit				
Attraktivität				
Sparsamkeit				
Gerechtigkeit				
Positives Verhältnis zur Arbeit				
Neugierig und aufgeschlossen für Neues				
Kann eigene Fehler eingestehen				
Kann über seine Gefühle sprechen				
Wünscht sich Kinder/ Familie				
Hat eigene Hobbys und Interessen				
Ist unterstützend und hilfsbereit				
Ist offen, neue Menschen kennen zu lernen				

Was habe ich bisher erlebt?

> Wenn ich wissen will, wohin ich gehen soll,
> muss ich wissen, woher ich komme.

Viele Menschen beklagen, dass sie sich immer wieder auf den Falschen einlassen. Dabei handelt es sich oft gar nicht um den falschen Mann oder die falsche Frau, vielmehr wiederholen nicht wenige Singles immer wieder dieselben negativen Beziehungsmuster. Dabei geht es mehr um die Gestaltung des Miteinanders, das eigene Verhalten und die selbst gewählte Rolle in einer Partnerschaft als um die Charaktereigenschaften eines anderen Menschen – obwohl diese gerne als Ursache herangezogen werden, sobald die Verbindung nicht glücklich verläuft.

Warum so viele Menschen ihr Interesse wiederholt auf denselben Partnertypus mit der gleichen Beziehungsstruktur richten, auch wenn er ihnen in der Vergangenheit nicht gutgetan hat, ist folgendermaßen zu erklären: Bei der Partnerwahl spielen unbewusst die eigenen frühkindlich erworbenen Beziehungsmuster eine große Rolle. Frühere emotionale Erfahrungen zwischen Kind und Eltern sowie anderen vertrauten Personen, vor allem in den ersten drei Lebensjahren, prägen unser Beziehungsverhalten ein Leben lang. Die frühkindlich erworbenen Muster wiederholen sich demnach unbewusst in späteren Partnerschaften, natürlich unter Einbeziehung neuer Erlebnisse.

Im Vordergrund steht hier nicht die Frage, warum wir uns immer wieder von großen Dunkelhaarigen, zierlichen Püppchen oder sportlichen Südländern angezogen fühlen. Hier geht es vielmehr um ein ganz bestimmtes Muster, das sich zum Teil von Anfang an oder erst mit der Zeit in jeder Beziehung durchsetzt. Häufig existiert ein zentrales Konfliktthema wie zum Beispiel Nähe und Distanz, Vertrauen, emotionales Einlassen, Dominanz und Unterordnung.

Leider haben vor allem negative Erlebnisse in der Kindheit einen großen Einfluss auf die Gestaltung von emotionalen Beziehungen im Erwachsenenalter. Aus diesen Erfahrungen können Ängste resultieren, die überwiegend unbewusst sind. Und gerade jene Ängste führen häufig sogar zu einem neurotischen Verhalten innerhalb einer Partnerschaft. Dies kann sich etwa in einem unangemessenen Nähe-Distanz-Bedürfnis eines Menschen äußern, vom völligen Klammern aus der übersteigerten Angst heraus, verlassen zu werden, bis hin zu extrem distanziertem Verhalten und einer eher geringen Bereitschaft, sich dem Partner emotional zu öffnen. Zudem entwickeln die Betroffenen aus Angst vor Verletzungen starke Selbstschutzmechanismen. Wer in den ersten Lebensjahren dem Verlust einer engen Bezugsperson ausgesetzt war, dem kann es als Erwachsener schwerfallen, Vertrauen in einer Liebesbeziehung zu entwickeln.

Natürlich gibt es auch positive Beziehungsmuster, die hier nicht verschwiegen werden sollen. Dennoch sind es überwiegend die negativen Muster, die es vielen Menschen so schwer machen, eine glückliche Partnerschaft zu führen. Stabile, positive Beziehungserfahrungen in der Kindheit sind beispielsweise gute Vorraussetzungen, um im Erwachsenenalter eine vertrauensvolle Bindung zu entwickeln und eine harmonische und den Bedürfnissen beider entsprechende Partnerschaft aufzubauen. Die negativen hingegen belasten häufig unser Beziehungsleben.

Aber warum werden wir in dieser Angelegenheit nur selten durch Erfahrung klug? Warum tappen wir immer wieder in die gleiche Falle? Oder folgen vielmehr dem gleichen Muster? Der Vorsatz »Beim nächsten Partner wird alles anders« kann noch so groß sein, nach einiger Zeit finden nicht wenige von uns sich doch wieder in der gleichen Sackgasse und hoffen, das Déjà-vu-Erlebnis möge sich am nächsten Tag als Fata Morgana entpuppen.

Wenn neurotische Ängste und Beziehungsmuster unbewusst bleiben, drängen sie auf Wiederholung. Haben wir als Kinder schlechte emotionale Erfahrungen gemacht, erleben wir als Erwachsene unsere eigene Handlungskompetenz in einer Partnerschaft als geringer. Deshalb reagieren wir auch so häufig mit Enttäuschung, anstatt selbst die Kontrolle zu übernehmen.

Das alles ist jedoch kein Grund zur Resignation: Selbst nach der fünften negativen Erfahrung dürfen Sie sich nicht geschlagen geben und dem scheinbar unausweichlichen Schicksal erliegen. Ein jeder kann hinderliche Beziehungsmuster erkennen und verändern. Es bedarf dafür allerdings der uneingeschränkten Bereitschaft, genau hinzuschauen, das Bisherige zu reflektieren und zu verstehen.

Betrachten Sie daher einmal Ihre bisherigen Beziehungen, und analysieren Sie, welche Rollen Sie und Ihr Partner darin eingenommen haben. Es ist durchaus sinnvoll, gründlich Bilanz zu ziehen. Welche Ängste und Gefühle haben Sie in der Beziehung begleitet? Welche zentralen Konfliktthemen waren vorrangig?

Fragen Sie sich, ob die Streitpunkte oder Themen in verschiedenen Partnerschaften von ähnlicher Natur waren. Lässt sich ein roter Faden erkennen? Zentrale Themen können beispielsweise sein: Wie sehr bringe ich mich in die Beziehung ein? Lasse ich mich ausnutzen, ohne selbst etwas zu fordern? Habe ich immer Verständnis für das Verhalten meines Partners und akzeptiere vieles über meine Grenzen hinaus, weil ich Angst habe, ihn zu verlieren? Bin ich jemand, der sich nur bis zu einem gewissen Punkt verlieben und einlassen kann und der zumacht, sobald es um tiefere Gefühle geht? Suche ich mir eher Partner, die mir unterlegen sind, damit ich mich stark, unabhängig und überlegen fühlen kann? Traue ich mich an diejenigen Partner nicht ran, die mich zutiefst faszinieren, aus Angst, sie könnten mir zu nahe kommen und ich könnte die Kontrolle verlieren? Suche ich das Unerreichbare, verliebe ich mich immer wieder in einen verheirateten Mann oder eine liierte Frau und gebe mich für eine Zeit einer leidenschaftlichen Affäre hin, die unglücklich endet? Vermeide ich damit nicht eher eine echte, tiefergehende Beziehung, aus Angst, verletzt zu werden?

Kommen Ihnen einige dieser Punkte bekannt vor? Nehmen Sie sich ruhig ein bisschen Zeit, um den Gedanken und Gefühlen nachzuspüren, die beim Lesen dieser Sätze aufkommen. Am besten schreiben Sie die Ergebnisse Ihrer Analyse auf, damit sie nicht verloren gehen.

Darüber hinaus sind Trennungsgründe immer auch aussagekräftige Hinweise: Gibt es vielleicht Ähnlichkeiten bei den Abläufen? Gerade in Extremsituationen zeigen sich elementare Beziehungsthemen, die im Alltag eher unter der Oberfläche schwelen.

Auch eine genaue Betrachtung der Eigenschaften Ihrer vorherigen Partner ist sinnvoll. Was macht einen Menschen für Sie interessant? Welche typischen Verhaltensweisen Ihres Gegenübers und Dynamiken im Miteinander ziehen Sie an? Wünschen Sie sich eher einen einfühlsamen und Harmonie suchenden Menschen, der Nähe sucht, doch nach der anfänglichen Verliebtheit wird Ihnen so jemand schnell langweilig? Oder sind Sie eher der Typ, der sich in Gegenwart einer dominanten, starken Person geborgen fühlt, später aber feststellen muss, dass er kaum etwas selbst bestimmen darf und ihm nur wenig Freiheiten zugestanden werden.

Wenn Sie all diese Kriterien kritisch prüfen, werden Sie schnell erkennen, welchen Mustern Sie bisher gefolgt sind und wie diese Sie bei der Partnerwahl beeinflusst haben. Am besten, Sie legen gleich los ...

Sie haben nun Ihre verflossenen Beziehungen beleuchtet und sich Antworten gegeben auf Fragen wie: Welchen Partnertyp wähle ich immer wieder? Warum tue ich das? Welches typische Beziehungsverhalten löst dieser Mensch in mir aus? Welche zentralen Themen und Probleme trage ich in die Partnerschaft?

Der erste Schritt ist damit getan, und jetzt wird es Zeit für den nächsten.

Checkliste 5:
Welchen Typ Partner habe ich bisher gewählt?

Rufen Sie sich nun noch einmal alle bisherigen Partnerschaften ins Gedächtnis. Um den Überblick zu behalten, begrenzen Sie die Anzahl auf die für Sie wichtigsten acht Beziehungen. Listen Sie die Namen Ihrer Partner in der folgenden Liste auf. Sollten Sie nicht in dieses Buch hineinschreiben wollen oder an dieser und anderen Stellen mehr Platz benötigen, so kopieren oder vergrößern Sie diese Vorlage.

1. _____

2. _____

3. _____

4. _____

5. _____

6. _____

7. _____

8. _____

Erinnern Sie sich nun nacheinander an jeden dieser Menschen. Wie war er oder sie, was für ein Typ war er bzw. sie überwiegend? Tragen Sie für jeden Einzelnen in der entsprechenden Spalte ein, ob die Beschreibung sehr zutrifft, zutrifft oder nur etwas zutrifft, und machen Sie an der jeweiligen Stelle ein Kreuz.

Die Liste erhebt übrigens keinen Anspruch auf Vollständigkeit, und Sie können diese gerne ergänzen. Nach der Bearbeitung erkennen Sie sehr leicht, welchen Typ Partner Sie in der Vergangenheit überwiegend gewählt haben.

Sie fragen sich jetzt vielleicht: Wie kann ich es nun schaffen, die erkannten negativen Beziehungsmuster zu durchbrechen und mein Verhalten zu verändern?

Ein großer Teil des Veränderungsprozesses muss sicherlich durch Arbeit an der eigenen Person bewältigt werden. So sollte das Ergebnis einer kritischen Selbstreflexion auf jeden Fall aufzeigen, welches Verhalten und welche Rolle in einer Beziehung Sie auf Dauer nicht glücklich machen.

Beschäftigen Sie sich daher bitte intensiv mit Themen wie Harmoniesucht, starken Distanz- oder Überlegenheitswünschen und Bindungsangst. Schreiben Sie Ihre Erkenntnisse und Gedanken dazu auf, und fragen Sie sich, woher diese Beziehungsmuster kommen. Rat und neue Denkanstöße finden Sie in entsprechender Fachliteratur. Sollten Sie alleine nicht weiterkommen, dann scheuen Sie sich nicht, externe Hilfe in Anspruch zu nehmen. Das kann je nach Anliegen eine Unterstützung in Form eines Coachings, einer psychologischen Beratung oder einer Psychotherapie sein.

Blick nach innen

Partnertyp	Trifft sehr zu				
	1	2	3	4	5
Kommunikativ, unterhaltsam					
Dominant, bestimmend, fordernd					
Egoistisch, eigene Bedürfnisse vorrangig					
Angepasst, ordnet sich selbst unter					
Karriereorientiert, beruflich ehrgeizig					
Introvertiert, macht vieles mit sich ab					
Kontaktfreudig, offen für Beziehungen					
Gefühlvoll und zärtlich					
Sexualität ist sehr wichtig					
Vereinnahmend, starkes Nähebedürfnis					
Unabhängig, viel Freiheit wichtig					
Misstrauisch, kontrollierend					
Äußerlich, körperfixiert					
Vermögend					
Hilfsbedürftig, Schutz suchend					
Auf Sauberkeit und Ordnung bedacht					
Kreativ, phantasievoll					
Rational, kopflastig, theoretisch					
Einfühlsam, spricht über eigene Gefühle					
Trennungsorientiert, Konflikte schnell ein Grund zum Bruch					
Harmoniesüchtig, verdrängt Konflikte					
Legt Wert auf Vertrauen und Ehrlichkeit					

Trifft zu								**Trifft etwas zu**							
1	2	3	4	5	6	7	8	1	2	3	4	5	6	7	8

Checkliste 6:
Das möchte ich nicht mehr!

Nach der Bestandsaufnahme, für welchen Typ Partner Sie sich bisher häufig entschieden haben, und einem Blick auf Ihre Beziehungsmuster sind Ihnen sicherlich Ihre bisherigen Partnerschaften lebendig in Erinnerung und das eine oder andere Gefühl von damals ist womöglich sogar wieder aufgeflackert. Nutzen Sie die Gelegenheit, sich nun von der Seele zu schreiben, was Sie ganz sicher in einer künftigen Partnerschaft nicht mehr möchten.

Schreiben Sie nun hier oder auf einem separaten Blatt Papier Ihre Gedanken auf, und nehmen Sie sich dafür genügend Zeit. Die ersten Antworten sind meist diejenigen, die sehr klar sind und an der Oberfläche liegen. Je mehr Sie jedoch in sich gehen und über das Thema nachdenken, desto leisere und zögerliche Stimmen machen sich bemerkbar. Genau die enthalten aber häufig sehr wertvolle Informationen.

Persönlicher Denkzettel

Welches Verhalten meines Gegenübers ist für mich nicht mehr akzeptabel?

_____

_____

_____

_____

Welchen Partnertyp möchte ich nicht mehr an meiner Seite?

_____

_____

_____

_____

Welche Rolle möchte ich nicht mehr in einer Partnerschaft übernehmen oder erfüllen, in was möchte ich mich nicht mehr hineindrängen lassen?

_____

_____

_____

_____

Mit diesen Erkenntnissen, schwarz auf weiß notiert, sind Sie schon einen guten Schritt weiter, denn Sie wissen nun genau, was Sie nicht mehr möchten. Begegnen Ihnen in der Zukunft Menschen, die Sie anziehen, können Sie stets diese Liste zu Rate ziehen und prüfen, ob Sie Gefahr laufen, wieder in die alten Muster zu verfallen. Treten Sie dann schnell auf die Bremse und werfen Sie einen zweiten, sehr kritischen Blick auf Ihre Bekanntschaft. Wenn Sie feststellen, dass es sich wieder um den gleichen Typ Partner handelt, schalten Sie Ihre Vernunft ein und lassen Sie die Finger davon. Freuen Sie sich stattdessen über den kleinen Fortschritt, dass Ihre Antennen Sie vor einer weiteren unerfreulichen Erfahrung bewahrt haben.

Besonders deutlich zeigen sich Beziehungsmuster, wie das Wort schon sagt, in Beziehungen. Der Partner kann also eine entscheidende Rolle spielen, wenn er offen einbezogen wird. Abgesehen von der Strategie, sich immer wieder typische Verhaltensweisen aus alten Beziehungen vor Augen zu führen, ist es hilfreich, eine Art Frühwarnsystem aufzubauen. Dafür müssen Sie sich nur klarmachen, an welchen Gefühlen und Verhaltensweisen Sie erkennen, dass Sie schon wieder in alte Strukturen zurückfallen. An diesem Punkt sollten Sie dann bewusst innehalten und Ihr Verhalten reflektieren, idealerweise mit Hilfe einer Außenperspektive. Das kann die ehrliche Meinung der besten Freundin sein oder einer anderen Vertrauensperson. Auf jeden Fall sollte dieser Mensch Sie und Ihre Beziehungsgeschichte gut kennen.

Nur so haben Sie die Möglichkeit, Ihr Verhalten bewusst zu verändern, ohne das Muster weiter zu verfestigen. Auf jeden Fall sollten Sie auch Ihren Partner einbeziehen und mit ihm offen über die schwierigen Verhaltensweisen sprechen. Denn häufig werden Ihre eigenen Beziehungsmuster erst durch das Verhalten Ihres Partners ausgelöst oder verstärkt. Paare, die sich die Mühe machen, zu prüfen, welche ihrer verinnerlichten Lösungsmuster sie für ihr Leben zu zweit übernehmen, verändern oder verwerfen wollen, haben gute Chancen, auffällige chronische Beziehungsprobleme aus ihren eigenen Familien zu überwinden.

Übrigens kommen solche Altlasten vorwiegend in Krisenzeiten oder an den Wendepunkten einer Partnerschaft wieder hoch. Das kann beispielsweise ein finanziell belastendes gemeinsames Projekt wie ein Wohnungskauf oder ein Hausbau sein oder ein emotional belastendes Ereignis wie die Geburt des ersten Kindes. Wenn allerdings beide Partner bereit sind, etwas zu verändern, können sie gemeinsam negative Muster durchbrechen und gestärkt aus der Krise hervorgehen.

Blieben noch die Fragen, warum Männer und Frauen überhaupt in bestimmte Beziehungsmuster tappen und wieso manche Menschen anfälliger für solche Muster sind als andere.

Ganz einfach: Da Beziehungsmuster wie erwähnt viel mit den Erfahrungen in der Kindheit zu tun haben, sind diese auch durch die unterschiedliche Sozialisation von Mann und Frau beeinflusst, d. h. die geschlechtstypische Erziehung bei Männern und Frauen verstärkt unterschiedliches Beziehungsverhalten. Dadurch können sich dann andere Beziehungsmuster ausprägen. Zudem reagieren Männer und Frauen auf ähnliche negative oder positive Beziehungserfahrungen in der Kindheit unterschiedlich, was ebenfalls auf ihre Erziehung als Junge oder Mädchen zurückzuführen ist. Sie sind beispielsweise eher angepasst mit nach innen gerichteten Aggressionen oder stärker trotzig mit offen ausgelebtem Zorn und Ärger.

Die Stärke bestimmter Beziehungsmuster hängt demnach auch mit der Intensität negativer Kindheitserfahrungen zusammen. Haben sich damals viele Ängste aufgebaut, existieren heute häufig besonders starke Abwehrmechanismen. Menschen, die ihre eigenen Ängste eher verdrängen, anstatt sie aufzuarbeiten, sind übrigens anfälliger, diese Muster unreflektiert zu wiederholen.

Wenn Sie das Problem Ihrer Beziehungsmuster erkannt haben, dann haben Sie schon vieles auf dem Weg aus der Falle geleistet. Dennoch sollten Sie aufmerksam bleiben, denn: Ist der Grundkonflikt noch nicht vollständig bewältigt, sind Sie für Rückfälle sehr anfällig. Gerade durch negative Kindheitserlebnisse, die eher als belastend empfunden werden, die Sie im Erwachsenenalter immer wieder unbewusst wiederholen, entsteht eine Art negative Routine auf der falschen Spur. Auch wenn es befremdlich oder schwer nachvollziehbar erscheint, so vermittelt dieses Wiederholen selbst von bekannten negativen Beziehungsmustern ein Gefühl von Sicherheit. Damit erscheint es subjektiv erst einmal attraktiver als eine Veränderung in neue Muster. Mit dem Aufbruch in unerprobtes Neuland sind dagegen erst mal Unsicherheit und Angst verbunden, weshalb wir Veränderungen eher vermeiden.

Um diesen fatalen Teufelskreis zu durchbrechen, bedarf es oft eines tiefgreifenden Erlebnisses. Negative Beziehungsmuster wiederholen sich oft so lange, bis eine Trennung oder Beziehung extrem dramatisch war und einer der Partner bis an seine Grenzen – oder gar darüber hinaus – geht. Dann entsteht nämlich erst ein Bewusstsein dafür, dass etwas nicht stimmt.

Scheint Ihr Beziehungsmuster unabänderlich und ist der Leidensdruck hoch, sollten Sie nicht davor zurückschrecken, professionelle Hilfe in Anspruch zu nehmen. Ein Therapeut kann dabei helfen, die meist unbewussten Ursachen für das unangemessene Beziehungsverhalten aufzudecken und die Grundkonflikte aufzuarbeiten. Mit diesen Erkenntnissen sind Sie anschließend bestens ausgerüstet für eine erfüllende, gleichberechtigte Partnerschaft.

2. Blick nach außen

Einführung: Wo und wie finden Singles den passenden Partner?

Wir wollen Ihnen nichts vormachen: Um einen passenden Partner zu finden, müssen Sie selbst aktiv werden und offen sein, neue Menschen kennenzulernen. Daran führt nun mal kein Weg vorbei. Das kann zum Beispiel bedeuten, dass Sie die U-Bahn, mit der Sie morgens ins Büro fahren, in Ihr persönliches Flirtrevier verwandeln, oder aber dass Sie Ihre Freunde bitten, Ihnen alleinstehende Freunde und Bekannte vorzustellen, sei es als arrangiertes Blind Date oder auf einer Party. Möglichkeiten gibt es viele.

Allerdings sind sie nicht alle vielversprechend. Sehen wir uns daher zunächst an, welche Gelegenheiten die meisten Singles laut einer Umfrage im Auftrag von Parship.de als aussichtsreich bewerten: Ganz oben in der Liste stehen tatsächlich Bekannte und Freunde. Über 70 Prozent der deutschen Singles sind der Meinung, dass ihr soziales Netz der beste Kuppler sei. Das ist leicht nachzuvollziehen. Da sich die meisten Menschen nach einem ähnlichen Partner sehnen, ist der gemeinsame Freundeskreis bereits eine wichtige Gemeinsamkeit, die Sicherheit vermittelt. Daher erstaunt es keineswegs, dass Paare auf die Frage, wo Sie ihren derzeitigen Partner getroffen haben, am häufigsten (25 Prozent) antworten:

im Bekannten- und Freundeskreis. Die Erwartungshaltung an Freunde ist also zu Recht hoch – wenn auch oft zu hoch.

Beim Ausgehen hoffen immerhin knapp über die Hälfte aller Singles auf die größten Chancen, einen neuen Partner zu finden. Jedoch hat sich diese Hoffnung nur für 20 Prozent der Befragten tatsächlich erfüllt. Der Arbeitsplatz, allein weil die meisten Menschen dort einen Großteil ihrer Zeit verbringen, ist für 36 Prozent der aussichtsreichste Partnervermittler, was 15 Prozent der Paare bestätigen können. Auf Platz vier steht das Internet, worauf 30 Prozent der Singles hoffen. Gelohnt hat sich die Partnersuche mit diesem Medium immerhin bereits für knapp 13 Prozent.

Warum ist es denn nun überhaupt relevant, sich über das »Jagdrevier« Gedanken zu machen? Ganz einfach: Weil Sie in einem Karpfenteich niemals einen Lachs angeln würden. Um einmal im Bild zu bleiben: Da Sie dank des erfolgten Blicks nach innen nun wissen, was Sie wollen, müssen Sie den Fisch nur noch an den Haken bekommen.

Das ist – auch in diesem Punkt wollen wir Ihnen nichts vormachen – für Singles, vor allem für die über 30-Jährigen, nun mal schwer. Noch schwerer für die Frauen als für die Männer, denn denen mangelt es an äquivalenten Angeboten auf dem Partnermarkt.

Heute haben viele Frauen eine qualifizierte Ausbildung und können daher problemlos für sich selbst sorgen, ebenso für ihren Nachwuchs. Damit stünde der noch im 18. Jahrhundert als Skandal beschimpften Liebesheirat heute grundsätzlich nichts im Wege. Doch die meisten Frauen suchen einen Mann, dem sie auf Augenhöhe begegnen können, will heißen, der ihnen in Ausbildung, Beruf und Status mindestens ebenbürtig, wenn nicht sogar überlegen ist. Denn nach wie vor ehelichen die meisten Frauen einen Mann, der über die gleiche oder eine höhere Bildung verfügt als sie. Die Männer dagegen zeigen sich kompromissbereiter. Die Konsequenz: Jeder Mann, der »nach unten« heiratet, dünnt den Partnermarkt für die gebildeten Frauen weiter aus. Nicht von ungefähr ist es für diese Frauen so schwer, einen kompatiblen Partner zu finden.

»Gleich und gleich gesellt sich gern«, wusste bereits vor Jahrhunderten der Volksmund. Tatsächlich verlieben wir uns am ehesten in Menschen, die uns ähnlich sind (oder die wir für ähnlich halten). Hierbei geht es vor allem um Wertvorstellungen, Herkunft, Interessen, Intelligenz und die Persönlichkeit. Das ist leicht verständlich: Ohne beispielsweise ein ähnliches Kommunikationsvermögen werden sich die Partner bei der Austragung und Bewältigung von Konflikten schwerer tun als solche, die eine gemeinsame Sprache sprechen.

Aber auch Menschen gleicher Herkunft, deren Familiengefüge also dem unsrigen vergleichbar ist, sind uns auf Anhieb sympathisch. Weitere Anziehungspunkte sind Parallelen in der Erziehung, eine gleiche Geschwisterrolle oder ähnliche Erlebniswelten, ebenso ein vergleichbarer ethnischer Hintergrund.

Bei einigen Faktoren, die wir in eine Beziehung einbringen, greift diese Gleichheitsregel allerdings nicht. Zwar ist unbestreitbar, dass große Gegensätze zu Spannungen führen. So wird sich ein sehr introvertierter Mensch mit einem extrem extrovertierten Partner im täglichen Umgang schwer tun, weil dessen Verhalten beinahe zwangsläufig zu einer Einschränkung seiner eigenen Verhaltensweisen führen muss. Doch sind diese gegensätzlichen Eigenschaften nur mäßig ausgeprägt, besteht sehr wohl die Chance, dass sich die Partner nicht gegenseitig beschränken, sondern sich im Gegenteil ergänzen und somit bereichern.

Ein besonders anschauliches Beispiel ist das Bedürfnis nach Nähe. Ist es bei beiden Partnern gleich gering ausgeprägt, werden sie sich zwar gegenseitig große Freiheiten zugestehen – es droht jedoch die Gefahr, dass in einer solchen Partnerschaft kein gemeinsames Beziehungsgefühl entsteht. Umgekehrt werden sich zwei Partner mit einem extrem hohen Wunsch nach Nähe leicht gegenseitig erdrücken. Ein gesunder Abstand wäre hier ausgleichend und bereichernd, die Partner profitieren voneinander und unternehmen gemeinsam Schritte, die ihnen alleine nicht möglich gewesen wären.

Gegensätze ziehen sich also durchaus an. Vor allem in sexueller Hinsicht kann das hochinteressant sein – wenn auch meist nur für kurze Zeit. Für eine langfristige und harmonische Partnerschaft sind vor allem die Ähnlichkeiten von Bedeutung.

Selbst wenn Sie und Ihr Partner sich in Ihrem Verhalten und Empfinden stark unterscheiden, ist es dennoch möglich, eine befriedigende Beziehung zu führen. Langzeitstudien belegen allerdings, dass Sie hierfür einiges an Arbeit investieren müssen.

Da wir in unser Gegenüber nicht hineinsehen können, nutzen wir andere Indizien, um beim Date Ähnlichkeiten abzufragen. Nicht umsonst sind Gesprächsthemen wie die bevorzugte Musikrichtung so beliebt. Das ist auch gut so, denn so erfahren wir von einer neuen Bekanntschaft nicht nur, ob und welche Musik uns im Schlafzimmer erwartet, sondern erhalten außerdem einen Einblick in die Streitkultur, sollten die Geschmäcker verschieden sein.

Das Schwierige am Konflikt über guten oder schlechten Geschmack ist die Tatsache, dass wir uns alle ein gutes Stück über unseren Geschmack definieren, ebenso wie über unseren Status oder unser Aussehen. Forscher haben herausgefunden: Wer klassische Musik mag, erzeugt in uns andere Assoziationen als ein Elektro-Fan, wer Bücher Filmen vorzieht, schmückt sich beinahe automatisch mit dem Antlitz des Belesenen, selbst wenn es sich dabei nur um Comics handeln sollte. Entsprechend überrumpelt reagieren wir daher, wenn das Bild, das wir von uns beim anderen hervorrufen möchten, während wir über unsere DVD-Sammlung referieren, auf wenig Gegenliebe stößt. Die Kritik an der Sache, nämlich dem Film, beziehen wir nämlich schnell auf uns.

Kommunikative Persönlichkeiten nutzen Gespräche über Geschmack in der Regel ganz automatisch, um Gemeinsamkeiten zu erkennen. Versierte Flirter lenken das Gespräch geschickt auf solche Themen. Sie werfen beispielsweise populäre Kultur als Köder aus, in der Hoffnung, so gleich etwas über die Vorlieben des Fisches zu erfahren, der dann hoffentlich anbeißt.

Wie schon erwähnt, einen Lachs fangen Sie nicht im Karpfenteich. Aus diesem Grund lassen sich solche »Köder« am besten situationsbedingt auslegen, also aus dem Moment und der Umgebung heraus. Nur dann sind sie authentisch – und nicht peinlich wie etwa ein auswendig gelernter Flirtspruch, der womöglich gar nicht zu Ihnen passt.

Lassen Sie uns deshalb nun die unterschiedlichen Jagdgründe und Fangmethoden ein wenig genauer betrachten, damit Sie diejenigen auswählen können, die für Ihre Stärken und Bedürfnisse geeignet und Erfolg versprechend sind.

Übung 2: Den Trampelpfad verlassen

Vertrautes Terrain verleiht wie erwähnt Sicherheit und sorgt für Vertrauen in die eigenen Stärken. Das lässt Sie beim Flirten selbstbewusst und attraktiv erscheinen. Achten Sie einmal gezielt darauf, wie Sie Ihr Lieblingscafé oder Ihr Büro betreten. Nehmen Sie ganz bewusst den Raum und die Personen darin wahr. Lassen Sie ruhig mal auf sich wirken, wie Sie auf die anderen wirken. Versuchen Sie, Ihr Auftreten in den Reaktionen der Anwesenden zu interpretieren. Wenn Ihnen zu viele Eindrücke diese Übung erschweren, dann achten Sie erst mal nur auf einen oder zwei Aspekte, beispielsweise Ihren Herzschlag und Ihre Atmung.

Wenn Sie das mehrfach getan haben, legen Sie einen Entdeckungstag ein. An diesem Tag besuchen Sie Orte, an denen Sie noch nie waren. Das kann eine neu eröffnete Bar sein oder eine Probestunde in einem Sportstudio, möglichst in einem anderen Stadtteil. Achten Sie nun darauf, ob und wie sich Ihr Auftreten verändert. Wenn Sie sich in der fremden Umgebung sicher fühlen, nehmen Sie Kontakt mit den Menschen um sie herum auf, etwa durch ein Lächeln, eine nette Begrüßung oder ein Gespräch. Wenn Sie diese Situation eher einschüchtert, wählen Sie eine Ausstellung oder eine Galerie. Dort fühlen Sie sich vielleicht weniger beobachtet und nicht zum Sitzen und Herumblicken wie in einem Lokal gezwungen.

Diese Übung soll Ihnen übrigens nicht zeigen, wie leicht und unbeschwert Ihnen die Kontaktaufnahme fallen wird, sondern vielmehr Ihre Neugierde und Ihren Spaß an neuen Erfahrungen fördern.

Partnersuche im sozialen Umfeld

Sie suchen einen Partner? Dann könnte Ihnen das »Small World Phenomenon« weiterhelfen, das der Psychologe Stanley Milgram 1967 formulierte. Diese (durchaus umstrittene) These besagt: Jeder kennt jeden auf der ganzen Welt, und zwar über maximal sechs Ecken. Würden Sie eine Karte zeichnen, auf der alle Freunde, Bekannten, Kollegen und Verwandten durch Linien miteinander verbunden sind, so wären gerade fünf Mittelsmänner nötig, bis Sie den direkten Kontakt zu beispielsweise der Bundeskanzlerin herstellen könnten. Genauso könnte es sich mit dem passenden Partner verhalten. Sie müssten demnach nur die richtigen Freunde nach deren Freunden fragen.

Nach diesem Prinzip funktionieren etwa Wirtschaftskreise oder Berufsnetzwerke bereits viel länger, als es das Internet mit seinen Social Networks gibt. Auch bei der Partnerwahl kann es durchaus einen richtigen Ansatz für Sie darstellen.

Begegnen Sie Ihrem Gegenüber beim ersten Treffen mit niedrigen Erwartungen.

Nehmen Sie sich vor, eine gute Zeit zu verbringen. Das erste Date dient nur einem Zweck: herauszufinden, ob es ein zweites geben wird!

1. Freunde

Der Klassiker, um einen Partner zu finden, sind immer noch der eigene Freundeskreis und die Freunde der eignen Freunde. Tatsächlich ist das auch nach wie vor die den größten Erfolg versprechende Methode. Denn wird Ihnen von Freunden jemand vorgestellt, besitzen Sie bereits einen gemeinsamen Nenner, nämlich die gleiche Bezugsperson. Und die mag offensichtlich sowohl Sie als auch Ihren neuen Bekannten, was schon mal gegenseitiges Vertrauen weckt.

Sie sollten mit Ihrem Single-Dasein also nicht hinterm Berg halten, sondern Ihre Freunde ruhig wissen lassen, dass Sie neue Kontakte knüpfen möchten. Natürlich müssen Sie sich dann als Single auf Partnersuche outen, doch sollte das aus der Situation heraus geschehen, damit Sie nicht allzu bedürftig oder gar verzweifelt wirken.

Bitten Sie hierbei vor allem diejenigen Ihrer Bekannten um Unterstützung, von denen Sie besonders viel halten und deren Lebensweise und Wertvorstellungen den Ihren sehr ähnlich sind. Die Wahrscheinlichkeit, dass deren Freunde auf der gleichen Wellenlänge liegen wie sie, ist hoch. Die Freunde, die

Sie ansprechen, müssen übrigens nicht zwingend ebenfalls Singles sein, auch wenn Menschen, die länger allein leben, sich gerne mit Ihresgleichen umgeben. Das ist zwangsläufig so, wenn man dem Themenspagat zwischen Kneipentour, schlechten One-Night-Stands sowie Elternabend, Kinderkrankheiten und Fernsehverbot entgehen will.

Bei der Partnersuche können Sie ruhig andere Wege gehen. Eine charmante Möglichkeit, neue Menschen kennenzulernen, ist beispielsweise das von Freunden organisierte Blind Date. Wenn sich ein Paar mit einem Single in einem Restaurant verabredet, ist es zum Beispiel in Teilen Nordamerikas durchaus üblich, für den Alleinstehenden einen weiteren Single aus dem eigenen Freundeskreis einzuladen. Wir meinen: Das ist eine nette Geste des Paares und gleichzeitig eine großartige Gelegenheit, in ungezwungener Umgebung neue Bekanntschaften zu schließen.

Übung 3: Charme-Training

Wer freundlich ist, hat bei der Partnersuche die besten Chancen. Bemühen Sie sich daher, regelmäßig und in verschiedenen Situationen besonders freundlich zu sein und ein (kurzes) Gespräch zu beginnen. Morgens beim Zeitungshändler oder beim Bäcker, sogar in der Schlange am Bankschalter.

Achten Sie darauf, wie Sie sich während des Gesprächs und danach fühlen – und welche Reaktionen Sie bekommen. Genießen Sie die Sympathie, die Ihnen entgegengebracht werden wird, und stärken Sie so Ihr Selbstbewusstsein, damit Ihnen die Kontaktaufnahme Schritt für Schritt leichter gelingt. Vielleicht fällt Ihnen das bei Menschen, die Sie anziehend finden, etwas schwerer. Geben Sie sich einen Ruck, und wagen Sie es dennoch: Sie werden erstaunt sein, wie gut Sie ankommen!

Jeder kennt Singles und hat welche in seinem engeren und entfernten Bekanntenkreis. Deshalb werden Sie auf kaum einer Party ausschließlich Paaren begegnen. Nehmen Sie also häufiger Einladungen auf private Feste an, statt am Wochenende mit anderen Singles durch die Bars zu ziehen. Falls Sie ein Mann sind und gut kochen können: Bringen Sie etwas Selbstgemachtes mit. Über die Hälfte aller Frauen wünscht sich einen Partner, der selbst mal in der Küche Hand anlegt (und das nicht nur, um die Raviolidose zu öffnen).

Wenn Sie nicht mit Ihren Kochkünsten beeindrucken möchten oder können, bringen Sie ein Gastgeschenk mit, das garantiert für Gesprächsstoff sorgen wird – allerdings ohne zu provozieren. Das kann ein Buch sein, eine DVD oder auch ein Gesellschaftsspiel – je nach Art der Party und Zusammenstellung der Gäste.

Sind Sie eher der schüchterne Typ, der schwer mit Fremden ins Gespräch kommt? Dann bitten Sie den Gastgeber, dass er Sie vorstellt – einzeln natürlich. Oder Sie nehmen es selbst in die Hand, wobei Ihnen Ihr gestärktes Selbstbewusstsein von »Übung 2: Den Trampelpfad verlassen« zugute kommt.

Falls Ihnen keine Themen für die Kontaktaufnahme einfallen, beginnen Sie einfach mit Sätzen wie »Hallo, ich bin ...«, »Woher kennen Sie den Gastgeber?« Das ist zwar nicht sonderlich originell, dafür aber zweckdienlich. Allerdings sollten Sie nicht den Fehler begehen und sich den ganzen Abend an einen Gesprächspartner klammern. Wechseln Sie immer wieder den Standort, und kehren Sie am Ende der Runde zu der Person zurück, die Ihnen am sympathischsten war.

Wenn Ihre Freunde keine Partys veranstalten, dann tun Sie es einfach selbst, und bitten Sie Ihre Freunde, einfach ein paar alleinstehende Bekannte mitzubringen. Ein guter Anlass für eine solche Einladung kann ein nachgeholter Geburtstag oder Namenstag sein, ein Karrieresprung oder eine Mottoparty. Orientieren Sie sich doch ruhig mal an aktuellen Kinofilmen. Seien Sie kreativ, und lassen Sie Ihre Gäste die Party aktiv mitgestalten, umso leichter wird Ihnen dann (und anderen Singles) die Kontaktaufnahme fallen. Kurzzeitig waren so genannte Expartys angesagt. Dort trafen sich nur Singles, die jedoch alle einen Expartner oder ein Exverhältnis mitbrachten. Allerdings sind solche Veranstaltungen nur für extrem selbstbewusste Menschen zu empfehlen; diejenigen erwartet jedoch sicher ein Abend, den sie so schnell nicht vergessen werden. Richtig mutig sind Sie übrigens, wenn Sie dann noch ein Beziehungsspiel wie *Therapy* auspacken.

Falls Sie nun einwenden möchten, Ihr Freundeskreis sei gar nicht groß genug (oder zu uninteressant, zu phlegmatisch, zu verpartnert), um eine ganze Party zu füllen, dann bauen

Sie Ihren Bekanntenkreis aus – oder wechseln Sie ihn. Möglicherweise hat er bisher sogar (mit) verhindert, dass Sie noch keinen neuen Partner haben. Manche Kreise funktionieren nämlich wie ein Schutzschild vor neuen Einflüssen. Man verkriecht sich dahinter, richtet es sich so behaglich wie möglich ein und verliert zunehmend das Interesse an dem, was draußen so vor sich geht. Abgesehen davon gelangen Fremde gar nicht mehr zu einem durch.

Wenn Sie sich beispielsweise bisher ausschließlich mit Ihren Arbeitskollegen umgeben, dann nehmen Sie sich vor, ein paar Menschen kennenzulernen, die sich nicht für Ihren Beruf, dafür aber sehr für Ihre Hobbys interessieren. So kommen Sie auf andere Gedanken und lassen auch neue Wahrnehmungen zu.

Wenn Sie sich jetzt fragen, wo Sie neue Menschen außerhalb Ihres Bekanntenkreises finden, dann versuchen Sie es doch mal mit dem Internet. Zahlreiche Angebote wie die im Anhang genannten vermitteln spielerisch Kontakte zwischen Menschen mit ähnlichen Interessen, meist sogar direkt in Ihrer Umgebung.

Seien Sie neugierig und offen. Selbst wenn Sie nicht sofort auf einen potenziellen Partner treffen, so stoßen Sie vielleicht auf interessante Menschen, die Ihr Leben bereichern.

2. Beruf

Partnervermittler Nummer zwei ist der Arbeitsplatz. Manchmal ist es der Kollege im Großraumbüro, der Ihren Herzschlag beschleunigt, oder die neue Kollegin aus der Marketingabteilung, die Sie mittags immer in der Kantine sehen. Ein Grund dafür, dass sich Kontakte im Job so einfach knüpfen lassen, ist: Sie geschehen in vertrauter Atmosphäre, was uns mehr Sicherheit und dadurch eine selbstbewusste und attraktive Ausstrahlung gibt. Außerdem stellt der Beruf bereits eine verbindende Gemeinsamkeit dar, auf der selbst sehr schüchterne und zögerliche Menschen einfach aufbauen können. Am Kaffeeautomaten eine Tasse Espresso auszugeben, fällt in der Kantine häufig leichter als nach Feierabend im Café.

Einerseits können Affären am Arbeitsplatz dem Bürofrieden durchaus nachdrücklich und gründlich schaden. Andererseits meinen wir hier nicht, dass Sie Betriebsfeiern zu Orgien ausufern lassen oder sich gleich mehrere Partner nacheinander in Ihrer Firma angeln sollen. Das kann Sie nämlich im Einzelfall den Job kosten. Statistisch gesehen werden allerdings gut 20 Prozent aller Partnerschaften am Arbeitsplatz geschlossen – und für diese Möglichkeit sollten Sie zumindest offen sein.

Eine Alternative stellen mittlerweile die so genannten Social Networks im Internet dar. Das sind Netzwerke, die Menschen mit ähnlichen Projekten und beruflichem Umfeld zusammenbringen. So gilt das europäische Netzwerk Xing längst nicht nur als Möglichkeit, die passenden Geschäftspartner zu finden, sondern ebenso als Chance auf einen passenden Lebenspartner. Social Networks sind keine expliziten Dating-Plattformen und allzu offensives Flirten ist dort auch nicht gerne gesehen, aber in den zahllosen Foren und Clubs sowie den regelmäßigen Stammtischen treffen Menschen mit vergleichbarem Hintergrund aufeinander, was die Kontaktaufnahme vereinfacht.

Der Arbeitsplatz und die entsprechenden Netzwerke im Internet bieten fraglos gute Chancen, einen Partner zu finden. Allerdings sollte keinesfalls Ihr Job darunter leiden – weder unter der Partnersuche oder romantischen Gefühlen noch unter Beziehungsproblemen, die dann im Büro ausgetragen und ausgelebt werden.

Gerade wenn Sie eine sehr emotionale Persönlichkeit sind, sollten Sie sich klare Grenzen setzen, wie viel Raum Sie Ihren Gefühlen am Arbeitsplatz zugestehen können. In kleinen Firmen können Beziehungen unter Mitarbeitern durchaus eine Herausforderung für den Betriebsfrieden darstellen. Natürlich soll Sie das nicht daran hindern, Ihr Glück zu finden, aber die möglichen Konsequenzen sollten Ihnen bewusst sein und Sie entsprechend rücksichtsvoll vorgehen lassen.

3. Freizeit

Sind Sie vielleicht in einem Verein engagiert, oder besuchen Sie ein Fitnesscenter? Ähnlich wie am Arbeitsplatz treffen sich auch an solchen Orten Menschen mit einem gemeinsamen, verbindenden Interesse.

Für die Partnerwahl kann das sehr hilfreich sein. Sie erleben dadurch garantiert viele Situationen, aus denen sich spannende Gesprächsthemen gestalten lassen. Wenn Sie ein ausgefallenes oder sehr zeitintensives Hobby haben, lernen Sie so auf alle Fälle einen Menschen kennen, der Ihre Begeisterung teilt und Ihr Engagement versteht (und Ihnen deshalb vielleicht nachsieht, dass Sie Samstage lieber im Verein als zu Hause verbringen).

Wir raten allerdings davon ab, nur wegen der Partnersuche einem Verein beizutreten. Zäumen Sie nicht das Pferd von hinten auf, sondern vergrößern Sie Ihr soziales Umfeld. Seien Sie aktiv. Freuen Sie sich auf Denkanstöße und anregende andere Wahrnehmungen. Gehen Sie auf Menschen zu, und genießen Sie neue Erfahrungen. Haben Sie vor allem Spaß an dem, was Sie da tun! In erster Linie sollen Sie nämlich (genau wie beim Fitnesstraining) etwas für sich tun. Beiläufig erhöhen Sie dabei natürlich auch Ihre Chancen, einen neuen Partner zu treffen.

Grundsätzlich sollte dies aber nicht der alleinige Grund für einen solchen Schritt sein. Immerhin besteht die Gefahr, dass derart zielgerichtetes Verhalten andere abschreckt. Manche, weil sie sich nicht als Person, sondern als Objekt fühlen, das gefunden und bewertet werden soll, andere, weil sie in Ihnen fälschlich vorgetäuschtes Interesse an der Sache entdecken. Das wirkt nämlich oberflächlich und wenig glaubwürdig.

4. Ausgehen

Zu Hause können Sie lange, vermutlich sogar vergeblich auf einen neuen Partner warten. Er wird nämlich ganz bestimmt nicht eines Tages bei Ihnen klingeln. Sie müssen schon vor die Tür treten und etwas tun – selbst beim Internet-Dating. Zwar verlieren ehemalige Klassiker wie Bars und Cafés, Clubs und Tanzkurse gegenüber der Online-Partnersuche etwas an Boden, aber aussichtsreich sind sie dennoch – wenn Sie dabei überlegt vorgehen.

Um im Café jemanden am Nebentisch anzusprechen, bedarf es Spontaneität und einer gewissen Portion Mut. Wenn

Sie über beides verfügen, dann tun Sie es! Suchen Sie sich ein Lokal, in dem Sie sich wohlfühlen und von dessen Gästen Sie denken, dass Sie auf Ihrer Wellenlänge liegen. Es ist sinnlos, sich als Frau in eine Fußballkneipe zu setzen, nur weil dort viele Männer sind, wenn Sie mit diesem Sport und den Fans nichts anfangen können. Signalisieren Sie durch Ihre Körperhaltung und Ihr Auftreten Offenheit, laden Sie andere zum Gespräch ein, seien Sie freundlich und charmant – Sie werden ganz sicher rasch neue Kontakte knüpfen.

Vermutlich geht es Ihnen aber so wie zahllosen anderen Singles: Der erste Schritt fällt Ihnen einfach schwer. Ist dann die Partnersuche »auf der Piste« überhaupt das Richtige für Sie? Die Antwort ist ein klares Jein. Ja, wenn Sie dennoch Spaß am Weggehen haben und nach dem Studieren der Flirtschule in Kapitel 3 Lust haben, einige der Tipps auszuprobieren. Nein, wenn Sie sich immer noch dabei ertappen, die meiste Zeit »neben sich zu stehen«, und sich fragen: Was tue ich hier eigentlich? Dieses Unwohlsein werden Sie nämlich mit Sicherheit auch ausstrahlen, egal wie gut Ihr schauspielerisches Talent ausgeprägt ist. Wenn Sie sich in Ihrer Umgebung nicht wohlfühlen, dann sind solche Ausgehabende eher kontraproduktiv und erfolglos.

Solche Erlebnisse nagen vielmehr an Ihrem Selbstwertgefühl, weil Sie sich vieles vorgenommen haben und doch wieder alleine nach Hause gehen. Achten Sie deshalb darauf, sich ein Umfeld zu suchen, in dem Sie sich gut und sicher fühlen. Auf Ihre Signale werden sonst nämlich vor allem jene Menschen reagieren, die Sie wegen Ihrer Unsicherheit als leichte Beute beurteilen.

Online-Dating

Online-Partneragenturen und Dating-Plattformen haben heute ganz klar den exotischen Status verloren, den sie vor einigen Jahren noch hatten. Einer der Gründe, dass immer mehr Singles die Suche im Internet wagen, ist, dass sich tatsächlich sehr viele Paare in den letzten Jahren über dieses Medium gefunden haben. Diese scheuen sich heutzutage auch nicht mehr, darüber zu sprechen. Inzwischen kennt vor allem in den größeren Städten jeder einen Menschen, der auf diesem Weg eine neue Liebe gefunden hat. In wenigen Jahren wird mit der Online-Partnersuche ganz offen und natürlich umgegangen, niemand wird mehr erstaunt sein, wenn er hört, dass jemand seinen Partner mit Hilfe des World Wide Webs gefunden hat. Hinzu kommt die weitgehende Etablierung des Computers und des Internets, sowohl in der Arbeitswelt als auch zu Hause. Der Umgang mit beidem ist heute eine Selbstverständlichkeit – auch für die Partnersuche.

Grob lassen sich die gängigen Internetangebote in vier Gruppen unterteilen: Zum einen wären da die Chatbörsen, in denen sich überwiegend junge Menschen im Alter zwischen 15 und 25 zum Chatten und zur Videotelefonie treffen. Dann gibt es jene Dating-Angebote, die wie Kontaktanzeigen im Internet funktionieren und hauptsächlich von Singles zwischen 18 und Anfang 30 genutzt werden. Überwiegend 30 Jahre und älter sind die Nutzer von Partneragenturen, die sich auf die Vermittlung von langfristigen Beziehungen spezialisiert haben. An Bedeutung zugenommen haben außerdem die bereits erwähnten Social Networks.

> »Make your parents proud: Go naked in the internet!«
> Überschrift einer Online-Kontaktanzeige

1. Dating-Börsen

Der erste Schritt für die erfolgreiche Suche nach einem neuen Partner ist die Entscheidung für eine passende Dating-Börse. Das Angebot ist riesig, und es gibt Plattformen für jede Altersgruppe, sexuelle Identität und alle nur denkbaren Vorlieben. Aus diesem Grund muss die erste Überlegung sein: Wollen Sie gleich heiraten oder lieber erst mal nur Spaß haben?

Wenn Sie diese Frage für sich beantwortet haben, können Sie die passende Website auswählen, denn es gibt welche für ernst gemeinte Beziehungen, welche für Flirts und welche für Freundschaften. Steht Ihre Entscheidung fest, können Sie im Grunde auch schon loslegen. Das heißt in der Regel: Sie erstellen ein Profil und erzählen ein bisschen was über sich. Nach Möglichkeit sollten Sie jedoch keine Allgemeinplätze wie »Ich gehe gern ins Kino« verbreiten, sondern möglichst konkret werden, etwa: »Ich sehe am liebsten Action-Filme, weil ich noch cooler bin als James Bond.« So bekommen die anderen am ehesten ein treffendes Bild von Ihnen. Anschließend machen Sie noch ein paar Angaben zu Ihren Suchkriterien – und schon steht der Kontaktaufnahme nichts mehr im Wege.

Widerstehen Sie bitte der Versuchung, Ihre eingestellten Fotos zu Ihrem Vorteil zu verändern, etwa Augenränder weg- oder Oberweite dazuzumogeln. Unwahrheiten und Beschönigungen haben in Ihrem Profil nichts zu suchen, wenn Sie sich mehr als eine Affäre erhoffen. Ob der Partner eines One-Night-Stands nun 70 oder 75 Kilo auf die Waage bringt, ist sicher egal, aber wenn Sie eine ernsthafte Beziehung suchen, dann scheint es uns eine schlechte Idee, mit einer Lüge anzufangen.

Online-Dating ist gerade für schüchterne Menschen, die Mühe haben, den ersten Schritt zu unternehmen, eine große Hilfestellung und Chance. Allerdings birgt es auch die Gefahr, schnurgerade in eine Falle zu laufen, die wir die »Traumprinz-Falle« nennen.

Was sich dahinter verbirgt? Selbst mit relativ hohen Ansprüchen werden Sie in einer gut frequentierten Single-Börse gerade in größeren Städten leicht mehrere hundert Profile finden, die auf Ihre Suchkriterien passen. Schnell kann hier der Eindruck entstehen und sich festigen, das Internet sei ein Baukasten, in dem sich ein Traumpartner basteln und bestellen ließe. Manche Internetangebote erinnern in ihrem Aufbau mehr an Immobiliendatenbanken als an Kontaktplattformen für lebende und fühlende Menschen. Vor allem wenn es um Sex geht, unterscheiden sich einige Single-Börsen nur wenig von einem Pizzaservice, bei dem man sich sein Abendessen nach dem aktuellen Geschmack zusammenstellen und nach Hause liefern lassen kann.

Das ist fraglos prima für verantwortungsbewusste Erwachsene, die auf diese Weise unkompliziert Kontakte knüpfen wollen. Singles, die auf einen Partner für eine feste Beziehung hoffen, laufen jedoch Gefahr, sich an die Austauschbarkeit der einzelnen Kandidaten zu gewöhnen. Schließlich könnte sich in der virtuellen Welt hinter jedem Klick ein scheinbar noch besserer Kandidat verbergen. Das führt bei manchen Menschen zu einer Ablehnung aller Verbindlichkeit. Will heißen, dass sie sich nicht auf einen Partner festlegen können oder dass sie bei Problemen frühzeitig das Handtuch werfen und lieber den nächsten Kandidaten aus der Datenbank austesten. Es ist also Vorsicht geboten.

2. Partneragenturen

Diese Angebote funktionieren ähnlich wie eine klassische Partnervermittlung. Auf den zur Verfügung gestellten Plattformen sollen Singles zusammengeführt werden, die tatsächlich zueinander passen und die beide eine langfristige Beziehung wünschen. Entsprechend ist die Klientel solcher Websites deutlich älter und verbindlicher als die der Dating-Websites. Im Gegensatz zu den meist kostenlosen Dating-Sites sind Partneragenturen kostenpflichtig. Bei Preisen zwischen 150 und 200 Euro für eine sechsmonatige Mitgliedschaft finden sich beinahe ausschließlich Singles mit ernsten Absichten.

Die Vermittlung erfolgt in der Regel über den Abgleich individueller Persönlichkeitsprofile. Mit Hilfe eines wissenschaftlichen Verfahrens werden die Charakterzüge, Einstellungen, Lebensgewohnheiten und Interessen ermittelt, die darüber entscheiden, wie gut zwei Menschen harmonieren, wo ihr gemeinsames Beziehungs-, aber auch ihr Konfliktpotenzial liegt. Hat der Partnersuchende zwischen 80 und 100 Fragen zu den

Facetten seiner Persönlichkeit beantwortet, erhält er ein detailliertes Gutachten sowie eine Liste mit mehreren Partnervorschlägen. Natürlich hat jedes Mitglied die Möglichkeit, seine Partnersuche individuell zu gestalten. Im persönlichen Suchprofil können unter anderem das Alter oder der Wohnort des potenziellen Partners eingegrenzt werden.

Jedes Mitglied kann über seinen Zugang die anonymisierten Profile der vorgeschlagenen Partner anklicken und bei Interesse über ein internes Mailsystem eine Kontaktanfrage versenden. Ob ein persönlicher Kontakt über die erste Anfrage hinaus entsteht, hängt ausschließlich vom gegenseitigen Interesse ab.

Ein besonders herausragendes Merkmal der Partneragenturen ist, dass das Äußere nicht so stark im Mittelpunkt steht wie bei Dating-Börsen, beim Discobesuch oder in einer Bar. Über Online-Partnervermittler erhalten Singles die Chance, den Kontakt zu einem anderen Menschen langsam und in ihrem ganz individuellen Tempo aufzubauen. Wie schnell Sie sich mit jemandem verabreden, bestimmen ganz alleine Sie selbst. Jedes Profil ist mit einer Chiffre verschlüsselt. Weder Name, Anschrift, private E-Mail-Adresse noch Telefonnummern und sonstige private Informationen können von den anderen Mitgliedern eingesehen werden. Dadurch ist die Anonymität der persönlichen Mitgliedsdaten gewährleistet. Fotos werden ausschließlich gezielt ausgetauscht. Wer zu welchem Zeitpunkt die Bilder einsehen kann, gibt in der Regel jedes Mitglied selbst vor.

Damit bieten die Vermittler den Suchenden einen gewissen Schutz vor so genannten Fakern, also Mitgliedern, die in ihren Angaben und Wünschen unehrlich sind oder womöglich betrügerische Absichten hegen. Einen 100-prozentigen Schutz gibt es jedoch nicht. Kommt es zum Austausch von Telefonnummern oder zu einem Treffen, geht jedes Mitglied natürlich ein gewisses Risiko ein. Wir raten deshalb, immer eine gewisse Grundvorsicht walten zu lassen.

3. Spezialbörsen

Alleinerziehende Mütter oder Väter, Singles über 50 Jahre, korpulente, große oder kleine Alleinstehende, unterschiedlichste Religionsgemeinschaften, Menschen mit Handicap – für nahezu jede gesellschaftliche oder ethnische Gruppe bietet das Internet eine passende Kontaktbörse. Auch jedes Hobby von Golf bis Hundezucht glänzt heute mit Websites, die Gleichgesinnte zusammenführen. Nun richten sich Letztere nicht ausschließlich an Singles, sondern an ihre jeweilige Zielgruppe, weshalb deren Datenbanken auch nicht so üppig gefüllt sind wie die der großen bekannten Anbieter. Doch um es mal in Marketingsprache auszudrücken: Der Streuverlust ist relativ gering und gleicht den vermeintlich schwächeren Zulauf leicht aus. Außerdem verfolgen einige Betreiber solcher Spezialbörsen keine finanziellen Interessen, sondern investieren ihre Zeit ehrenamtlich.

Spezielle Websites können natürlich viel konkreter auf die besonderen Wünsche ihrer Mitglieder eingehen und sind deshalb häufig eine hervorragende Alternative zu den großen Anbietern.

Single-Events

Keine Frage, nicht in allem, auf dem »Single« draufsteht, ist auch etwas drin, was Singles tatsächlich weiterhilft. Manchmal geht es den Anbietern weniger um Unterstützung bei der Partnersuche als um das locker sitzende Geld der Alleinstehenden. Gerade bei eigens organisierten Partys drängt sich häufig der Verdacht auf, dass mit vermeintlichen Spezialveranstaltungen leer stehende Räume gefüllt werden sollen. Aber diese Entwicklung findet sich bei jedem kommerzialisierten Trend. Deshalb sollten Sie grundsätzlich nie eine gewisse Skepsis verlieren, sich jedoch auch nicht den Spaß an neuen Erfahrungen und vielleicht sogar einem neuen Partner nehmen lassen, indem Sie derartige Veranstaltungen vorschnell als Hype und Marketinggag abtun.

Bei den vielen unterschiedlichen Single-Events gibt es kein Angebot, das sich grundsätzlich für jede oder jeden eignen würde. Genau wie Sie die passende Online-Börse nach Ihren individuellen Vorlieben und Bedürfnissen auswählen müssen, sollten Sie auch bei Single-Events vorgehen.

Ein wenig Mut, die eigene Komfortzone zu verlassen und Ungewöhnliches auszuprobieren, sollten Sie allerdings aufbringen. Oder wie Donald Ducks Neffen Tick, Trick und Track sagen würden: »Versuch macht kluch!«

Werden Sie aktiv! Egal, welchen Partner Sie suchen und welche Beziehung Sie sich wünschen – Sie selbst müssen den ersten Schritt wagen. Das kann Ihnen niemand abnehmen.

1. Single-Reisen

Reisen explizit für Singles gibt es streng genommen bereits seit den 70er und 80er Jahren. Ebenso haben sich zahlreiche Reiseveranstalter schon seit Jahrzehnten auf Ferien für Nicht-Familien spezialisiert. Denken Sie nur mal an all die Clubs und ihre Animateure – die haben nie etwas anderes getan, als Menschen zusammenzuführen, denen der Mut zum ersten Schritt fehlt.

Single-Reise-Angebote gibt es unzählige, und es werden immer mehr. Vom einwöchigen Segelkurs in der Ägäis über die Studienreise entlang des Nils bis hin zur Shopping-Städte-Tour an die US-amerikanische Ostküste ist alles möglich. Achten Sie bei der Auswahl darauf, dass es sich bei Ihrer Reise um eine *echte* Single-Reise handelt, also ob der Veranstalter bei der Zusammenstellung der Gäste darauf achtet, dass die Teilnehmer tatsächlich Singles sind und die Geschlechtermischung stimmt, also dass nicht auf zwei Frauen ein Mann kommt. Außerdem sollte ein Reiseführer oder Coach dabei sein, der sich notfalls der einsamen Herzen annehmen kann, die beim Kontakteknüpfen Hilfe benötigen.

Nahezu alle großen Reiseveranstalter haben bereits Single-Reisen im Programm, andere bauen diesen Bereich gerade aufwendig aus. Es lohnt sich daher, die Preise und die Voraussetzungen für einen möglichst hohen Flirtfaktor genau zu vergleichen.

Nicht immer muss es übrigens gleich eine große Reise über mehrere Wochen sein, denn Tagesausflüge für Singles werden mittlerweile ebenso angeboten. Zum Ausprobieren solcher

Veranstaltungen ist vielleicht ein Kurztrip mit Bus oder Schiff genau das Richtige.

Bevor Sie buchen, sollten Sie allerdings auf die Altersangaben achten. Fragen Sie lieber zweimal nach, ob die Reisegruppe zu Ihnen und Sie zur Reisegruppe passen. Selbst wenn kein potenzieller Partner dabei sein sollte, wollen Sie schließlich Urlaub in angenehmer Gesellschaft machen.

Was erwartet Sie auf einer solchen Reise? Hoffentlich ein unvergesslicher Urlaub und zahlreiche Gleichgesinnte, mit denen Sie eine großartige Zeit verbringen. Gut organisierte Spiele zum Kennenlernen der Mitreisenden gehören ebenso dazu wie Aufgaben, die gemeinsam gelöst werden müssen. Beim Salatputzen an Bord einer Segeljacht kommt man sich nicht nur näher, man erfährt nebenbei auch, ob sich jemand zu fein zum Helfen oder an wem ein Sternekoch verloren gegangen ist.

Nur für Adrenalin-Abhängige geeignet ist eine relativ neue Variante der Single-Reisen: Extrem-Events. Darunter fallen Wildwasserkanufahrten, Fallschirmsprünge oder Bungee-Jumping. Die Veranstalter machen sich hierbei eine wissenschaftliche Erkenntnis zunutze: Menschen, die gemeinsam besondere Situationen gemeistert haben, verlieben sich schneller. Auch einige Paartherapeuten wissen um die dafür verantwortlichen biochemischen Abläufe und schicken ihre Kunden zu solchen Abenteuern, um deren Beziehung neu erlebbar werden zu lassen.

Single-Reisen zeigen Ihnen Menschen in Aktion, live und in Farbe, mit all ihren kleinen Marketingtricks und ihren nicht immer restlos unterdrückten Launen. Einen solch vielfältigen und vielschichtigen ersten Eindruck kann Ihnen das Internet nicht bieten.

2. Single-Partys

»Fisch sucht Fahrrad« oder »Ü-30-Single-Party« nennen sich bundesweit diverse Veranstaltungen, die sich irgendwo zwischen Erlebnisgastronomie und inszenierter Unterhaltung einordnen lassen. Leider haben in den vergangenen Jahren solche Partys inflationär zugenommen, so dass es für den Partnersuchenden sehr schwer geworden ist, die guten und spannenden von den überflüssigen zu unterscheiden.

Zu einer gelungenen Single-Party gehören eine festgelegte Altersgrenze und ein Motto oder Thema, das als kleinster gemeinsamer Nenner für die Gäste funktioniert. Schließlich wollen Sie nicht mit irgendwem feiern, sondern mit Menschen, die auf Ihrer Wellenlänge schwimmen. Außerdem wichtig sind eine ausgewogene Geschlechtermischung sowie eine Crew, die Ihnen nicht nur Getränke ausgibt, sondern Ihnen auch bei der Kontaktaufnahme hilft, falls Sie das möchten.

Bei manchen Veranstaltungen kann man mittels Nummern, Schildern, Schleifen oder farbigen Punkten, die für Interessen oder persönliche Vorlieben stehen, Kontakt aufnehmen. Am besten, Sie testen aus, was Ihnen gefällt.

Wenn Sie sich auf eine Single-Party einlassen, sollten Sie sich vorher im Internet erkundigen, wie andere diese Veranstaltung erlebt und bewertet haben. Rufen Sie im Zweifel die Betreiber an, und fragen Sie nach, wenn Ihnen etwas unklar ist.

Gerade wenn Sie lange nicht mehr auf Partnersuche waren, sollten Sie Ihre Bemühungen mit einer wirklich guten Veranstaltung belohnen und keine Enttäuschung riskieren. Dazu gehört übrigens die bereits mehrfach angesprochene Goldene Regel: Erwarten Sie nicht zu viel!

3. *Speed Dating*

Etwa zehn Frauen und zehn Männer sitzen sich in einem großen Raum gegenüber. Reihum rücken die Männer alle fünf Minuten einen Platz weiter, haben also nur begrenzt Zeit, jeder Frau möglichst viel zu entlocken – und sich selbst vorzustellen. Nach jedem Gespräch notieren beide auf einem Zettel die (heimliche) Wertung, meist mit Ja oder Nein. *Ja* bedeutet: Würde ich gerne wiedersehen. *Nein* heißt: Nein danke! Die Zettel werden am Ende vom Veranstalter ausgewertet, und nur wenn zwei Gesprächspartner einvernehmlich *Ja* angekreuzt haben, werden ihre Kontaktdaten weitergegeben, damit sie sich verabreden können.

Mit kleinen Abweichungen laufen alle Speed- oder Fast-Dating-Veranstaltungen gleich ab. Immer geht es darum, in möglichst kurzer Zeit möglichst viele potenzielle Kandidaten zu treffen und zu mustern. Hintergrund ist der durchaus wissenschaftliche Ansatz, dass wir binnen Sekunden entscheiden, ob uns jemand sympathisch ist oder nicht, ob wir ihn anziehend oder abstoßend finden. Wozu also mehr Zeit investieren?, denken sich zahlreiche Singles und halten beim Speed Dating Ausschau nach einem neuen Partner.

Wir kennen nur sehr wenige Paare, die sich auf diese Art

kennengelernt haben, was jedoch keinesfalls bedeuten soll, dass es grundsätzlich nicht möglich wäre. Es ist nur nicht allzu wahrscheinlich. Allerdings ist es eine großartige Möglichkeit, die eigene Wirkung auf andere zu erfahren, die persönlichen Flirtstärken herauszuarbeiten und zu trainieren und natürlich, um verschiedene Kommunikationstechniken zu üben.

Warum wir mit unseren Kommentaren an dieser Stelle so zurückhaltend sind? Weil Verhaltensforscher Speed Dating bereits auf seine Erfolgschancen untersucht haben und die Ergebnisse nicht allzu ermutigend sind.

Alle Versuchspersonen behaupteten, sie wünschten sich einen Partner, der denselben sozialen Status habe und ähnlich attraktiv sei wie sie selbst. Dann folgten sie allerdings doch dem alten Muster, das ihnen die Evolution vorgibt: Die Männer entschieden sich für junge, fruchtbare Frauen, und die Frauen bevorzugten einflussreiche, tatkräftige Männer. In jedem Falle war ein attraktives Äußeres der wichtigste Reiz, kündet es doch von guten Genen und verspricht gesunden Nachwuchs.

Egal, für wie interessant und attraktiv die Männer sich selbst auch hielten, und egal, als wie kinderlieb und einflussreich sie ihre Wunschpartnerin zuvor beschrieben hatten: Letzten Endes suchten sie die Frauen vor allem nach einem Kriterium aus: Hübsch mussten sie sein. Im Gegenzug spielte für die Frauen das eigene Aussehen eine ausschlaggebende Rolle. Je attraktiver sie sich fanden, desto eher wählten sie Männer, die sich selbst in allen Kategorien hoch eingestuft hatten.

Männer, die sich auf das Experiment Speed Dating einlassen wollen, sollten eines bedenken: Die Frauen wählen, die

Männer werden erwählt. Frauen haben bei der Partnerwahl hier eindeutig die Nase vorn, die Männer dagegen stehen im Wettbewerb. Damit Sie im richtigen Moment auch ganz sicher die passende Selbstdarstellung parat haben, möchten wir Ihnen zur Vorbereitung die folgende Übung empfehlen.

Übung 4: Ein Loblied auf mich selbst

Stellen Sie sich vor, Ihr bester Freund oder Ihre beste Freundin hält anlässlich Ihres Geburtstages Ihnen zu Ehren eine Rede. Versetzen Sie sich nun in seine oder ihre Rolle, und überlegen Sie, welche Ihre wichtigsten und sympathischsten Eigenschaften sind. Natürlich sollen Sie diese jetzt nicht einfach aufzählen, üben Sie vielmehr mit jemandem, dem Sie vertrauen.

Sollten Ihnen zwei Minuten zu kurz vorkommen, dann bedenken Sie bitte, dass Sie und Ihr Gegenüber beim Speed Dating insgesamt nur fünf Minuten Zeit haben. Schließlich wollen Sie den anderen auch zu Wort kommen lassen und vielleicht auch noch ein paar Fragen stellen und beantworten.

4. Single-Kochen

»Was ist die Liebe ohne ein gutes Mittagessen?«, fragte angeblich Marlene Dietrich. Wenn Sie ebenfalls der Meinung sind, dass Liebe durch den Magen geht, ist eine der zahlreich angebotenen Single-Kochveranstaltungen sicher das Richtige für Sie.

Was erwartet Sie dort? In der Regel ein guter bis sehr guter Koch, der mit Ihnen sowie zehn bis zwanzig weiteren Singles ein leckeres Drei- bis Fünf-Gänge-Menü kocht. Je nach Lust und Talent können Sie dabei Ihre Kochkünste einbringen oder verfeinern. Sind alle Gänge zubereitet, wird gemeinsam geschlemmt. Schürze und Rezepte dürfen Sie meist mit nach Hause nehmen – und mit ein bisschen Glück vielleicht auch die eine oder andere Telefonnummer.

Da man sich beim Kochen leicht näher kommen kann, hat diese Form des Blind Dates zwischen Töpfen und Pfannen seit einiger Zeit Hochkonjunktur. Manche Koch-Events sind bereits auf mehrere Monate ausgebucht, eine frühzeitige Planung und Buchung ist daher ratsam.

Single-Kochveranstaltungen sind eigentlich für jeden geeignet, der sein Essen gerne selbst zubereitet. Die Kurse variieren je nach Wissens- und Erfahrungsschatz, die Preise richten sich nach dem Niveau des Kochs und der Qualität der Zutaten.

Informieren Sie sich vor der Buchung über die Zusammensetzung der Gruppe, damit Sie mit Ihren Mitköchen möglichst auf einer Wellenlänge liegen. Und schon können Sie austesten, ob Liebe tatsächlich durch den Magen geht…

5. Weitere Single-Events

Wer nicht selbst kochen möchte, kann an einem Single-Dinner oder Single-Brunch teilnehmen. In fast allen großen und mittleren Städten werden solche zwanglosen Veranstaltungen angeboten, zu denen in der Regel maximal 20 Singles kommen. Meist wird nach jedem Gang der Platz gewechselt, damit jeder mit möglichst vielen anderen Teilnehmern sprechen kann. Die einzige vorgegebene Gemeinsamkeit ist die Tatsache, dass die Teilnehmer einen Partner suchen. Das hat den Vorteil, dass Sie auch außerhalb Ihres eigenen Beuteschemas Menschen kennenlernen können. Der Nachteil ist dafür, dass Sie sich vielleicht in einer Altersgruppe wiederfinden, in der Sie gar keinen Partner suchen.

Neu ist das Konzept des Blind-Date-Dinners, das seit Kurzem in mehreren Großstädten angeboten wird. Hier verabreden Sie sich in einer kleinen Gruppe von Singles zum Essen in einem komplett abgedunkelten Restaurant. Es ist darin stockfinster, und Sie können buchstäblich die Hand vor Augen nicht sehen. Dieses extrem erfolgreiche Restaurantkonzept bietet Singles die Chance, sich einmal auf alle anderen Sinne zu konzentrieren als den Sehsinn. Das kann ungemein heiter sein, wenn Sie solche Selbstversuche mögen. Da aber Ihr Gegenüber genauso wenig zu erkennen ist wie Messer, Gabel, Teller und Glas, möchten wir all jenen davon abraten, die beim ersten Date großen Wert auf Stil und Etikette legen.

Außerdem gäbe es da noch Kuschelpartys, Silent Partys und zahlreiche anderen Innovationen des Partnerwahlmarktes, die wir hier nicht ausführlich vorstellen wollen. Alle diese Veranstaltungen fördern Ihre Aktivität, auch wenn wir nur für wenige Singles ernsthafte Chancen sehen, dort einen passenden Partner zu finden. Als spannende Freizeitgestaltung betrachtet, sind solche Events dagegen sinnvoll – zur Partnersuche eignen sie sich jedoch erst in zweiter oder dritter Linie.

Single- und Flirtseminare

Derartige Angebote wenden sich an Singles, die sich aktiv mit Themen rund um die Partnersuche auseinandersetzen und dabei gleichzeitig die Möglichkeit haben wollen, ihre neuen Erkenntnisse in einem sicheren Rahmen auszuprobieren. Bei den meisten Flirt- und Kommunikationstrainings steht im Vordergrund, wie man Kontakt zu unbekannten Menschen herstellt, wie man flirtet und aufeinander zugeht. Je nach Angebot richten die Anbieter das Augenmerk mehr oder weniger stark auf Themen, die in diesem Zusammenhang eine Rolle spielen. So geht es häufig um die Entwicklung eines gesteigerten Selbstvertrauens, um Erkenntnisse über die eigene Ausstrahlung und eine Veränderung in gewünschte Richtung. Darüber hinaus sollen die Teilnehmer dabei unterstützt werden, eigene Blockaden abzubauen und den Weg frei zu machen, um ihre persönlichen Stärken bei der Kontaktaufnahme zu erkennen und zu entfalten. Wissenswertes zur Körpersprache wird zudem meist ebenso vermittelt wie die Fähigkeit, Signale an sich und seinem Gegenüber wahrzunehmen, zu deuten und damit bewusst und zielgerichtet einzusetzen.

Neben diesen Inhalten geht es in den meisten Seminaren um den Einstieg in eine lebendige Unterhaltung und Tipps zu einer lockeren, zugewandten Kommunikation, die den Weg ebnet, um vom Smalltalk auch zu einer tieferen Gesprächsebene zu finden.

Die meisten Seminare zielen darauf, Wissen und Tipps zu vermitteln sowie die Teilnehmer darin zu unterstützen, sich selbst und andere besser zu erkennen und durch positive Erfahrungen neues Vertrauen zu gewinnen.

Methodisch variieren die einzelnen Angebote kaum. Fast alle bieten eine abwechslungsreiche Mischung aus kurzen Vorträgen, offenen Diskussionen, Übungen sowie Selbsterfahrung und Feedback an. Die Unterschiede liegen eher in Anteil und Art der praktischen Übungen im Verhältnis zu den theoretischen Einheiten. Daher ist es empfehlenswert, ein Seminar auszuwählen, das einen hohen Praxisanteil hat und ausreichend Zeit bietet, um neue Erfahrungen zu sammeln. Schließlich geht Probieren immer noch über Studieren.

Weitere Unterschiede gibt es übrigens beim Produktversprechen, beim Aufbau der Seminare und in der Zusammensetzung der Gruppen. All diese Kriterien sollten Sie sich daher vorher genau anschauen und mit Ihren Bedürfnissen und Erwartungen an ein solches Seminar vergleichen.

Natürlich kostet es selbst in einem geschützten Rahmen wie einem Seminar Überwindung, gemeinsam mit anderen Teilnehmern neue Erkenntnisse in die Praxis umzusetzen. Dennoch ist es in dieser Umgebung angenehmer, Fehler zu machen und sie gleich wieder korrigieren zu können. In der freien Wildbahn gibt es dagegen selten eine zweite Chance und noch viel seltener ein Feedback, wie es hätte besser laufen können.

Das Feedback ist letztlich auch der große Vorteil von Single- und Flirtseminaren. Sie eigenen sich ideal für neue Erkenntnisse und als Möglichkeit, diese sofort anzuwenden und die Wirkung zu erleben. Den hohen Anteil an Übungen zur Selbsterfahrung, dem manche Teilnehmer zu Beginn des Seminars

118

mit gemischten Gefühlen gegenüberstehen, bewerten im Nachhinein die meisten als besonders wertvoll. Daher müssen Sie anfangs eine gewisse Zurückhaltung unter den Teilnehmern einkalkulieren, die sich im Laufe des Seminars jedoch legt. Schließlich befinden Sie sich in einem geschützten Raum zusammen mit Gleichgesinnten, denen es ähnlich geht wie Ihnen. Demnach empfinden es die meisten Teilnehmer auch als sehr erleichternd, dass sie mit ihren Anliegen und Problemen nicht allein sind. Es liegt in der Verantwortung der Seminarleiter, ein wertschätzendes Klima unter den Teilnehmern zu schaffen, das eine gewisse Fehlertoleranz ermöglicht und den Einzelnen vor Bloßstellungen schützt. Daher ist es bei der Auswahl eines Seminars ratsam, dass Sie einen genauen Blick auf die Trainer, deren Ausbildung und Berufserfahrung werfen.

Der Markt für Single- und Flirtseminarangebote ist in den letzten Jahren sehr groß geworden, deshalb wächst das Angebot beständig. Seriöse Veranstaltungen lassen sich außerdem an der Aufmachung der Websites erkennen. Nutzen Sie bei Interesse solche Informationsangebote, und verlassen Sie sich bei Ihrer Entscheidung auf Ihr Gefühl, das Ihnen der erste Eindruck vermittelt.

Wie in der Einführung bereits erwähnt, gibt es seit Jahren in den USA die Bewegung der Pick-up-Artists. In Deutschland sind hierzu in den letzten Jahren dazu verstärkt Bücher und Seminare veröffentlicht worden. Die so genannten Verführungskünstler wenden sich in erster Linie an Männer und vermitteln aus ihrer Sicht ideale Tricks und Techniken, um besonders attraktive Frauen für sich zu gewinnen und zu verführen. Allerdings lässt ihr Vorgehen nur sehr wenig Spielraum zu. Die Techniken sind exakt, manchmal wortgenau ausgearbeitet und werden im Seminar an eigens dafür engagierten Frauen eingeübt. Es gibt also nie die Rückmeldung einer unabhängigen Frau, die ihr eigenes Erleben berichtet. Ziel ist, die Techniken zu trainieren und auswendig zu lernen. Solche Anbote sind überwiegend sehr teuer. Gerechtfertigt wird der hohe Preis mit einem gigantischen Erfolgsversprechen, die perfekte Masche zu vermitteln, mit der sich jede noch so attraktive Frau verführen lässt.

Die hier erwähnten Single- und Flirtseminare stellen dagegen stärker die persönliche Haltung und die Entwicklung eines individuellen Flirtstils in den Mittelpunkt. Diesem Ansatz liegt die Auffassung zu Grunde, dass es nicht die *eine* richtige Masche gibt, sondern mehrere Wege erfolgreich sein können. Deshalb werden in diesen Seminaren auch keine Standardrezepte vermittelt. Vielmehr geht es darum, für jeden Einzelnen diejenige Strategie herauszufinden, die zu ihm passt. Denn nur wer Ausstrahlung hat und authentisch wirkt, kann beim Flirten erfolgreich sein.

Das Seminarangebot reicht von Schnupperabenden über Halbtages-Workshops bis hin zu mehrtägigen Veranstaltungen. Zu Beginn herrscht meist ein höflicher Umgang, und es kommt zur vorsichtigen Annäherung zwischen den Teilnehmern. Im Verlauf des Seminars entsteht dann, abhängig von den Trainern und den Teilnehmern, ein zunehmend vertrauensvolles Klima, das einem jeden ermöglicht, mehr von sich zu zeigen und mutiger in die praktischen Übungen einzusteigen. Bei mehrtägigen Seminaren entwickelt sich häufig am zweiten Tag eine wesentlich vertrautere Atmosphäre. Stark gefördert wird das offene Verhältnis unter den Teilnehmern zusätzlich durch einen Praxisabend, der bei einigen dieser Seminare fester Bestandteil des Programms ist.

Das offene Miteinander am zweiten Tag ermöglicht ein tragfähiges Arbeitsklima und bietet häufig auch schüchternen Teilnehmern die Chance, sich auf die praktischen Übungen einzulassen. Aus diesen Gründen sind Seminare, die über zwei Tage gehen, sehr empfehlenswert.

Das Thema Flirten ist in der Theorie natürlich schwer zu vermitteln, daher sollte die Veranstaltung keine Trockenschwimmübung bleiben. Am besten lässt es sich in einem möglichst realistischen Setting üben. In Seminaren, an denen Frauen und Männer teilnehmen können, entsteht bei den Partnerübungen meist mehr Spannung, was eine realistische Atmosphäre schafft.

Achten Sie bei der Auswahl daher auf Anbieter, die ein ausgewogenes Geschlechterverhältnis garantieren. Für all jene, die sich dem Thema lieber unter ihresgleichen nähern wollen, sind dagegen Angebote zu empfehlen, die entweder nur Frauen oder nur Männer ansprechen. Dort besteht allerdings die Gefahr, dass mehr *über* das andere Geschlecht gesprochen wird als *mit* ihm. Gerade bei den Themen Flirten, Körpersignale und Körbe sind das Lernen vom anderen Geschlecht und der Abbau von Vorurteilen zwischen den Geschlechtern ein sehr wertvoller Zusatzgewinn. Zum Teil kann es zu sehr humorvollem und lockerem Austausch zwischen Männern und Frauen kommen. Meistens macht genau das den Teilnehmern klar, wie ähnlich die Probleme des scheinbar so anderen Geschlechts sind.

Die Gruppengröße sollte so gewählt sein, dass sie die Inhalte des Seminars unterstützt. Stehen viele praktische Übungen mit Feedback durch andere Teilnehmer und die Trainer auf dem Programm, sollte die Teilnehmerzahl 16 Personen möglichst nicht übersteigen. Das gilt vor allem dann, wenn nur ein Trainer das Seminar leitet. Seminare, die von zwei Übungsleitern durchgeführt werden, besonders wenn es sich um einen Mann und eine Frau handelt, bieten den Teilnehmern die Möglichkeit, sowohl vom gleichgeschlechtlichen Vorbild zu lernen als auch das andere Geschlecht in seinen Reaktionen zu beobachten. Kurzum: Es ist für jeden Teilnehmer etwas dabei!

Für denjenigen, der sein Wissen über das Flirten und die Kontaktaufnahme auffrischen und gleich in der Praxis erproben will, ist ein solches Seminar genau richtig. Die Chance, dort nette Menschen zu treffen, ist ebenfalls gegeben. Die Erfüllung des heimlichen Wunsches, an einem solchen Ort den Partner fürs Leben zu treffen, ist zwar nicht ausgeschlossen, die Wahrscheinlichkeit ob der geringen Teilnehmerzahl aber stark eingeschränkt.

Wer seine Erkenntnisse aus dem Seminar vertiefen, persönliche Anliegen oder Probleme weiter bearbeiten möchte oder eine individuelle Beratung der Gruppenarbeit bevorzugt, dem stehen vielerorts Coaching-Angebote zu den Themen Partnersuche, Flirten, lebendige Kommunikation, Wer passt zu mir?, Blockaden und Schüchternheit sowie zum Beziehungsaufbau zur Verfügung.

Checkliste 7: Mein persönliches Jagdrevier

Zusammenfassend lässt sich sagen: Nur im passenden Jagdrevier ergeben sich die besten Chancen! Wie schon erwähnt,
in einer Umgebung, in der Sie sich wohl – vielleicht sogar wie
zu Hause – fühlen, haben Sie eine sichere und selbstbewusste
Ausstrahlung. Das lässt Sie anziehend erscheinen. Es ist nun
mal nicht sehr sinnvoll, sich als schüchterner Tanzmuffel in
eine enge Salsa-Bar zu quälen, um dort stundenlang mit einer
Flasche Bier wie angewurzelt in der Ecke zu stehen. Oder sich
als extrovertierter Karnevalsanhänger und bekennender Fan
lauter und bodenständiger Sport- und Rockveranstaltungen
in den Gängen einer Konzerthalle umherzudrücken, während
ein feenhafter Sopran Liebeslieder trällert.

Sicher ist es nicht auszuschließen, dass sich auch dort Männer und Frauen aufhalten, die mit Ihnen gewisse Interessen,
Werte und Gemeinsamkeiten teilen. Jedoch ist der Einstieg ins
Gespräch mit einer fremden Person aufgrund eines gemeinsamen Themas, das sich aus dem Kontext ergeben könnte,
nicht so naheliegend. Am besten ist es, wenn Sie sich ein Umfeld für neue Kontakte suchen, in dem Sie auch Ihre Traumfrau
oder Ihren Traummann vermuten würden. Neben dem richtigen Jagdrevier sollten Sie aber auch für Begegnungen außerhalb Ihrer bevorzugten Pfründe offen sein. Wie Sie im nächsten Kapitel sehen werden, ist Flirten nämlich überall möglich.
Mit einer offenen Einstellung und einer positiven Ausstrahlung kann selbst die Kassenschlange im Supermarkt eine Gelegenheit bieten, mit einer interessanten Person ins Gespräch zu
kommen. Deshalb gilt immer: Augen offen halten!

Wir haben Ihnen in diesem Kapitel viele Möglichkeiten vorgestellt, wo Sie einen neuen Partner finden können, und im Anhang dazu die wichtigsten Adressen für Sie zusammengestellt. Entdecken Sie nun anhand der folgenden Checkliste, welche Ihre bevorzugten Bereiche sind, auf einen potenziellen Partner zu treffen. Erstellen Sie anhand der Liste Ihren eigenen Prioritätenplan.

Freundeskreis		
Möchte ich meine Freunde in die Partnersuche einbeziehen?	Ja	O
	Nein	O
Falls ja, wissen alle meine Freunde und Bekannten, dass ich einen neuen Partner suche?	Ja	O
	Nein	O

Falls nein, sollten Sie nun eine Liste erstellen, welche Freunde Sie in die Partnersuche aktiv einbeziehen möchten. Verschaffen Sie sich daher zunächst einen Überblick über Ihre Freunde und Bekannten – egal ob Singles oder mit Partner –, die Ihnen bei Ihrem Vorhaben helfen könnten.

Schreiben Sie auf, wie Sie vorgehen werden.
Wen rufen Sie wann an und geben beim nächsten Treffen oder Telefonat kund, dass Sie einen Partner suchen? Bitten Sie vertraute Personen, ihren Freundeskreis nach sympathischen Singles zu durchforsten.
Haken Sie in Ihrer Liste nach und nach ab, wen Sie informiert haben.
Am besten mit Datum, so können Sie ab und zu mal wieder nachfragen.

Wie sehen die nächsten Schritte aus?
Bitten Sie Freunde und Bekannte, die in Ihren Kreisen potentielle Kandidaten gefunden haben, um ein gemeinsames Treffen.
Bieten Sie dabei natürlich Ihre Hilfe an, etwa um ein Abendessen vorzubereiten oder eine passende Ausstellung herauszusuchen.

Laden Sie selbst ein.

Es belebt jeden Freundeskreis, die Freunde und Bekannten untereinander nicht immer in der gleichen Konstellation einzuladen, sondern zu mischen. Solche Abende müssen nicht immer aufwendig sein, es reicht auch zu einem Sonntagsbrunch, zu Kaffee und Kuchen oder zum Spieleabend zu bitten. Oft folgt auf eine Einladung auch eine Gegeneinladung, bei der wieder neue Leute auftauchen können.

Veranstalten Sie eine Party.

Nicht nur um die Kosten zu teilen, ist es sinnvoll, mit einem oder zwei Singles aus Ihrem Freundes- oder Bekanntenkreis gemeinsam eine Party zu veranstalten. Achten Sie darauf, dass alle Beteiligten auch entfernte Bekannte informieren, vor allem natürlich Singles. So durchmischt sich die Gästestruktur, und es eröffnen sich völlig neue Perspektiven.

Freizeit und Ausgehen

Wie verbringen Sie Ihre Freizeit?

Wie viel Prozent Ihrer Freizeit verbringen Sie allein oder in Gesellschaft, also mit der Chance, auf potenzielle Partner zu treffen?

Wenn Sie den größten Teil Ihrer Freizeit allein, etwa mit Lesen oder Fernsehen verbringen, dann sollten Sie sich dringend nach Möglichkeiten umsehen, Ihren Sozialfaktor zu erhöhen.

Überprüfen Sie Ihre Hobbys auf ihren Spaß- und Flirtfaktor.

Sind Sie dabei ausschließlich von Personen Ihres Geschlechts umgeben? Sind dort interessante Menschen, mit denen Sie sich intensiveren Kontakt vorstellen könnten?

Wenn Sie Ihre Freizeitaktivitäten verändern oder erhöhen wollen, dann beachten Sie bei der Wahl des Hobbys auf jeden Fall Ihre Interessen und Bedürfnisse. Behalten Sie dennoch auch den Flirtfaktor im Auge.

Werden Sie aktiver!

Fragen Sie sich, in welcher Umgebung Sie sich beim Ausgehen wohlfühlen, und wählen sie danach auch die Single-Events aus, die Sie besuchen. Sind Sie eher ein ruhiger Typ, der auf einer Lesung leicht mit seinen Sitznachbarn ins Gespräch kommt? Oder sind Sie ein Mensch, der erst auf der Tanzfläche so richtig in Schwung gerät und sich dort gerne ausdrückt?

Machen Sie sich klar, welche Umgebung Ihnen Sicherheit verleiht, und suchen Sie sich dann für die nächsten drei Monate Veranstaltungen heraus. Verabreden Sie sich je nach Wunsch rechtzeitig mit einem Freund oder einer Freundin für den Abend. Zu zweit oder gar zu mehreren kann es motivierender sein, zudem halten Sie so Ihren inneren Schweinehund in Schach, der Sie verlockt, auf der Couch sitzen zu bleiben.

Online-Dating

Möchten Sie Partnersuche übers Internet für sich nutzen?	Ja O Nein O
Falls ja, entspricht die Online-Partnersuche Ihren Bedürfnissen und Gewohnheiten, mit Menschen in Kontakt zu treten?	Ja O Nein O
Bedenken Sie, dass Sie bei der Partnersuche im Internet zuallererst über E-Mail Kontakt zu einem fremden Menschen aufnehmen. Je nach Angebot können Sie vorher sein Foto sehen und sich selbst mit einem Profil und ggf. einem Foto präsentieren.	

Wenn Sie die Online-Partnersuche nun interessiert, sollten Sie zunächst für sich herausfinden, was Sie suchen. Legen Sie mehr Wert auf einen kurzen Flirt, oder wünschen Sie sich eine längerfristige Beziehung? Sobald Sie diese Frage für sich beantwortet haben, können Sie die entsprechend passende Website suchen.

Erst prüfen, dann Mitglied werden!

Schauen Sie sich die Produktseite des Online-Angebotes gründlich an. Gefallen Ihnen Ansprache, Inhalte und die Profile der anderen Mitglieder? Wie sind die Suchkriterien? Entsprechen diese Ihren Wünschen, die Angaben bei der Suche einzuschränken? Überprüfen Sie den Service der Seite gründlich hinsichtlich Kontaktmöglichkeiten, Aktualität und persönlicher Ansprechpartner bei Problemen oder beim Wunsch nach einem psychologischen Coaching.

Die meisten seriösen Angebote sind nur nach vorheriger Anmeldung vollständig nutzbar, die Mitgliedschaft ist meist kostenpflichtig.

Oft gibt es aber die Möglichkeit, sich zunächst kostenlos anzumelden, um sich erst mal einen Überblick über das Angebot und die anderen Mitglieder zu verschaffen. Erst wenn Sie Kontaktanfragen initiieren und das Angebot ganz nutzen wollen, wird ein Beitrag fällig.

Bevor Sie sich für eine Mitgliedschaft entscheiden, sollten Sie unbedingt die AGBs sorgfältig durchlesen und sich die Storno- und Kündigungskonditionen ansehen.

Single-Events

Für die Auswahl dieser Angebote gilt grundsätzlich: Suchen Sie sich eine Aktivität und eine Umgebung aus, mit der Sie sich wohlfühlen. Lassen Sie sich nicht nur von der Veranstaltung überzeugen, weil *Single* daraufsteht.

Stellen Sie sich dabei folgende Fragen:

– Welchen Unterhaltungswert hat die Veranstaltung für mich, auch wenn ich dort nicht den Partner fürs Leben treffe? Würde mir das auch so Spaß machen?

– Kann ich dort meine Stärken entfalten?

– Wie viel Kommunikationsfähigkeit ist notwendig (beim Kochen sicher weniger als beim Speed Dating)?

– Möchte ich die Veranstaltung allein besuchen oder eher mit Bekannten?

– Wie hoch ist der Altersdurchschnitt, wie ist das Geschlechterverhältnis, und wie sieht das konkrete Programm aus?

Reisen

Fragen Sie sich zuerst, ob Sie sich auf eine Single-Reise einlassen können oder Ihnen damit jede Entspannung verloren geht.

1. Suchen Sie nach Ihren Wünschen und Ansprüchen zuerst Ihre bevorzugte Urlaubsform (Busreise, Studienreise, Cluburlaub) und das Urlaubsland aus.

2. Sehen Sie im zweiten Schritt nach, ob es unter diesen Bedingungen ein entsprechendes Angebot für Sie gibt.

3. Wählen Sie nun einen Anbieter aus, der Ihren Ansprüchen hinsichtlich Niveau und Reisekomfort entspricht. Jedes Angebot richtet sich nämlich an eine bestimmte Zielgruppe. Machen Sie sich daher Gedanken, welche Reisenden Ihnen angenehm sind und an welcher Tour für Sie interessante Menschen teilnehmen könnten.

Lassen Sie sich in allen Fällen vom Reiseveranstalter gründlich beraten. Fragen Sie nach dem Durchschnittsalter, dem Geschlechterverhältnis, dem speziellen Programm, welches das Miteinander unter den Reisenden fördert, und danach, wie hoch der Anteil an Singles ist.
Nur so können Sie dafür sorgen, dass die Reise für Sie zu einem vollen Erfolg werden kann.

3. Flirtschule

Einführung: Vom Flirt zum Date

Der französische Schriftsteller Paul Bourget nannte den Flirt »das Aquarell der Liebe«. Diese Analogie ergibt in vielerlei Hinsicht Sinn. So wie die Farben eines Aquarells schnell angerührt sind und sich auf völlig verschiedene Hintergründe auftragen lassen, kann sich ein Flirt überall und völlig überraschend ereignen. Außer einer Inspiration durch ein »schönes Motiv« braucht es nicht viel, um aus einer Begegnung einen Flirt werden zu lassen.

Im Aquarell bleiben oft freie Stellen zurück, die erst in der Phantasie des Betrachters vervollständigt werden. Auch ein Flirt ist eine zunächst unverbindliche und scheinbar unvollständige Sache – im Vergleich zu einem Bewerbungsgespräch, womit viele Partnersuchende das Flirten allerdings leider verwechseln. Gerade das Unbekannte am anderen ist anfangs besonders reizvoll. Beim Flirten ergänzen wir das, was wir von unserem Gegenüber zu wissen glauben, unwillkürlich in Gedanken. Wir malen uns ein Bild von dem aus, was uns nach einem erfolgreichen Flirt bestenfalls als Belohnung erwartet.

Weder Flirt noch Aquarell bedarf einer Skizze, sondern entsteht idealerweise frei und spontan. So weiß selbst der routinierte Künstler oft nicht, wohin sich sein Kunstwerk entwickeln wird. Die Farben sind leicht, durchscheinend und können ineinanderlaufen, und so fehlen oft die klaren, verbindlichen Konturen. All das erhöht die Spannung beim Malen und holt den Künstler im besten Falle ganz in den Augenblick.

Das Beschriebene lässt sich problemlos aufs Flirten übertragen. Wer sich voller Neugier auf den Prozess einlässt und sich nicht durch ein striktes Ziel festlegen lässt, dem gelingt es viel leichter, Spaß am Weg zu haben. Um noch ein bisschen bei unserem Bild zu bleiben: Im Vergleich zu einem Ölgemälde würde man ein Aquarell nur als Entwurf oder Skizze betrachten und nicht als eigenständiges Bild. So spricht man nach einem tollen Flirt auch selten von einer Beziehung – egal wie aufregend die Begegnung auch gewesen sein mag.

Allerdings beginnt fast jede dauerhafte Bindung mit einer Phase des Flirtens. Sie ist geprägt von unverbindlichem Vor und Zurück beider Partner, von spontanen Wortwechseln oder Aktionen und dem Versuch, möglichst viel über den anderen zu erfahren, ohne die eigene Deckung aufgeben zu müssen. Wie der Volksmund so schön sagt, bedeutet Flirten »wollen zu dürfen, ohne können zu müssen«. Das heißt, ein Flirt kann einerseits der Anfang einer Beziehung sein, andererseits als ein kleines, aufregendes Ereignis oder Kompliment für sich stehen. Die Herausforderung besteht darin, das notwendige Fingerspitzengefühl zu entwickeln, um mitten in der Unverbindlichkeit eines Flirts Chancen zu erkennen und zu nutzen, ohne dabei gleich Türen oder gar Wände einzurennen.

Ein Flirt ist mehr als nur ein Mittel mit dem Ziel, einen Menschen für einen One-Night-Stand zu finden. Das Ziel des Flirtens kann durchaus ein erotisches Erlebnis sein, muss aber nicht zwangsläufig dazu führen. Flirten kann auch ganz für sich alleine stehen, als eine besondere, spielerische Art der Kontaktaufnahme, die geprägt ist von echtem Interesse am Gegenüber. Wer den Flirt ausschließlich als Vorstufe zur Beziehungsanbahnung versteht, verliert schnell den Überblick und setzt sich außerdem immens unter Druck, da mit dem ins Visier genommenen und erhofften zukünftigen Partner viel auf dem Spiel steht. Wenn eines der wesentlichen Merkmale des Flirts die Spannung und der Reiz des Unbekannten sind, wenn es um Spontaneität und den Wunsch geht, den anderen mit echtem Interesse zu erkunden, dann kann und darf Ihre Haltung nicht die eines Großwildjägers hinter dem Zielfernrohr sein. Zumindest ist diese ausschließlich zielorientierte Einstellung nicht unproblematisch, da sie Ihre Sicht für die wichtigen Zwischentöne beim Flirten einschränkt und Ihrem Gegenüber oft das Gefühl gibt, im Fadenkreuz Ihres Begehrens zu stehen.

So wie manche Künstler sagen, sie seien auf der Bühne nur dann wirklich gut, wenn sie das Gefühl hätten, es sei ihr Wohnzimmer, empfiehlt es sich aus unserer Erfahrung, beim Flirten eine offene und spielerische Haltung einzunehmen. Absichtslose Neugier wäre vielleicht ein gutes Wort, um zu beschreiben, worauf es beim Flirten ankommt. Leider liegt darin zugleich ein unauflösbares Paradox für den wohlmeinenden Verstand – denn wie soll man etwas bekommen, ohne danach zu greifen? Wie soll man etwas erreichen, ohne sich anzustrengen? Wie soll man finden, ohne zu suchen?

Die besten Leistungen erbringen wir nun mal erst dann, wenn wir eins sind mit dem, was wir tun – wenn wir uns im so genannten Flow befinden, also völlig in der Sache und im

Moment aufgehen. Diesen fließenden Zustand erreichen wir allerdings nur, wenn wir ein wenig Erfahrung und Übung in einer Sache gesammelt haben und dann vertrauensvoll loslassen und selbstvergessen genießen können, was wir gerade tun.

Flirten ist eben mehr als nur ein Mittel zum Zweck. Werfen wir daher mal einen Blick auf einige erfreuliche (Neben-)Wirkungen des Flirtens: Es ist gesund! Wir haben ein aufregendes Gegenüber entdeckt, ersten Blickkontakt hergestellt, der zweite Blick wird mit einem Lächeln belohnt. Das Herz schlägt schneller, die Pupillen weiten sich, der Blutdruck steigt, die Durchblutung nimmt zu. Der Körper schüttet Adrenalin aus, die Anspannung erhöht sich, unsere Aufmerksamkeit nimmt zu. All diese körperlichen Vorgänge beim Flirten haben einen biologischen Zweck. Wir sind bestens vorbereitet, um unser Gegenüber wachsam und mit allen Sinnen wahrzunehmen.

Wissenschaftliche Studien haben bewiesen, dass Flirten nicht nur Hormone freisetzt, sondern auch Botenstoffe (so genannte Neurotransmitter) in speziellen Hirnregionen aktiviert, die eine ähnlich glücklich machende Wirkung haben wie manche Rauschsubstanzen. Die positive Aufregung auf Körperebene hilft uns zudem, beim Flirten aktiv und lebendig zu sein. Darüber hinaus stärkt das Flirten unser Selbstbewusstsein, denn es ist immer auch eine Begegnung mit uns selbst. Wir erleben uns im Austausch mit anderen, erfahren Reaktionen auf unser Verhalten, und im besten Fall reagiert jemand positiv auf uns.

Die meisten Flirts beginnen wie erwähnt mit einem Blick und einem Lächeln. Noch bevor das erste Wort gesprochen wird, wandern Blicke hin und her. Zudem wurde in einem von der AOK durchgeführten Beobachtungsexperiment, bei dem jeweils zwei Menschen unter einem Vorwand in einem Raum alleingelassen wurden, aufgezeigt, dass Lachen der beste Erfolgsfaktor ist. Besonders hohes Interesse wird in einer Flirtsituation daher durch gemeinsames Lachen ausgedrückt. Menschen, die sich sympathisch sind, lachen vermehrt miteinander und versuchen, eine heitere Stimmung herzustellen.

Lachen verbindet nun mal. Sie machen anderen Menschen mit Ihrem Lächeln ein Geschenk und tun sich selbst noch etwas Gutes. Denn Lachen wirkt nicht nur nach außen, sondern genauso nach innen. Es steigert das Wohlbefinden, außerdem wird durch die Ausschüttung von Hormonen das Immunsystem gestärkt. Nach einem ausgiebigen Lachanfall sind im Blut beispielsweise mehr Abwehrstoffe erkennbar als sonst. Man nimmt ferner an, dass der Körper beim Lachen Endorphine aktiviert und dadurch eine euphorisierende Wirkung entsteht, die ähnliche Empfindungen auslöst wie etwa die Einnahme von Kokain. Welchen Grund gibt es also noch, nicht öfter mal wieder ein Lächeln zu riskieren oder einen Blick mit einem Lächeln zu beantworten? Es ist viel leichter als angenommen.

Chancen zum Flirten ergeben sich übrigens häufiger, als Sie denken. Wenn Sie nun fragen, wo Sie am besten flirten können, werden Sie vielleicht von unserer Antwort überrascht sein: Es funktioniert grundsätzlich überall. Je nach Umgebung, ob beim Kirchgang oder bei der Shoppingtour, ob in der Kneipe oder im Supermarkt, sollte der Flirtfaktor sicherlich hoch- oder runtergefahren werden. Aber selbst in einer eigentlich unpassenden Umgebung lassen sich Blicke austauschen, an die man dann im geeigneten Moment anknüpfen kann.

Demnach gibt es also keine Ausrede, *nicht* offen für neue Begegnungen zu sein. Wenn Sie es beherrschen, jederzeit aus einem Flirt auszusteigen, falls Ihnen das Gegenüber nicht sympathisch ist, können Sie den Kontakt nach Belieben steuern. Das Wichtige ist, im richtigen Moment bereit zu sein, den ersten Schritt zu machen und die Chance zu ergreifen. Sonst ist die Tür zu, der Bus weitergefahren oder die interessante Person hinter der nächsten Ecke verschwunden.

Wenn wir es genau nehmen, dann bietet selbst der Alltag Flirtchancen im Sekundentakt. Interessanterweise sind die typischen Flirtreviere jedoch nicht immer die besten. In Bars, auf Partys und in Diskotheken herrscht vermeintlich ein hoher Flirtfaktor. Das mag daran liegen, dass die Kontaktaufnahme mit Fremden an solchen Orten eher erwartet wird und daher legitim ist. Auf der anderen Seite sind genau dort die Schutzschilder besonders aktiv, weshalb höhere Barrieren beim Ansprechen zu überwinden sind.

Im Alltag dagegen sind die Hürden häufig viel geringer, sei es im Fitnesscenter, auf der Straße, im Supermarkt, in Bus und Bahn oder auf dem Flohmarkt. Einkaufen muss schließlich jeder. Ein lockerer Gesprächseinstieg an der Käsetheke ist immer möglich. »Können Sie den Camembert empfehlen, den Sie gerade ausgewählt haben?« Auch der Flohmarkt eignet sich gut zur Kontaktaufnahme. Er ist ein Treffpunkt für Gleichgesinnte im Schnäppchenfieber. Schnell ist ein Gesprächsstoff gefunden: »Haben Sie einen Geheimtipp für günstige Antikspiegel?«

Grundsätzlich gilt: Der Erfolg beim Flirten hängt nicht vom Ort, sondern vielmehr davon ab, ob die angesprochene Person in diesem Moment bereit und offen ist, in einen Flirt einzusteigen.

Wer flirten will, sollte vor allem auf den richtigen Zeitpunkt achten. Laut einer Umfrage von Elitepartner.de ist die Flirtlaune deutscher Singles nach Feierabend am besten. Über die Hälfte aller Singles ist nach 18.00 Uhr für einen Flirt besonders offen. Vor dem ersten Kaffee treffen Komplimente dagegen eher selten auf positive Resonanz. Das hängt aber sicher auch vom individuellen biologischen Rhythmus eines jeden Menschen ab. Wenn die Chemie passt und das Lächeln unwiderstehlich ist, wird sich auch ein Morgenmuffel von Ihrem Charme erweichen lassen.

Flirten kann man lernen

Flirten ist eine besondere Form, um mit anderen Menschen in Kontakt zu treten, und das nicht nur allein zum Zweck einer Beziehung. Auch das Liebesleben mit dem Partner sowie gesellschaftliche Beziehungen und Kontakte im Berufsleben profitieren von der spielerischen und offenen Haltung, die dem Flirten zugrunde liegt. Letztlich ist Flirten nichts weiter als eine kommunikative Fähigkeit, die ein jeder lernen kann.

Hartnäckig hält sich seit Jahrzehnten die Behauptung, dass die Fähigkeit zu flirten mit der Muttermilch erworben werde und sie ein jeder selbstverständlich beherrschen müsse – auch ohne Übung. Das ist jedoch nur halb richtig.

Flirten ist zwar angeboren (die Kontaktaufnahme von Babys ist ein hervorragendes Vorbild, das natürlich nicht eins zu eins kopierbar ist), die Fähigkeiten zu offenem Interesse und spielerischem Austausch gehen uns im Laufe des Lebens allerdings mehr und mehr durch Schutzreaktionen, Zielsetzungen und Routine verloren. Flirten wird häufig nicht als eine ernstzunehmende Fertigkeit anerkannt. Viele erwachsene Menschen erwarten, dass sie diese Qualität qua ihrer Existenz beherrschen, ohne dafür nur einen Finger krumm machen zu müssen. Das ist jedoch ein großer Irrtum!

Aber: Wer sich lernwillig auf den Weg macht, ein guter Flirter und Kontakter zu werden, der hat bereits die halbe Miete eingefahren, weil er den ersten entscheidenden Schritt gemacht hat. Und der besteht darin, sich einzugestehen, dass Flirten erlernbar ist und sich jeder durch Übung verbessern kann. Hilfreich ist außerdem, wenn Sie sich bewusst machen, dass Flirten eine Fähigkeit ist, die nicht bei jedem als gleich stark ausgeprägt vorausgesetzt werden kann. Es geht also nicht nur Ihnen so, sondern vielleicht auch Ihrem Gegenüber. Alles in allem gibt es keinen Grund, anzunehmen, dass alle anderen wahre Meister im Flirten seien, nur Sie nicht.

Das Flirten hat übrigens nicht nur das eine Ziel, den Traummann und die Traumfrau des Lebens zu finden. Das kann die Sache unter Umständen sehr anstrengend machen, weil dann nämlich wie schon erwähnt nur der Erfolg zählt. Wir legen uns die Messlatte gerne extrem hoch, verlieren dadurch aber rasch den Blick für die vielen reizvollen Nuancen, die ein Flirt mit sich bringt. Mit einem klar definierten Ziel vor Augen verliert ein jeder Flirt seine Leichtigkeit.

Ein Flirt kann durchaus der Beginn einer wunderbaren Partnerschaft sein, er muss es aber nicht. Vielleicht lernen Sie auf diesem Wege einen tollen neuen Bekannten kennen oder treffen jemanden, der Ihnen beruflich hilfreich sein kann. Vielleicht erfahren Sie Interessantes über das Leben auf anderen Kontinenten oder haben schlicht und ergreifend einen unterhaltsamen Abend. Die Freude am Spiel mit dem anderen gilt es beim Flirten wieder zu erlangen, die Freude an der Sache – und nicht ausschließlich am Ziel.

Die gute Botschaft lautet: Jeder Mensch kann flirten – biologisch gesehen. Wir möchten daher den besonders ängstlichen und zurückhaltenden Singles an dieser Stelle kurz sachlich und unromantisch kommen und behaupten: Die Aufregung, die Sie beim Flirten, beim Daten oder sogar beim Verlieben verspüren, ist reine Chemie. Lust und Freude bis hin zur Euphorie bereiten uns beispielsweise endogene Opiate, die in den limbischen Zentren im Gehirn produziert werden und überall dort wirken, wo sie entsprechende Rezeptoren zum Andocken finden.

Was diese Stoffe auslösen? Vereinfacht formuliert handelt es sich um Belohnungsstoffe, denn sie erzeugen in uns jene Gefühle, die uns so gut gefallen, dass wir sie immer wieder anstreben. Alles, was wir mögen, ist mit der Ausschüttung dieser Stoffe verbunden. Sex und Alkohol beispielsweise wirken sehr direkt auf die limbischen Zentren, ebenso wie der Anblick einer schönen Frau oder eines attraktiven Mannes.

Wir verfügen über eine Art Belohnungsgedächtnis, das einerseits die Daten der zu erwartenden Belohnung speichert, andererseits auch die Enttäuschung, wenn diese ausbleibt.

Dafür sorgen in unserem Beispiel dopaminerge Neuronen, die je nach Höhe der zu erwartenden Belohnung unsere Erregung »anfeuern«.

Was hat dies nun mit Flirten zu tun? Eine ganze Menge, denn das Hochgefühl während und nach einem gelungenen Flirt ist erst einmal weniger von der Person und dem Charakter des Gegenübers abhängig, sondern vor allem von Ihrem eigenen Belohnungssystem und Ihren Erwartungen.

Das bedeutet, dass Sie dieses System für sich selbst nutzen können, um sich gut zu fühlen. Sicher haben Sie schon einmal erlebt, wie sich nach einem charmanten Lächeln ein grauer Morgen im Bus auf dem Weg zur Arbeit zu einem gefühlten Sonnentag verändern kann. Wir alle würden solche Momente gerne häufiger erleben, deshalb tun Sie sich und anderen mit jedem Flirt etwas Gutes.

Die Evolution stellt uns einen ganzen Apothekerschrank an Mitteln zur Verfügung, mit denen wir uns unseren ganz individuellen, natürlichen Drogencocktail mischen können – garantiert legal und sogar beim Lenken eines Fahrzeugs im Straßenverkehr nicht verboten.

Wenn Sie das Flirten üben und Spaß daran finden, werden Sie die Schmetterlinge in Ihrem Bauch oder das körperliche Hochgefühl dabei bald immer wieder spüren wollen. Natürlich sollen Sie kein Flirt-Junkie werden, aber denken Sie einfach daran, wie gut sich der letzte gelungene Flirt angefühlt hat, wenn Sie nicht sicher sind, ob Sie zurücklächeln sollen oder nicht. Sie werden ganz sicher Stück für Stück Ihre Hemmungen verlieren, dafür sorgt dann schon Ihr eingebautes Belohnungssystem. Vertrauen Sie ruhig Ihren Stärken und Ihrem Körper!

Wie wir auf den vorherigen Seiten erfahren haben, ist ein Flirt eine Variante der Kontaktaufnahme und Kommunikation. Dafür sind ähnliche Voraussetzungen nötig wie für eine ganz normale sprachliche Interaktion. Das Auftreten und die Körpersprache zählen, der Gesprächseinstieg muss gelingen, und es gilt, eine lebendige Unterhaltung aufzubauen, indem Gemeinsamkeiten gefunden, Vertrauen und Spannung erzeugt werden. Auf all diese verschiedenen Aspekte werden wir in der Flirtschule detailliert eingehen.

Wir vertreten den Ansatz, dass das Ziel eines guten Flirters nicht das Antrainieren einer allgemeingültigen Standardlösung ist. Für uns gibt es nicht den *einen* Flirttypen, sondern mehrere verschiedene. Insofern gibt es für uns wie erwähnt auch nicht die *eine* richtige Flirtstrategie. Vielmehr halten wir es für förderlich, dass jeder auf Grundlage seiner Ressourcen seine persönliche Flirtsprache entwickelt, die zu ihm passt. Nur mit dieser wirkt er echt und glaubwürdig. Das zahlt sich besonders beim Einstieg in eine längerfristige Beziehung aus.

Wir wollen eine zurückhaltende Person nicht zu einem lauten Salontiger verbiegen, denn feine, leise Töne haben beim Flirten genauso ihre Berechtigung. Jeder Flirttyp hat gemäß seiner Persönlichkeit besondere Stärken und kann damit Anziehung auf andere ausüben. So wie ein Zuviel einer Stärke nicht immer von Vorteil ist, kann auch eine vermeintliche Schwäche in einer entsprechenden Situation und mit dem richtigen Gegenüber zur Stärke werden. Auf den einen wirkt das offensiv mutige Flirten attraktiv, dem anderen dagegen kann es plump oder selbstdarstellerisch vorkommen. Eine scheinbar nachteilige Eigenschaft wie Zurückhaltung kann beim einen langweilig und fade ankommen, beim nächsten sensibel und tiefgründig. Wie Ihre Botschaften und Ihr Verhalten wirken, hängt demnach nicht nur von Ihnen ab, sondern auch vom Empfinden Ihres Gegenübers. Daher ist es wichtig, um die Vielfältigkeit beim Flirten zu wissen, sich seiner eigenen Strategie bewusst zu werden und die Flirtsprache der anderen verstehen zu können.

Übung 5: Mein persönliches Flirtmuster

Rufen Sie sich nun einige Situationen ins Gedächtnis, in denen Sie mit fremden Personen in Kontakt getreten sind. Wie haben Sie das gemacht? Stellen Sie sich immer wieder bewusst und am besten laut die Frage: Wie nehme ich zu anderen Menschen Kontakt auf?

Die folgenden Situationen sollen Ihnen dabei als Anregung dienen:

Sie sind mittags alleine etwas essen gegangen. Eine sympathisch wirkende Person setzt sich in Ihre Nähe und beginnt ein Gespräch. Wie verhalten Sie sich?
- Sie starren auf Ihren Teller und versuchen dem Gespräch aus dem Weg zu gehen.
- Sie wünschen kurz einen »Guten Appetit«, reagieren dann aber nur mit wortkargen Antworten auf die Gesprächsversuche.

- Sie steigen in die Unterhaltung ein und spielen den Ball interessiert hin und her.
- Falls sich ein Gespräch ergibt, dann bleibt es ganz sicher rein fachlich.

Sie sehen auf dem Nachhauseweg wiederholt jemanden aus Ihrer Nachbarschaft, den Sie anziehend finden. Was tun Sie?
- Sie wählen extra einen anderen Weg, um eine zufällige Begegnung zu vermeiden, damit der andere nichts von Ihrem Interesse merkt.
- Sie warten einige Male ab und sprechen die Person in einem günstigen Moment an.
- Sie reagieren wie immer nur mit »Hallo«, blicken dann aber schnell wieder weg.
- Beim nächsten Mal stellen Sie sich dem anderen in den Weg und fragen, ob Sie ein Stück gemeinsam gehen können.

Sie gehen auf eine Party, zu der Ihre Freundin zahlreiche Singles aus ihrem Bekanntenkreis eingeladen hat. Wie verhalten Sie sich?
- Sie würden am liebsten kurzfristig absagen, weil Sie sich davon gestresst fühlen.
- Auf der Party unterhalten Sie sich intensiv mit guten Bekannten von Ihnen und haben keinen Blick für andere.
- Sie fragen Ihre Freundin nach den neuen Gästen, sehen

sich diese aus der sicheren Entfernung aber erst einmal eine gewisse Zeit an.
- Sie bitten Ihre Freundin, Sie den anderen Singles vorzustellen.

Sie machen Urlaub in einem Ferienclub, in dem viele Alleinreisende wie Sie sind, zum einen deutschsprachige, aber auch Gäste aus anderen Ländern. Wie verhalten Sie sich beim Abendessen?
- Sie suchen sich alleine einen Tisch in einer ungestörten Ecke und hoffen, dass sich niemand zu Ihnen setzt.
- Wenn sich jemand an Ihren Tisch gesellt, ist das zwar in Ordnung, aber Sie initiieren von sich aus kein Gespräch.
- Sie setzen sich bewusst zu anderen an den Tisch, um neue Leute kennenzulernen.
- Sie freuen sich, wenn jemand zu Ihnen an den Tisch kommt, und erzählen dann gerne von sich.

Haben Sie nun einen Eindruck bekommen, wie gerne und wie intensiv Sie mit Menschen in Kontakt treten und flirten? Vielleicht merken Sie gerade, dass Sie lieber häufiger mit fremden Menschen sprechen würden und anderen gegenüber gerne offener wären. Denken Sie nun an all die Situationen, in denen Sie eine interessante Begegnung nicht genutzt haben, um mit einem anderen Menschen in Kontakt zu treten oder mit ihm zu flirten. Gibt es da einige, vielleicht sogar viele? Sind

Sie mit dieser Situation gar unzufrieden? Das folgende Kapitel wird Sie dabei unterstützen, zukünftige Chancen viel häufiger und besser zu nutzen.

Nonverbale Kommunikation

Haltung statt Technik

Kennen Sie den Film *Und täglich grüßt das Murmeltier*? Darin gerät ein zynischer, egozentrischer Mann in eine Zeitschleife und erlebt ein und denselben Tag immer wieder aufs Neue. Er hat ein Auge auf eine attraktive Kollegin geworfen, die er auf erfolgreiche Weise verführen will, indem er jeden Tag mehr über sie herausfindet und sein Vorgehen somit präziser auf sie abstimmen kann. Doch so sehr er sich auch bemüht und die vermeintlich beste Taktik wählt, an irgendeinem Punkt endet das Ganze stets mit einer schallenden Ohrfeige. Irgendwas scheint nicht zu funktionieren.

Dieses besondere Etwas bezieht sich unserer Meinung nach auf einen außerordentlich wichtigen Punkt, der sich am besten mit den Worten »Haltung statt Technik« beschreiben lässt. Unter Technik verstehen wir die Fülle an vorgefertigten Aufreiß- und Flirtsprüchen sowie das Einstudieren eines starren Vorgehens nach einem festgelegten Plan, in dem genau beschrieben wird, welche Gestik auf welchen Satz, welche Wendung auf welche Reaktion des Objektes zu folgen hat, wie es die bereits erwähnten Pick-up-Artists ihren Klienten vermitteln. Doch damit werden Sie unserer Meinung nach nicht weit kommen. Die Gründe dafür:

Technik ist kompliziert und mühsam zu erlernen. Im besagten Film erreicht das Vorgehen des Eroberers ein derart unglaubliches Maß an Verfeinerung, dass seine Kollegin einmal begeistert sagt: »Ein perfekter Abend – niemand hätte ihn so planen können.« Daraufhin entgegnet er: »Man *kann* schon, es ist nur ein Riesenhaufen Arbeit.« In seinem Falle geht es um die Verführung einer einzelnen Frau und nicht um ein Standardrezept, dem alle Frauen erliegen sollen. Trotzdem wird deutlich, wie kompliziert und störanfällig so ein ausgefeiltes System ist und welche immense Gedächtnisleistung es abverlangt, wenn Schritt für Schritt genau nach Plan vorgegangen werden muss.

Technik greift zu kurz. An unserem Beispiel wird deutlich, dass bei jedem Fehler im Vorgehen der mühsam aufgestellte Plan zur Verführung zusammenbrechen kann. Jede Flirttechnik kann noch so gut einstudiert sein, sie hangelt sich letztlich doch nur von Stufe zu Stufe. Ist der erste Schritt beim Flirten gemeistert und das Eis gebrochen, braucht es den nächsten Schritt, um verbindlicher zu werden.

Was nützt es also, den vermeintlich besten Flirtspruch der Welt auf Lager zu haben, wenn man danach nicht weiß, wie ein lebendiges Gespräch zu führen ist oder die geeignete Atmosphäre hergestellt werden kann, um die Umworbene in den Bann zu ziehen?

Mit einem einzig auf Technik aufgebauten Flirtverhalten verschiebt sich quasi der Moment des Scheiterns nur an den Punkt, an dem die einstudierte Technik mit ihrem Konzept am Ende ist. Ob sich dafür der Aufwand des Lernens lohnt, muss jeder selbst für sich entscheiden.

Technik ist langsam. Damit wir uns nicht falsch verstehen – es ist förderlich, viel über die komplexen, vornehmlich unbewussten Prozesse zu wissen, die beim Kennenlernen oder in Beziehungen ablaufen. Unser Bewusstsein hat aber eine deutlich begrenztere Kapazität als unser Unterbewusstsein, welches viele Prozesse in Windeseile und parallel erledigen kann. Deshalb kommt eine detaillierte Anleitung zum perfekten Date dem Versuch gleich, einem Rennpferd in gestrecktem Galopp die Hufe zu beschlagen. Kennen Sie die Geschichte vom Tausendfüßler, der während des Gehens anfing, über die Koordination seiner Beine nachzudenken, und dann auf die Nase fiel? Für dieses Problem gibt es durchaus eine Lösung, nur eben keine rein technische.

Technik ist unpersönlich. Je mehr wir einer versteckten Gebrauchsanleitung folgen, desto schneller fühlt sich unser Gegenüber– wie ein Videorecorder – bedient und als Person übergangen. Wir können dies aus der Praxis unserer Flirtseminare bestätigen. In fast allen Übungen, in denen sich ein Mann, der viel zum Thema »Wie reiße ich mit besonders effizienten Techniken eine Frau auf« gelesen hat, im Flirten ausprobiert, melden die weiblichen Kursteilnehmer zurück, dass ihnen dabei unbehaglich wird. Der Grund dafür ist, dass hinter den ganzen ausgefallenen Tricks und Sprüchen keine interessierte und wertschätzende Haltung zu spüren ist. Dem ganzen Bemühen fehlt es an Wärme! Umgekehrt berichten viele Männer, dass sie auf den Flirtexkursionen am Samstagabend in der freien Wildbahn zahlreiche bis zur Perfektion gestylte Frauen sehen, die eine Aura der Unantastbarkeit verbreiten und deshalb nicht angesprochen werden. Auch hier verhindert die Fassade eine ernst gemeinte Kontaktaufnahme.

Technik macht abhängig. Wer durch Techniken beim Flirten vorankommt, der schreibt seinen Erfolg meistens der Technik zu und selten der Tatsache, dass er selbst liebenswert ist und sich bislang nur nicht getraut hat, aktiv zu werden. Gerade wer Techniken als Schutz vor der eigenen Unsicherheit benutzt, wird schnell davon abhängig, weil er glaubt, es gehe nicht mehr ohne – und das wäre doch schade.

Technik lähmt die Spielfreude. Jemand, der zielgerichtet und technisch flirtet, läuft Gefahr, zu übersehen, dass das berühmte zwischenmenschliche Prickeln vor allem mit Spontaneität und Spielfreude zusammenhängt. Der technisch versierte Flirter fühlt sich mit seinem Rüstzeug sicher und hat kein Empfinden für die vielen feinen Nuancen, die das Gegenüber mit Gestik, Mimik und Körpersprache signalisiert. Schnell kann die Offensive dann an der eigentlichen Stimmung vorbeigehen. Um es mit John Lennon auf den Punkt zu bringen: »Leben ist das, was passiert, während du dasitzt und andere Pläne machst.«

Technik taugt nicht für Beziehungen. Das Problematischste an einstudierten Flirttechniken ist unserer Meinung nach die Tatsache, dass darin versierte Flirter nur selten glückliche Beziehungen führen. Wer einen Partner nach einem antrainierten Plan verführt hat, der muss in einer späteren Phase der Beziehung entweder die Maske aufbehalten (wie es die entsprechende Literatur für Männer und Frauen tatsächlich empfiehlt) oder riskieren, dass sich der Partner geblendet und betrogen fühlt, sobald er das wahre Gesicht zu sehen bekommt. Nicht selten folgt dann die Trennung. Was bleibt, ist die Unzufriedenheit des Enttarnten, weil dieser sich weder angenommen noch geliebt fühlt, so wie er ist. Wenig verwunderlich, schließlich hat er sich nie wirklich gezeigt.

Haltung ist das Wichtigste. In besagtem Film gewinnt der Held am Ende doch noch das Herz seiner Kollegin. Aber vorher muss er loslassen – in technischem Sinne gesprochen resignieren. Er lernt um, fängt an, Dinge zu tun, an denen er selbst Freude hat, und seine zynische Grundhaltung verändert sich nach und nach ins Positive. Schließlich orientiert er sich an der Devise »nutze den Tag« und wird der begehrteste und beliebteste Mann der Gegend. Die Veränderung zu einer positiven, wertschätzenden Haltung hin führt automatisch zu einer anziehenden Ausstrahlung.

Haltung kommuniziert sich unbewusst. Die Grundhaltung eines Menschen drückt sich auf mehreren Ebenen aus. Neben der Sprache und den Inhalten wird eine Haltung vor allem auch durch die Körpersprache und unbewusste Nuancen transportiert. Deshalb kann eine erlernte Technik auch niemals eine offene und wertschätzende Haltung ersetzen. Sie kann sie zwar imitieren, wird aber den Geruch der Unehrlichkeit nicht los.

Haltung trägt immer. Im Gegensatz zur Strategie mittels Technik muss jemand, der *tatsächlich* neugierig und interessiert an einem anderen Menschen ist und zu sich selbst steht, nicht über den nächsten Schritt beim Flirten nachdenken. Wenn sich ein Problem einstellt, wird ihn das nicht unter Druck setzen. Wer vertrauenswürdig ist, weil er andere Menschen wertschätzt, läuft weder zu Anfang noch in einem späteren Stadium der Beziehung Gefahr, entlarvt zu werden.

Haltung führt zu uns selbst. Im wahrsten Sinne des Wortes verkörpert jeder Mensch eine Haltung. Da der Körper immer im Augenblick ist, bringt uns eine gute Grundhaltung nicht nur ins Hier und Jetzt, sondern auch zu uns selbst. Wir werden authentischer, wenn wir uns mit uns selbst wohlfühlen und jemand, der uns so kennen- und vielleicht lieben lernt, meint dann wirklich uns. Das ist sicherlich eine hervorragende Voraussetzung für eine langfristige Beziehung.

Wie nun weiter? Tipps und Techniken sind immer dann sinnvoll, wenn sie als Anregungen verstanden werden oder als Notlösungen im Hinterkopf dabei helfen, überhaupt aktiv zu werden. Sie können zwar das Eis brechen, aber ohne die richtige Haltung nicht losgelöst funktionieren. Eine offene, spielfreudige Haltung und die Wertschätzung des Gegenübers kommunizieren sich auf allen unbewussten Kanälen. Deshalb kann jemand, der sich unsicher fühlt, das auch nicht mit Techniken übertünchen. Wer dagegen gelernt hat, dass Unsicherheit im Kontakt völlig in Ordnung ist und vom Partner sogar häufig als Kompliment empfunden wird, der hat einen gewaltigen Schritt in Richtung einer authentischen Begegnung getan.

Ausstrahlung und Auftreten

Ein viel zitiertes Forschungsergebnis im Bereich der Kommunikation stammt von dem Psychologen Professor Albert Mehrabian aus dem Jahr 1971. Er untersuchte in einem Experiment zum Thema »Silent Messages« den Einfluss von Mimik, Körpersprache, Stimme und Bedeutung gesprochener Wörter auf die Sympathie, die sich beim Gegenüber entwickelt. Die Zahlen sind spektakulär und werden deshalb von Zeit zu Zeit in diversen Artikeln und Veröffentlichungen ein wenig überstrapaziert. Aber sie spiegeln grundsätzlich die richtige Tendenz wider. Falls Sie diese Studie noch nicht kennen, nehmen Sie sich ruhig einen Augenblick Zeit, bevor Sie weiterlesen, und steigen Sie mit uns in ein kleines Gedankenexperiment ein:

Stellen Sie sich eine Situation vor, in der Sie einer fremden Person begegnet sind, mit der Sie kurz Kontakt hatten. Das kann der Fahrer auf der letzten Busfahrt gewesen sein, der Ihnen den Fahrschein gegeben hat, die Kassiererin im Supermarkt oder die Verkäuferin an der Wursttheke. Nun schätzen Sie mal, wie groß der Einfluss Ihrer Körpersprache, Ihrer Stimme und des Inhalts Ihrer Worte auf die Tatsache war, ob Sie dieser Ihnen unbekannten Person sympathisch waren oder nicht. Wie viel ist Ihrer Meinung nach von der Stimme (Tonfall, Betonung und Artikulation), von Gestik und Mimik und vom Gesprächsinhalt abhängig?

Sie werden mit Sicherheit überrascht sein: In der Untersuchung stellte sich nämlich heraus, dass ganze 55 Prozent dem Körperausdruck zukamen, 38 Prozent gingen auf die Stimme zurück und nur geringe 7 Prozent des Gesamteindrucks sind durch den Inhalt der gesprochenen Worte entstanden.

Wie wir bereits in den vorherigen Kapiteln erwähnt haben, ist es deshalb viel wichtiger, *wie* Sie sich jemandem nähern, als *was* Sie tatsächlich sagen. Körperausdruck und Stimmmodulation liegen nämlich nicht innerhalb der Sprechblase, sondern werden außerhalb und hauptsächlich auf unbewussten Kanälen kommuniziert. Daraus lässt sich eine erleichternde Botschaft ableiten: Mit der Veränderung der Körpersprache können große Effekte erzielt werden.

Wir werden von unseren Klienten und Seminarteilnehmern immer wieder nach einem allgegenwärtigen erfolgversprechenden Superspruch gefragt, nach einem Satz, der alle Türen öffnet und nie in einem Korb mündet. Zunächst die schlechte Nachricht: Eine solche Wunderwaffe gibt es nicht. Sicher gibt es bessere und schlechtere Einstiege in ein Gespräch, dennoch kommt es in erster Linie wie gerade betont auf Mimik, Gestik, Körpersprache und den Tonfall an. Diese sind nicht nur wichtig bei der Entwicklung von Sympathie, sie fallen ebenfalls bei der Entstehung des ersten Eindrucks entsprechend ins Gewicht.

Bekanntlich steht dieser bei einer Begegnung mit einer fremden Person innerhalb von Sekunden fest. Der Prozess läuft blitzschnell und unbewusst ab, und wir sind ihm quasi zunächst ausgeliefert. Der erste Eindruck ist übrigens sehr hartnäckig gegenüber Veränderungen. Haben wir uns erst einmal ein bestimmtes Urteil gebildet, suchen wir vorrangig nach weiteren Informationen, die in dieses Bild passen und den Ersteindruck untermauern. Vermeintlich widersprüchliche Kriterien filtern wir einfach heraus. Demnach ist der erste Eindruck eine besonders gewichtige Angelegenheit beim Thema Flirten. Wir sollten dem Thema Körpersprache, Gestik und Mimik daher ausreichend Beachtung schenken. Nicht umsonst sagt man, dass es für den ersten Eindruck keine zweite Chance gibt. Es gilt also, die erste zu nutzen.

Wie Sie gleich noch sehen werden, können wir vieles an unserer Körpersprache positiv beeinflussen. So macht es beispielsweise schon einen gewaltigen Unterschied, ob wir aufrecht, mit geraden Schultern, einem freundlichen Blick und einer warmen Stimme oder mit gesenktem Haupt und hängenden Schultern auf jemanden zugehen.

Überprüfen Sie am besten gleich den Unterschied bei Ihrer eigenen Körperhaltung und die Wirkung nach innen und außen vor dem Spiegel. Lassen Sie zuerst einmal bewusst die Schultern hängen, und machen Sie ein missmutiges Gesicht. Betrachten Sie sich nun in aller Ruhe. Würden Sie die Person im Spiegel ansprechen? Richten Sie sich dann bewusst auf, pumpen Sie Energie und Atem in Ihren Körper, und holen Sie dreimal richtig tief Luft. Halten Sie den Kopf aufrecht, denken Sie an etwas Schönes, und lächeln Sie Ihr Spiegelbild an. Wie fühlen Sie sich jetzt? Welche Wirkung hat Ihr freundlicher Blick auf Sie selbst?

Das Spannende am Zusammenhang zwischen innerer Stimmung und Körpersprache ist, dass sich beide gegenseitig beeinflussen. Es liegt auf der Hand, dass sich eine niedergeschlagene Grundstimmung wie auch eine freudige, euphorische Laune im Körperausdruck niederschlagen. Ändert sich die Gefühlslage, so ändern sich auch die Körpersprache und die Ausstrahlung. Interessanterweise funktioniert die Beeinflussung aber genauso umgekehrt. Wenn Sie sich einige Minuten vor den Spiegel stellen, sich dabei schöne Erlebnisse ins Gedächtnis rufen und sich bewusst angrinsen oder anlachen, dann werden Sie merken, dass sich auch Ihre Grundstimmung verändert. Das ist nicht zwingend von Dauer, funktioniert aber auf jeden Fall für einige Momente. Mit diesem Wissen wollen wir nun in die Details der Körpersprache einsteigen.

Der Körper lügt nie

Samy Molcho, der berühmte Pantomime und Experte für Körpersprache, hat den Satz geprägt: »Der Körper ist der Handschuh der Seele.« So wie sich ein Handschuh unweigerlich mitbewegt, wenn die darin steckende Hand eine Bewegung vollzieht, deutet dieses Sinnbild an, dass die Seele im Körper verborgen ist, ihm sozusagen innewohnt. Das bedeutet, dass wir uns noch so sehr um ein Pokerface bemühen können, verraten werden wir uns dennoch.

Denn sind wir innerlich bewegt, vollzieht sich auch in Körperhaltung und Mimik ein entsprechender Wandel. Wenn wir (wie ein Pokerspieler) uns nun darauf trainieren, eine möglichst ausdruckslose Miene aufzusetzen, können wir fraglos einiges an innerer Emotionalität unterdrücken. Im Gesamtausdruck wird unsere emotionale Verfassung jedoch stets in Kleinigkeiten zu erkennen sein. Wir reden ja auch deshalb von Körper*sprache*, weil aktuelle Stimmungen und Gefühle sehr oft in unserer Körperhaltung, unserer Körperbewegung zum Ausdruck kommen. Selbst wenn wir nicht verbal kommunizieren, spricht der Körper für uns. Er ist niemals stumm und teilt mit seinen Signalen mit, was in uns vorgeht.

Mit einer kurzen Schilderung aus der Praxis möchten wir Ihnen nun ein Phänomen bewusst machen, das fast jeder sicher schon einmal an sich selbst erlebt hat oder beobachten konnte: Bei einem Gespräch, das im Rahmen eines unserer Seminare stattfand, sollten ein Mann und eine Frau ein Kennenlerngespräch führen. Auf den ersten Blick wirkte die Frau sehr kontrolliert und schien das Gespräch souverän zu führen. Allerdings hatten wir die beobachtenden Teilnehmer angewiesen, auch Gestik, Mimik und Körpersprache der beiden genau zu analysieren. Sie berichteten anschließend, dass die Frau im Gespräch ein wenig steif und angespannt gewirkt habe.

Tatsächlich sagte sie selbst hinterher, dass sie eigentlich aufgeregt gewesen sei, sich aber habe nichts anmerken lassen wollen. An der ständig wippenden Fußspitze konnte man allerdings deutlich erkennen, wie hoch der Grad ihrer Aufregung und Anspannung wirklich war. So wie die Katze vor dem Sprung mit dem Schwanz wippt, hat sich auch bei dieser Frau ein Teil des Körpers unkontrolliert bewegt, um sich Luft zu verschaffen. Obwohl dies in einer schlecht sichtbaren Zone geschah, verraten solche Details oft die wahre Stimmung einer Person. Körpersprache ist also ein wertvoller Indikator, wenn es darum geht, etwas über die Stimmung und Gefühle Ihres Gegenübers zu erfahren.

Für den sensiblen Beobachter bleibt also meistens ein Eindruck von Unstimmigkeit oder Künstlichkeit, wenn wir versuchen, uns mit Gewalt zu beherrschen. Das liegt daran, dass der Körper eine andere Botschaft sendet, als wir mit Worten oder der Mimik vermitteln wollen. Sicher kennen Sie auch Situationen, in denen sich Personen, die sich eigentlich gar nicht mögen oder schätzen, mit gekünsteltem Lächeln begrüßen, etwa weil sie für die Presse oder wegen äußerer Umstände den Anschein erwecken müssen, dass sie sich blendend verstehen? Wir werden auf solche widersprüchlichen Botschaften noch im Kapitel »Wie wird es prickelnd?« genauer eingehen, an dieser Stelle soll jedoch die Feststellung genügen, dass der Körper schwerlich lügen kann, weil seine Sprache von uns schwerer zu beherrschen ist als die verbale. Die Botschaften der Körpersprache sind also in aller Regel authentisch.

Darüber hinaus geht der Körper automatisch in Beziehung zu unserem Gegenüber, das heißt, er drückt nicht nur unser Befinden aus, sondern sagt auch unwillkürlich etwas darüber aus, wie wir den anderen wahrnehmen. Jeder weiß, dass ein spannender Film unseren Pulsschlag erhöhen kann. Wir identifizieren uns mit den Schauspielern und vollziehen körperlich mit, was auf der Leinwand passiert. In einer interessanten Untersuchung von Klaus Diethart Hüllemann bekam ein Boxfan vor dem Fernseher Herzrhythmusstörungen, als sein Favorit im Fernsehen k. o. geschlagen wurde. Der Boxer stand im Ring, der Zuschauer saß im Sessel, aber das Erregungsniveau der beiden ähnelte sich, weil sich der Fan mit seinem Idol identifizierte.

Auch Mütter bringen Kleinkinder beim Füttern beispielsweise dazu, den Mund aufzumachen, indem sie es selbst tun. Allerdings passiert so etwas fast immer unbewusst.

Hierzu können Sie einen kleinen Selbstversuch starten und vor dem Fernseher beobachten, wie Ihre Mimik jener der Schauspieler folgt, was innerhalb von Sekundenbruchteilen erfolgt – allerdings nur, wenn Sie sich wirklich auf den Film einlassen. Oder beobachten Sie das nächste Mal im Kino die Personen um Sie herum bei einer spannenden Filmsequenz. Sie werden überrascht sein, wie viele lächelnde Mienen, wie viel Zwinkern und offene Münder Sie entdecken werden.

Im Verlauf eines Flirts lässt sich deshalb einiges daran ablesen, wie synchron sich beide Partner bewegen. Die emotionale Nähe spiegelt sich stark in der Gleichförmigkeit der Bewegungen wider. Daraus ließe sich als Faustregel formulieren: Je synchroner Mimik und Gestik, desto näher fühlen sich zwei Menschen einander. Nicht umsonst sprechen wir von einem harmonischen Anblick, wenn sich zwei Tänzer vollkommen synchron über das Parkett bewegen. Allerdings ist diese Synchronizität meistens in harter Arbeit antrainiert. Wer hingegen ein frisch verliebtes Paar beobachtet und auf die Bewegungen achtet, der kann ebenfalls eine Art Tanz der beiden ausmachen – mit dem Unterschied, dass sich dieser völlig natürlich und unbewusst einstellt.

Wir können also zusammenfassend festhalten, dass der wichtigste Kommunikationsweg der Körper mit seinen Ausdrucksmöglichkeiten Haltung, Gestik und Mimik ist. Ein weiterer großer Teil entfällt auf die Stimme. Sympathie oder Antipathie kann kaum durch den reinen Sachinhalt des Gesagten erzeugt werden. Der Körper kommuniziert hauptsächlich unwillkürlich und zeigt nicht nur die eigene emotionale Verfassung, sondern auch, wie nah wir uns dem anderen fühlen. Wir können zwar versuchen, willentlich Einfluss auf unseren Körperausdruck zu nehmen, aber meist führt das zu einem unstimmigen Bild, das unser Gegenüber auch mehr oder weniger bewusst als solches wahrnimmt.

Für die Zukunft möchten wir Ihnen daher folgenden Leitsatz auf den Weg geben: »Sagen Sie nichts mit Worten, was Sie nicht auch mit dem Körper sagen könnten!«

Übung 6: Körpersprache lesen lernen

Unsere Körpersprache verrät viel über unser Innenleben. Wie es uns geht, ob wir offen für Kontakt mit anderen sind oder uns eher zurückziehen wollen. Da die Körpersprache meist unbewusst abläuft, sollen Sie anhand der folgenden Übung Ihren Blick dafür schulen. Achten Sie in der nächsten Zeit beim Ausgehen, im Theater, im Restaurant oder überall dort, wo sie es mögen, auf folgende Aspekte:

Machen Sie den (für sich) attraktivsten und unattraktivsten Menschen in Ihrer Umgebung aus.

1. Welche Unterschiede in der Körperhaltung/-sprache können Sie zwischen den beiden beobachten?

_____

_____

2. Welche Unterschiede in Gestik und Mimik können Sie zwischen den beiden feststellen?

_____

_____

3. Wählen Sie nun eine Person aus, die alleine ist. Was sagen deren Gestik, Mimik und Körperspannung darüber aus, was sie spürt, wie sie sich fühlt, was sie wohl denkt?

_____

_____

4. Bobachten Sie zwei Menschen, die im Kontakt miteinander sind. Was passiert zwischen den beiden hinsichtlich ihrer Körpersprache? Wirken sie harmonisch, gibt es Fluchttendenzen, sind beide bei der Sache? Wie verändert sich die Körpersprache? Versuchen Sie an der Körpersprache abzulesen, wie es den beiden miteinander geht. Woran machen Sie das fest?

_____

_____

_____

_____

Signale verstehen und senden – wie wenig für die große Wirkung nötig ist

1. Das bedeutsamste Medium beim Flirten ist Ihr Körper und damit auch der Ausdruck, den er Ihrem Gegenüber vermittelt.
2. Ihre Körpersprache entsteht unwillkürlich aus Ihrer augenblicklichen Verfassung heraus und wirkt unnatürlich, sobald Sie versuchen, zu viel daran zu manipulieren.
3. An der Körpersprache lässt sich auch der Entwicklungsstand Ihrer Beziehung zu Ihrem Gesprächspartner gut ablesen.
4. Sie müssen kein Experte in Sachen Körpersprache werden, denn Sie sind es bereits.

Wenn es uns möglich ist, unwillkürlich Bezug auf die Signale anderer zu nehmen, dann heißt das, dass wir diese Botschaften nicht nur wahrnehmen, sondern sie durchaus auch zu deuten wissen – allerdings nur auf einer unbewussten Ebene. Schließlich ist es wenig reizvoll, vor einem interessanten Menschen zu stehen und ihn mit einem Cocktailglas in der Hand während der Plauderei angestrengt nach unbewussten Botschaften seines Körpers abzuscannen. Wir nehmen sowieso unwillkürlich Bezug auf das, was wir sehen. Unser Problem ist dabei jedoch häufig, dass wir lieber alles bewusst kontrollieren wollen, statt unserem Unterbewusstsein zu vertrauen.

Bereits als Säugling war ein jeder von uns wie erwähnt ein Experte in Sachen Körpersprache, und diese Fähigkeiten gehen nicht verloren. Nur kann das Vertrauen in diese Fähigkeit leider so weit untergraben werden, dass es große Überwindung kostet, auf die eigene Intuition zu achten und auch danach zu handeln. Oft wird Männern beispielsweise vorgeworfen, dass sie selbst auf einen Wink mit dem Zaunpfahl nicht reagieren, weil sie nichts von Körpersprache verstehen.

Nach unserer Erfahrung liegt das weniger daran, dass der Mann die subtile Einladung nicht versteht, sondern dass er ihr nicht vertraut. Angenommen, Sie fangen in einem Restaurant oder im Supermarkt einen netten Blick auf, der intensiver ist als einer der üblichen Alltagsblicke. Glauben Sie wirklich, dass keiner der Beteiligten den Flirt bemerkt hat? Normalerweise verfügen wir durchaus über ein feines Gespür für das, was um uns herum geschieht. Doch kaum kommt Adrenalin ins Spiel, springt der Kopf an und äußert seine typischen Bedenken. Daraufhin startet das Gedankenkarussell seine Zweifel, die da lauten: »Ich würde ja gerne, aber hier sollte man nicht«, »Ich wüsste auch gar nicht wie«, »Das war sicher nicht so gemeint« und Ähnliches. Die Hemmungen überwiegen dann und hindern uns, spontan und intuitiv zu reagieren. Von außen wirken wir nun kühl und eher etwas steif, während wir innerlich mit Vorwärts- und Rückwärtstendenzen kämpfen.

Da bei den meisten Menschen eine völlig natürliche Aufregung entsteht, wenn sie jemanden ansprechen wollen, flüchten sie sich häufig in die Routine. Sie erfinden tausend Gründe, um nicht aktiv werden zu müssen, und versuchen möglichst cool zu wirken, während sie diverse Chancen verschenken. Aus unserer Praxis wissen wir von mehr als einem Fall, in dem eine durchaus attraktive Person sich im Laufe vieler Jahre für die Flirtsignale anderer taub gestellt hat. Manchmal hat sie die Signale sogar bemerkt, doch sie hat die Anzeichen ausschließlich entsprechend ihrer eigenen Ängste ausgewertet. »Das ist ja noch gar kein Flirtverhalten«, sagte sie sich, oder »Das war doch nur ein normaler Blick«. Vielen gelingt es offensichtlich sehr gut, wahrzunehmen, was in solchen Momenten vor sich geht – allein der Glaube fehlt, dass sie tatsächlich gemeint sein könnten.

Meist sind es die Frauen, die mit dem Flirten beginnen und durch subtile Zeichen signalisieren, dass sie offen für einen Kontakt sind. Der Mann ist zwar meist der offensichtlich Aktive, aber ohne die Einladung der Frau würde kaum ein Mann handeln. Zumindest wäre sein Erfolg fraglich. Das ist weniger ein Zeichen dafür, dass Flirten eine rein weibliche Fähigkeit ist, sondern vielmehr für die erlernten traditionellen Rollen des werbenden Mannes und der umworbenen Frau. Es ist durchaus möglich, sich auch als Mann auf ähnlich subtile Art zu präsentieren, nur ist es höchst unwahrscheinlich, dass eine Frau dann tatsächlich die Initiative ergreift und handelt. Sie sehen, es ist also doch etwas dran an dem flapsigen Spruch: »Die Frau ist das einzige Wild, das seinem Jäger auflauert«.

Stellt sich nun noch die Frage, wie der angeblich passive Partner besonders erfolgreich dabei sein kann, seinem Jäger aufzulauern. Wäre es interessant für Sie, zu wissen, wie Sie Ihre Erfolgsquote sofort um bis zu 800 Prozent steigern können? Ein Feldversuch der BBC über die Sexualität des Menschen in britischen Pubs erbrachte dazu interessante Ergebnisse, die Ihnen als Hinweis dienen können. Mit einer versteckten Kamera beobachtete das Fernsehteam Frauen an der Bar, um zu ermitteln, wie oft sie im Laufe des Abends von Männern angesprochen wurden. Anschließend schlossen sie über ein rechnerisches Verfahren den Einfluss der Attraktivität der einzelnen Frauen auf die Quote aus. In dem Versuch zeigte sich, dass diejenigen Frauen, die sich relativ wenig bewegten, die also relativ arm an Mimik und Gestik waren und eher einen verschlossenen Eindruck in ihrer Körpersprache vermittelten, im Schnitt nur einmal innerhalb von zwei Stunden angesprochen wurden. Diejenigen Frauen hingegen, die sehr lebendig waren und immer wieder kokette, kleine feminine Gesten zeigten, wurden im Schnitt viermal pro Stunde angesprochen. Sie hatten also eine achtmal so hohe Quote, die allein dadurch zustande kam, dass sie an ihrer Kleidung herumzupften, sich nachschminkten, Blicke durch den Raum schweifen ließen, die Lippen befeuchteten, mit ihren Haaren spielten, mit ihrem Glas hantierten oder eine offene Position zum Raum hin einnahmen.

Woran liegt das? Ganz einfach: All diese Bewegungen und Verhaltensweisen gelten als typische Flirtsignale. Aus zahlreichen Studien und Untersuchungen weiß man, dass in jedem sich positiv entwickelnden Flirt genau diese Signale zu beobachten sind. Sie entstehen normalerweise völlig natürlich und werden unbewusst gesendet.

Was können wir daraus nun für uns ableiten? Läuft eine Begegnung gut, dann müssen wir uns keine Gedanken machen, da unsere Körpersprache der Stimmung entsprechend von selbst eindeutige Signale aussendet. Wollen wir jedoch Einfluss auf unsere Ausstrahlung und Flirtbereitschaft nehmen, dann ist es ratsam, sich diese typischen Signale zunutze zu machen und sie bewusst einzusetzen. Ob sich die Frauen aus dem Kneipenexperiment absichtlich so verhalten haben, um mehr Offenheit auszustrahlen, oder ob es ein Ausdruck ihrer lockeren, beschwingten Stimmung war, ist hier nicht zu klären. Das spielt aber auch keine Rolle, denn beide Wege funktionieren. Wie Sie mit Hilfe solcher Signale Ihr Gegenüber ein- oder eben auch ausladen können, verraten wir, neben einigen wichtigen Tipps, im nächsten Kapitel.

Gerade jüngere Menschen sind oft sehr ausdrucksstark und wenig gebremst in ihrer Körpersprache. Wenn junge Mädchen laut kichern, kreischen, sich verschwörerische Blicke zuwerfen und sich gegenseitig zurechtmachen oder herumalbern, dann ist die Wahrscheinlichkeit recht hoch, dass sich gerade ein interessanter Junge in der Nähe befindet, dem dieses Verhalten als Signal oder Aufforderung gelten soll. Jungen hingegen zeigen in solchen Situationen vor allem Dominanz. Sie lachen laut und markig mit möglichst tiefer Stimme, verwenden große, raumgreifende Gesten, initiieren spaßige Rangeleien und versuchen Statussymbole wie Handys oder Autoschlüssel in Szene zu setzen.

Bis zu einem gewissen Grad können wir uns auf diese Art bewusst inszenieren, aber wie schon dargestellt wirkt ein Zuviel an Kontrolle schnell unnatürlich. Was kann also hilfreich sein, um die eigene Körpersprache positiv zu beeinflussen?

Wir haben gesehen, dass unser Körper anzeigt, wie wir uns fühlen. Also können wir vor allem versuchen, in guter Stimmung zu sein, wenn wir mit jemandem Kontakt aufnehmen wollen. Wer gut gelaunt ist, der flirtet erfolgreicher.

Ist die Lösung also, sich in gute Laune zu bringen? Das klingt nach einem gekünstelten Unterfangen, und jede dahingehende Bemühung wirkt zunächst unnatürlich auf uns und wenig erfolgversprechend. Doch zum Glück ist es mit einfachen Mitteln möglich, die eigene Stimmung positiv zu beeinflussen. Wie die BBC-Studie zeigt, wirkt ein offenes, spielerisches Verhalten extrem anziehend auf andere. Das entsteht dadurch, dass die für andere offene Person sich quasi benimmt, als sei sie bereits in Kontakt. Wenn Sie irgendwo zwei Menschen beobachten können, die miteinander in lebhaftem Kontakt sind, und daneben jemanden sehen, der allein ist, werden Sie vermutlich feststellen, dass die Personen im Kontakt attraktiver wirken. Achten Sie einmal bei Ihrem nächsten Party- oder Clubbesuch auf die unterschiedliche Wirkung der Körpersprache.

Wie wir wissen, kann das Gehirn nur schlecht zwischen Vorstellung und Realität unterscheiden. So, wie sich unser Pulsschlag bei einem Thriller, Horrorfilm oder einem schlechten Traum erhöht, obwohl wir in Sicherheit sind, kann uns auch eine lebhafte Vorstellung oder Erinnerung in eine gewisse Stimmung versetzen. Eben diese Abläufe können wir uns zunutze machen. Wenn Sie sich bei künftigen Begegnungen, sei es beim Flirten, Ausgehen, Tanzen oder auch im beruflichen Umfeld positiv aufladen möchten, um eine gewinnende, offene Ausstrahlung zu erlangen, dann sollten Sie mit der folgenden Übung zur Autosuggestion einsteigen.

Übung 7: Sich positiv aufladen

Wenn Sie mögen, schließen Sie für diese Übung die Augen. Das hilft Ihnen dabei, sich zu konzentrieren und Ihre Gefühle stärker wahrzunehmen.

Erinnern Sie sich nun an ein wirklich schönes und lustiges Erlebnis mit Freunden aus der letzten Zeit. Oder stellen Sie sich vor, wie Sie einen sehr anregenden Abend mit einem spannenden Menschen verbringen. Malen Sie sich das Bild nun in allen Farben aus. Die Stimmung ist fröhlich, die Menschen um Sie herum sind heiter und ausgelassen. Alle fühlen sich gut. Die Laune und die Witze Ihrer Freunde bringen Sie zum Lachen, Sie schmunzeln. Und dann die herrliche Szene, als Ihr Tischnachbar mit der Krawatte in der Rotweinsoße hing und dabei ganz wichtige Lebenserkenntnisse von sich gab. Lassen Sie die Bilder dieser Szene auf sich wirken, und fühlen Sie, wie sich Ihre Stimmung hebt. Vielleicht müssen Sie beim Gedanken daran ja sogar schmunzeln. Halten Sie diese Stimmung eine Weile fest, und spüren Sie in Ihren Körper hinein. Genießen Sie diesen Moment, und holen Sie dreimal tief Luft.

Öffnen Sie nun wieder die Augen.

Haben Sie die Veränderung gespürt? Diese Form der positiven Selbstbeeinflussung können Sie jederzeit für sich nutzen. Je öfter Sie diese Technik einsetzen, umso schneller können Sie entsprechende Bilder abrufen und überall und jederzeit

Ihre Stimmungslage verändern. Dafür benötigen Sie bald nur mehr einen kurzen Gedanken, und schon befinden Sie sich wieder in einer positiven Grundstimmung.

Falls Ihnen der Weg, sich auf sich selbst zu besinnen, nicht liegen sollte, dann rufen Sie spontan einen guten Freund an und lassen Sie sich von ihm zehn Minuten lang humorvolle Erlebnisse erzählen. Oder Sie nehmen ihn am besten gleich mit, wenn Sie sich auf Kontaktsuche begeben.

Sollten Sie zweifeln, ob Ihnen das gelingt, dann geben Sie bitte nicht vorschnell auf, denn Ihre Reaktion ist völlig normal. Sie zeigt nur, dass wir nicht so leicht Vertrauen in unsere nonverbalen Fähigkeiten aufbauen. Romy Schneider soll einmal gesagt haben, dass sie auf der Bühne alles sein und tun könne, im Leben aber nichts. Nach unserer Erfahrung trifft dieser Satz auf viele Menschen zu. Im Beruf verfügen sie über hohe kommunikative Fähigkeiten, die ihnen jedoch vollständig abhanden zu kommen scheinen, wenn sie sich privat unterhalten oder das Flirten beginnen wollen.

Das liegt häufig am Referenzrahmen oder auf Neudeutsch dem »Frame«, den wir einer Situation geben. Wenn wir beispielsweise streng zwischen Beruf und Privatleben trennen, dann erscheint es uns so, als ob unsere beruflichen Fähigkeiten im Privaten nichts gelten oder nützen und umgekehrt. Um sich in eine gute Stimmung zu versetzen, können Sie deshalb auch einfach anfangen, der Situation einen anderen Rahmen zu geben, indem Sie die Ausgangssituation neu definieren und sie in einem anderen Licht betrachten. Das Raffinierte daran ist, dass Sie nicht die Situation ändern müssen, sondern lediglich deren Bewertung.

Was wäre zum Beispiel, wenn Sie jemanden mit der Vorstellung ansprächen, Sie wollten ihn mit Ihrem Freund oder Ihrer Freundin verkuppeln? Oder wenn Sie sich überhaupt kein Ziel setzten, sondern nur die Reaktion des anderen erforschen wollten, indem Sie ihn auf eine besonders ungewöhnliche Art ansprechen?

All das mag zunächst wie Schauspielerei wirken, aber genau dieses Übertragen ist die effektivste Art des Lernens. Kinder sind zum Beispiel wahre Lernprofis, weil sie vor allem andere Menschen imitieren. In der Psychologie nennen wir diese Technik »Modelllernen«, und sie ist erheblich effektiver, als im Frontalunterricht Fakten zu pauken.

Auf rein theoretischem Lernweg sind kaum große Fortschritte zu erwarten, schon gar nicht bei den Inhalten, mit denen sich unser Buch beschäftigt. Führen wir uns diesen Zusammenhang vor Augen, erscheint es auf einmal nicht mehr unsinnig, wenn wir uns dem Ziel über ein paar schauspielerische Einlagen nähern. Richtig witzig kann die Sache sogar werden, wenn Sie sich für eine gewisse Zeit vornehmen, sich wie eines Ihrer Idole zu benehmen. Wenn Sie dann in einer bestimmten Situation nicht weiterwissen oder sich nicht entscheiden können, dann fragen Sie sich einfach, was Ihre Lieblingsfilmfigur jetzt tun würde. Oft entstehen aus diesem Blickwinkel spontan neue Ideen.

Wir wollen an dieser Stelle nicht im Detail darauf eingehen, was einzelne Gesten bedeuten. In der einschlägigen Fachliteratur zum Thema Körpersignale wird haarfein aufgezeigt, was es beispielsweise bedeutet, wenn jemand die Arme vor dem Bauch verschränkt oder mit dem Fuß wippt. Unserer

Meinung nach ist ein Fachwissen über diese Dinge zwar interessant, aber nicht zwingend nötig, um gut flirten oder die Signale der Körpersprache verstehen zu können. Natürlich können Ihnen Kenntnisse zu diesem Thema eine gewisse Sicherheit in zwischenmenschlichen Begegnungen vermitteln. Jedoch bindet unserer Meinung nach die Auseinandersetzung mit diesem Wissen im direkten Kontakt zu viel Aufmerksamkeit, die Sie dann vom Eigentlichen abhält.

Die Fähigkeit, Körpersignale zu interpretieren, kann ein jeder auch auf einem anderen Wege gewinnen. Trauen Sie sich ruhig, Ihre eigene Intuition zurate zu ziehen, oder nehmen Sie, wenn möglich, genau die gleiche Haltung an wie Ihr Gegenüber, und spüren Sie, wie sich Ihre Stimmung verändert. Sie vollziehen so nach, was die andere Person unwillkürlich ausdrückt. Sie werden schnell merken, dass sich bald ein gutes Gespür für die Stimmung Ihres Gegenübers einstellt.

Körpersprache wirkt nämlich auch von außen nach innen. Wenn Sie zum Beispiel länger als eine Minute bewusst grinsen, schließt Ihr Gehirn daraus, dass Sie sich gut fühlen müssen – und Sie fühlen sich anschließend tatsächlich besser! Nur leider ist diese Technik aus offensichtlichen Gründen kaum in einer sozialen Situation anzuwenden.

Probieren Sie die beschriebenen Anregungen aus, und experimentieren Sie so lange, bis Sie ein Gefühl dafür haben, was für Sie am besten passt. Das Entscheidende dabei ist, dass Sie es anpacken und Ihre lang gehegte Komfortzone verlassen, dass Sie noch heute beginnen, Dinge zu verändern und etwas anderes zu versuchen.

Wenn das nicht klappt: Entspannen Sie sich, und vertrauen

Sie ihrer Intuition für die jeweilige Stimmung. Sollte Ihr Gegenüber lächeln oder lachen oder sich gar an einem Gespräch interessiert zeigen, indem er Fragen stellt, selbst etwas beisteuert oder freundlich ist, und falls Sie sich dabei wohlfühlen, bedeutet das: Sie sind ihm mit sehr hoher Wahrscheinlichkeit sympathisch – egal ob er nun das rechte Bein über das linke geschlagen oder die Arme vor dem Bauch verschränkt hat. Manch eine Körperhaltung hat triviale Gründe, beispielsweise weiß man auf einem Barhocker ohne Lehnen nun mal nicht, wohin mit den Armen.

Das Wichtige dabei ist, dass Sie einzelne Körpersignale nicht isoliert betrachten, sondern immer den Gesamtausdruck auf sich wirken lassen und dem Gefühl vertrauen, das sich dabei einstellt.

Kontaktzonen – auf andere zugehen

Im vorherigen Kapitel haben Sie viel über die Wirkung des Auftretens beim ersten Kontakt, die Körpersprache und Signale erfahren. Beim Flirten müssen Sie jedoch meist zunächst eine gewisse räumliche Distanz zum Objekt Ihrer Begierde überwinden. Neben Kenntnissen zur Körperhaltung sowie zum sensiblen Umgang mit Körpersprache und Flirtsignalen sollten Sie daher einige Grundlagen über die so genannten Kontaktzonen beherrschen.

Um den Abstand zur ausgespähten Zielperson zu verringern, passieren Sie verschiedene Kontaktzonen. In der Literatur werden diese häufig als »Distanzzonen« bezeichnet. Wir sprechen im weiteren Verlauf allerdings bewusst von »Kontaktzonen«, weil es in diesem Buch vornehmlich um die Themen Kontakt, Annähern und Begegnungen geht, also um eine Bewegung aufeinander zu und nicht voneinander weg.

Zur nonverbalen Kompetenz gehört unter anderem die Fähigkeit, Kontakt- und Raumzonen erkennen und interpretieren zu können. Welchen Abstand wir zu einem Gesprächspartner einnehmen, ist ein wesentlicher Aspekt unserer Körpersprache. Unbewusst drücken wir damit aus, ob wir jemandem nahestehen, ob wir entweder Distanz halten oder ihm auf die Pelle rücken wollen. Dabei ist die Wahrnehmung, welche Entfernung zwischen zwei Menschen in einer Situation angemessen ist, sehr wichtig. Im westlichen Kulturkreis unterscheiden wir gemeinhin vier Kontaktzonen: die öffentliche Zone, die soziale Zone, die persönliche Zone und die Intimzone.

Um diese besser einschätzen zu können, stellen Sie sich nun bitte die folgende Situation am Hauptbahnhof einer Großstadt vor: Sie warten mit mehreren anderen Menschen am Gleis auf Ihren Zug, der allerdings erst in einer Viertelstunde eintrifft. In einem Abstand von einigen Metern bleibt Ihr Blick an einem Mann hängen, der gerade in seinen Manteltaschen nach etwas sucht.

Diese Distanz bezeichnet man als **öffentliche Zone**; Kontakt zueinander ist nicht zwangsläufig, man akzeptiert den anderen auf diese Entfernung problemlos. Um miteinander zu reden, wäre die Distanz allerdings zu weit. Der Mann stört Sie nicht weiter, denn es besteht keine Beziehung, ein jeder agiert als Einzelperson. Dieser Abstand, der bei etwa vier Metern beginnt, ist etwa jener von Lehrern zur Klasse, von Rednern zum Publikum oder von Schauspielern und Zuschauern.

Würde dieser Mann nun auf Sie zukommen, um Sie flüchtig nach etwas zu fragen, beispielsweise ob auf diesem Gleis wirklich der Zug nach Berlin abfährt, dann verringerte sich zwangsläufig die Distanz zwischen Ihnen beiden. Der Abstand würde höchstwahrscheinlich jedoch nicht geringer als ungefähr anderthalb Meter ausfallen.

Diesen Bereich nennt man die gesellschaftliche oder **soziale Zone**. Darin haben Sie zu Ihrem Gegenüber zwar Kontakt aufgenommen, es herrscht aber immer noch ein deutlicher Abstand. Innerhalb dieser Distanz werden Sie eher unpersönliche Angelegenheiten erledigen wie beispielsweise eine Unterhaltung mit Geschäftsleuten, Handwerkern oder Ihrem Chef hinterm Schreibtisch. Gleichzeitig dient diese Entfernung als Schutzfunktion: Andere können sich Ihnen bis auf diese Distanz nähern, ohne dass Sie diejenigen beachten müssen. Die Kontaktaufforderung ist allein durch die Präsenz eines Menschen noch nicht verbindlich.

Kommen wir zur nächsten Phase: Sie antworten dem wartenden Mann auf dem Bahngleis mit einem leicht gequälten Lächeln, dass er hier richtig sei, und fügen hinzu: »Aber ganz sicher, ob der Zug das ebenfalls weiß, bin ich nicht.«

Er knüpft nun an Ihre Antwort an. »Sie wirken so, als wäre Ihre Toleranz für Verspätungen strapaziert. Geht mir ähnlich. Fahren Sie denn viel mit der Bahn?«, erwidert er mit einem Schmunzeln. Dabei macht er einen Schritt auf Sie zu, um sich besser mit Ihnen unterhalten zu können.

Der Mann hat damit Ihre **persönliche Zone** betreten, eingeladen durch Ihre entgegenkommende Antwort, Ihren Blickkontakt und Ihre nach seinem Ermessen offene Art. Die persönliche Zone bewegt sich von circa 60 bis zu 150 Zentimetern, was einer üblichen Gesprächsdistanz entspricht. Wenn Sie den Arm gerade nach vorne ausstrecken und sich einmal im Kreis drehen, dann zeigt das ziemlich genau den Radius Ihrer persönlichen Zone. Eine Annäherung innerhalb dieser Grenzen sagt etwas über den Bekanntheits- oder Sympathiegrad zwischen den Beteiligten aus. Diese Zone ist nämlich für gute Freunde, Verwandte, eventuell einige enge Kollegen oder für Menschen reserviert, die Ihnen sympathisch sind.

Bitte beachten Sie, dass es sich bei all diesen Angaben um Durchschnittswerte handelt, die neben den kulturellen Unterschieden individuell sehr verschieden ausfallen können. Ebenso können innerhalb eines Kulturkreises, innerhalb einer Region und sogar selbst innerhalb einer Familie die Bedürfnisse nach Nähe und Distanz sehr unterschiedlich sein.

Für den einen kann sich die Distanz bereits zu Beginn einer Unterhaltung mit einer fremden Person verringern, und gegen eine spontane Armberührung wäre nichts einzuwenden. Demjenigen, der mehr Abstand braucht, würde es dagegen die Kehle zuschnüren und unweigerlich zu Ausweichverhalten führen oder sogar Fluchttendenzen auslösen.

Welchen individuellen Abstand jemand grundsätzlich bevorzugt, hängt viel damit zusammen, ob er eher ein Nähe- oder Distanztyp ist. Zu welchem dieser Typen Sie tendieren, konnten Sie ja bereits in der Passage über Beziehungstypen ermitteln. Unabhängig davon, ob Sie und Ihr Gegenüber nun ein Nähe- oder Distanztyp sind, ist das Entscheidende, dass

Sie Ihr eigenes Bedürfnis nach Abstand kennen und vor allem die Grenzen sowie die Signale des anderen wahrnehmen und interpretieren können. Denn je nach Situation und Kontext kann sich die Empfindung, ob ein Abstand noch als angenehm oder bereits schon als unangenehm erlebt wird, schnell ändern.

Der beste Indikator dafür, ob Sie sich noch in einem angemessenen Abstand zu Ihrem Gesprächspartner befinden, ist die Körpersprache Ihres Gegenübers. Wann lädt die Körpersprache Sie ein, den Abstand zu verringern, wann hält Ihr Gesprächspartner sozusagen das Stoppschild hoch? Wenn Sie diese Signale registrieren und zu deuten wissen, wird Ihnen Folgendes ganz sicher nicht passieren: der typische Wandermarsch durch Diskotheken, Clubs oder auf Partys. Dazu kommt es nämlich häufig, wenn zwei nicht oder kaum miteinander bekannte Personen sich unterhalten und einer von beiden die persönliche Zone des anderen missachtet, sich also immer wieder ohne Einladung zu sehr nähert. Die ihrem subjektiven Empfinden nach bedrängte Person weicht nun ein bisschen nach hinten aus. Die offensivere Person erkennt darin allerdings kein Bedürfnis nach mehr Raum, sondern empfindet den Abstand vielmehr als zu groß und verringert ihn prompt wieder. Das kann nun so lange weitergehen, bis die beiden mit der Zeit fast unmerklich einige Meter durch den Raum wandern.

Was sollte hier anders ablaufen? Die Person mit dem Vorwärtsdrang hätte beim ersten Ausweichen ihres Gegenübers nur etwas mehr Raum lassen müssen, indem sie ein wenig nach hinten getreten wäre. Die andere Person hätte sich dann in ihrem Bedürfnis nach einem gewissen Abstand verstanden gefühlt und sich wieder entspannen können. Häufig hat ein solches Vorgehen sogar den positiven Effekt, dass die distanziertere Person den neu gewonnen Freiraum nutzt und sich entsprechend ihrem eigenen Tempo und dem Sympathiegrad ihres Gegenübers von selbst nähert. Wenn jemand nach hinten ausweicht, heißt das aber nicht unbedingt »Du bist mir unsympathisch« oder bedeutet gar den Abbruch des Kontakts. Es kann genauso bedeuten, dass die Nähe zu diesem Zeitpunkt einfach noch nicht passt und zunächst Kontakt und Vertrauen aufgebaut werden müssen. Durch ein weiteres unsensibles Nachsetzen würden Sie jedoch vermutlich schnell den endgültigen Ausstieg Ihres Gegenübers provozieren.

Wie bereits angeführt, kann das individuelle Bedürfnis nach einem bestimmten Wohlfühlabstand durch verschiedene Faktoren verstärkt werden. Gerade bei einem erheblichen Größenunterschied muss der Abstand sehr einfühlsam gewählt sein, beispielsweise wenn sich ein extrem großer Mann einer zierlichen, kleinen Frau nähert. Auch Situationen, in denen Frauen beim Ansprechen oder Flirten keine möglichen Fluchtwege nach hinten haben, führen häufig zu einem Wunsch nach größerem Abstand als sonst. Sitzt eine Frau mit dem Rücken zur Bar oder steht sie in der Ecke einer Diskothek, sollte der Mann besonders auf das Tempo der Annäherung und den eventuellen Wunsch nach mehr Abstand achten. Besser ist eine Annäherung, die der Frau eher die Wege frei hält als sie abschneidet. So wie ein in die Ecke getriebenes Tier viel schneller die Zähne fletscht und zum Angriff übergeht, neigen auch Menschen in solchen Situationen zu Abwehrreaktionen, die sie mit mehr Abstand zu ihrem Gegenüber in derselben Situation eher nicht gezeigt hätten.

Was passiert nun, wenn es sich durch äußere Gegebenheiten nicht vermeiden lässt, dass auch Fremde in die innere persönliche Zone eindringen oder sogar noch weiter vorrücken (müssen)? Eine derartige Konstellation löst in der Regel ein merkwürdiges Phänomen aus.

Rufen Sie sich die Situation in einer überfüllten U-Bahn in Erinnerung, in die während der Rushhour fremde Menschen eng wie Sardinen in der Dose Seite an Seite stehen. Oder die Situation in einem Fahrstuhl, der für sechs Personen zugelassen ist und auch von genauso vielen genutzt wird. In solchen Momenten versuchen wir dem ungefragten Eintritt in unsere persönliche Zone dadurch zu entkommen, dass wir die anderen quasi wie Luft behandeln und nicht beachten. Wir starren im Fahrstuhl wie gebannt auf die Leuchtanzeige und wirken völlig fasziniert, dass auf die zweite tatsächlich die dritte Etage folgt.

Dafür gibt es folgende Erklärung: Wir müssen Abwehrmaßnahmen ergreifen, um unserem Unwohlsein, unfreiwillig eine zu große Nähe aushalten zu müssen, Herr zu werden. Wir werden starr, spannen die Muskeln an und fixieren irgendeinen Punkt, um ja Blickkontakt zu vermeiden. Dieses Verhalten ist zu einem Teil anerzogen und kulturell unterschiedlich ausgeprägt.

Ziehen Sie doch aus der Situation einen Nutzen: Wäre es nicht ein netter Aufhänger, dieses Phänomen den anderen Anwesenden im Fahrstuhl zu erläutern und damit sowohl die Anspannung zu lösen als auch eine Möglichkeit zu finden, locker ins Gespräch zu kommen?

Um von einer Zone in die nächste zu gelangen, bedarf es eben nicht nur der physikalischen Überwindung einer gewissen Wegstrecke. Je geringer der Abstand zur eigenen Person wird, desto schneller wird das Missachten von gesendeten Signalen durch Abwenden, Ausweichen, Flucht oder einen Korb bestraft. Wir werden später noch genauer darauf eingehen, welche Signale als Einladung verstanden werden können, um mehr Nähe zu ermöglichen, und welche Signale eher einer Ausladung gleichkommen. Hier wollen wir es zunächst bei der Erkenntnis belassen, dass der Umgang mit diesen Kontaktzonen ein gewisses Fingerspitzengefühl und eine gute Beobachtungsgabe der Körpersprache erfordert.

Wenden wir uns nun der letzten Kontaktzone zu, der **intimen Zone,** und werfen noch einmal einen Blick auf die Situation am Bahngleis. Stellen Sie sich nun bitte vor, Sie überbrückten die Warterei auf den verspäteten Zug mit einer lebhaften Plauderei mit dem Mann, der Sie angesprochen hat. Sie haben einen sympathischen ersten Eindruck voneinander, die Gesprächsthemen werden zunehmend privater, und bald tun sich viele Gemeinsamkeiten auf. Erst der Ärger über die ständigen Verspätungen, dann das tägliche Pendeln zum Arbeitsplatz, Reiten als Ausgleich zum Alltagsstress und eine Vorliebe für Country-Musik. Sie lachen reichlich, und Sie unterhalten sich so angeregt, dass eine Dreiviertelstunde im Fluge vergeht. Inzwischen stehen Sie recht nahe beieinander, da es um Sie herum recht laut ist. Mitten im Gespräch entdeckt der Mann Ihre auffälligen Ohrringe und macht Ihnen ein ansprechendes Kompliment. »Die Farbe Ihrer Ohrringe ist sehr geschmackvoll, sie wirken exotisch.

Ist das ein Reisesouvenir?« Dabei kommt er Ihnen noch ein wenig näher.

Sie freuen sich und streichen Ihr Haar zur Seite, um ihm einen besseren Blick zu ermöglichen. »Ja, aus Thailand«, antworten Sie sichtlich berührt.

Die intime Zone ist in diesem Beispiel spielerisch überwunden worden. Sie reicht normalerweise vom direkten körperlichen Kontakt bis zu einer Entfernung von ungefähr einem halben Meter. Unter Fremden wird das Eindringen in diese Zone häufig als besonders unangenehm erlebt. Nicht selten begegnet man Menschen, die diese unsichtbare Grenze im Gespräch immer wieder unsensibel überschreiten. Im Normalfall lässt ein jeder nur sehr eng Vertraute in diesen Bereich, etwa Intimpartner oder enge Verwandte. Andere Menschen hält man etwa eine Armlänge auf Abstand, notfalls durch eigenes Ausweichen. Wird die Intimzone verletzt, löst dies Unlust und je nach Massivität sogar Stress aus, und der Körper stellt sich unbewusst auf Angriff oder Flucht ein.

Es gilt also, die eigene Wahrnehmung zu schulen und zum einen genau zu beobachten, was Ihnen Ihr Gegenüber signalisiert. Genauso müssen Sie sich aber auch darüber bewusst werden, welche Botschaften Sie selbst aussenden und welche Reaktionen darauf erfolgen können.

Einladung und Ausladung – die fünf Flirtphasen

»Charme ist ein Mittel, ein Ja zu bekommen, ohne direkt danach gefragt zu haben.« Mit diesen Worten wird deutlich, dass wir beim Flirten und Kennenlernen eigentlich immer zwei widersprüchliche Zielsetzungen verfolgen. Zum einen wünschen wir uns möglichst schnell mehr Nähe und Austausch mit dem Menschen, den wir anziehend finden. Zum anderen wählen wir ein Annäherungstempo und eine Direktheit, die das soziale Gesicht beider Partner wahren sollen. Anders betrachtet handelt es sich um einen Widerspruch zwischen Ehrlichkeit und Höflichkeit. Je größer unser Interesse am anderen ist, desto verletzlicher fühlen wir uns und kompensieren das mit Unverbindlichkeit. Umgekehrt wirken wir oft auf Menschen attraktiv, die uns kaum interessieren. Weil wir keine Angst vor Zurückweisung haben, können wir ihnen gegenüber selbstsicher und spielerischer auftreten. Es entsteht eine Zwickmühle, und wir erreichen nur schwer unser Ziel.

Wer um die Signale und verschiedenen Phasen bei der Kontaktaufnahme weiß, der kann sowohl die Extreme des übermäßigen Zögerns und Versteckspielens als auch die des zu forschen Vorgehens besser einschätzen und damit vermeiden. Nicht nur die Kontaktzonen sind individuell und kulturell sehr unterschiedlich ausgeprägt, auch ein allgemeingültiger Ablauf eines Flirts, der schließlich zu einem intimen Kontakt führt, lässt sich nur sehr grob und schematisch darstellen. Ausnahmen werden hier vermutlich eher die Regel sein. Zumindest ist es nicht sinnvoll, die verschiedenen Phasen der Kontaktaufnahme als starr festgelegtes Ritual zu begreifen.

Die Länge jeder der dargestellten Phasen kann völlig unterschiedlich sein. Während in einer Disco zwischen Ansprache und der ersten erotischen Annäherung im Einzelfall nur wenige Stunden liegen können, stellt sich eine sich anbahnende Liebesbeziehung im Büro wahrscheinlich sehr viel langwieriger dar. Daher ist es sinnvoll, jeden Flirt als eine einzigartige Begegnung zu betrachten, die zwar gewissen Gesetzmäßigkeiten folgt, aber in hohem Maße individuell gestaltbar ist.

»Das Schwierige am Flirt ist nicht der Anfang, sondern das Ende«, sagte einmal der Schauspieler Hans Clarin. Tatsächlich lassen sich vor allem Frauen oft nicht auf das kleine Abenteuer eines spontanen Flirts ein, weil sie das Gefühl haben, ab einem bestimmten Punkt nicht mehr aussteigen zu können. Männern kann es ebenfalls passieren, dass ihr Interesse für ihr Gegenüber während eines Flirts erlahmt, sie jedoch nicht wissen, wie sie dem Ganzen höflich ein Ende bereiten sollen. Schließlich ist es durchaus eine Art Spagat, dem anderen zu verstehen zu geben, dass man für eine Fortsetzung der Begegnung nicht genug Interesse hat, und dabei das eigene und das Gesicht des Gegenübers zu wahren.

Aus diesem Grund ist es hilfreich, zu wissen, wie Sie vor allem mit den Mitteln der Körpersprache das Tempo einer Begegnung in Ihrem Sinne bestimmen können. Wir sprechen hier von »Gas geben« und »bremsen lernen«.

Bitte vergessen Sie niemals: Ein Flirt beinhaltet keinerlei Versprechen. Wenn Sie sich mit jemandem eine halbe Stunde nett unterhalten oder einen Drink genommen haben, folgt daraus nicht automatisch, dass einer der Gesprächspartner ein Recht am anderen erworben hat. Richten Sie sich daher nicht nach dem Tempo oder den Erwartungen Ihres Gegenübers, schließlich hat jeder Mensch individuelle Maßstäbe, und Sie sollten sich vor allem an Ihren eigenen orientieren. Hier gilt im Grunde das gleiche Prinzip wie bei einem Spaziergang: Wollen zwei Menschen einen Weg miteinander gehen, muss sich der Schnellere nach dem Langsameren richten. Wenn der Schnellere sein Tempo einfach weitergeht, zerreißt die Verbindung.

Sie sehen, es gibt beim Kennenlernen einen hohen Bedarf an Abstimmung. Wenig sinnvoll ist es, nach nur fünf Minuten Gespräch eine Unstimmigkeit mit den Worten »Ich glaube, wir müssen reden« anzusprechen. Außer, Sie präsentieren das sehr humorvoll, dann können daraus nämlich ein gelungener Scherz und ein Spiel mit den verschiedenen Gesprächsebenen werden. Alternativ lässt sich während eines Flirts die so genannte Metaebene nutzen. Auf diese Ebene kommen Sie, wenn Sie die Frage stellen: »Was passiert hier eigentlich gerade?«

Viele Menschen glauben, dass dies extrem psychologisch klingt. Nach unserer Erfahrung kann ein einfacher Kommentar in diese Richtung jedoch sehr souverän, flott und humorvoll wirken. Legt Ihr Gegenüber ein hohes Tempo vor, dem Sie nicht folgen möchten, dürfen Sie das ruhig kommunizieren. Nur sollten Sie es eher spielerisch formulieren, etwa mit einem Satz wie »In der Ruhe liegt die Kraft«, als zu sagen: »Ich fühle mich ein Stück weit von dir bedrängt, und mir ist das sehr unangenehm. Ich würde mir einen achtsameren und vorsichtigeren Umgang von deiner Seite wünschen.«

Die Distanz und das Annäherungstempo regeln sich überwiegend unbewusst durch unsere Körpersprache. Oft sendet der Gesprächspartner jedoch uneindeutige, gemischte Signale. Bemühen Sie sich deshalb nicht zu sehr um die Deutung von Kleinigkeiten, sondern achten Sie vielmehr auf die Grundhaltung Ihres Gegenübers. Lächeln, angeregte Beteiligung am Gespräch und Aufmerksamkeit sind dabei die wichtigsten Merkmale. Auch wenn Ihr Partner zwischendurch ein ablehnendes Signal zeigt, heißt das noch lange nicht, dass damit alles beendet ist und Sie sich schleunigst zurückziehen sollten. Vielleicht deutet es eher darauf hin, ein ruhigeres Tempo anzuschlagen. Offenbar ist Ihr Partner noch nicht bereit für den nächsten Schritt. Lassen Sie deshalb sich und dem anderen mehr Raum, aber brechen Sie nicht sofort alle Zelte ab.

Einen fremden Menschen kann man nun mal leicht ungewollt verletzen oder irritieren. Solange Ihre Haltung jedoch demonstriert, dass Sie nicht in böser Absicht gehandelt haben, lässt sich so ein Zwischenfall meist gut kompensieren. Sie sind eben noch nicht gut genug mit dem anderen und dessen Gewohnheiten vertraut – deshalb heißt es ja auch kennen*lernen*.

Wir wollen nun die einzelnen Phasen eines Flirts vorstellen und erklären, was in jedem dieser Abschnitte als Einladung verstanden werden kann und was eher ein Signal zum Abbremsen darstellt. Zum einen können Sie selbst auf solche Signale Ihres Gegenübers achten, um herauszufinden, wie es ihm mit dem Kontakt geht. Sie können aber auch ganz bewusst und gezielt Signale senden, um das Tempo zu regulieren.

Natürlich gibt es eindeutig geschlechtsspezifische Gesten und Verhaltensweisen, doch als generelle Faustregel lässt sich sagen: Beide Geschlechter wollen sich beim Flirten von ihrer besten Seite präsentieren. Also demonstrieren Frauen in erster Linie Gesten, die ihre Weiblichkeit betonen sollen, Männer dagegen agieren in maskuliner Art und Weise.

Der Blick – Visus: Redewendungen wie »Wenn Blicke töten könnten« zeigen, dass schon ein einziger Blick sehr machtvoll sein kann. Außerdem sind Blicke das Signal mit der größten Reichweite. Selbst in einer lärmenden Menschenmenge kann so ein erster Kontakt entstehen. Sie sollten jedoch nicht gleich davon ausgehen, dass ein an Ihnen interessierter Mensch Ihnen ständig offene Blicke zuwirft. Häufig tritt sogar das Gegenteil ein.

Sollte Sie das verwirren, dann betreiben Sie zunächst ein wenig Selbstbeobachtung: Wie reagieren Sie, wenn Sie einen wirklich attraktiven Menschen sehen? Vermutlich sehen Sie erst einmal betreten zu Boden, wenn sich Ihre Blicke treffen. Der andere sieht Sie also ebenso wenig lächeln und könnte daraus schließen, dass Sie kein Interesse haben, obwohl genau das Gegenteil der Fall ist. Ein cool und gelangweilt wirkender Blick vermittelt eine andere Aussage als eine offene, entspannte Miene. Eine neugierig gehobene Augenbraue oder ein leichtes Schieflegen des Kopfes, vielleicht verbunden mit einem Lächeln, sind dezente, aber sehr aussagekräftige Signale, um anzudeuten, dass Interesse besteht.

Dennoch schauen in aller Regel beide Beteiligten erst mal schnell weg, wenn sich ihre Blicke treffen. Wichtig ist allerdings, was direkt danach passiert. Wer nämlich Interesse am anderen hat, sieht kurz darauf wieder hin. Dieses erste Signal muss oft schon ausreichen, da sich heutzutage nur wenige Menschen trauen, ihr Interesse deutlicher zu demonstrieren.

Möchten Sie also jemanden ansprechen oder dazu animieren, dass er Sie anspricht, geht es kaum ohne vorherigen Blickkontakt. Selbstverständlich können Sie auch einen Überraschungsangriff wagen, aber gehen Sie ruhig von sich aus: Wie würde es auf Sie wirken, wenn jemand Sie anspräche, den Sie noch gar nicht wahrgenommen haben? Seien Sie sich außerdem stets der Kontaktzonen bewusst. Treten Sie nicht zu schnell zu nahe an Ihr Gegenüber heran. Wenn Sie hingegen bemerken, dass jemand an Ihnen Interesse hat, der überhaupt nicht Ihr Fall ist, können Sie sich deutlich abwenden und weiteren Blickkontakt vermeiden, um eine Annäherung von vorneherein abzubremsen.

Das Gespräch – Alloquium: Sie erinnern sich gewiss noch an die Tatsache, dass der Inhalt des Gesagten nur eine untergeordnete Rolle spielt. Bleiben Sie deshalb locker, steigen Sie eher unverfänglich in ein Gespräch mit einem Fremden ein, und wählen Sie zunächst ein leichtes Thema.

Um den ersten Körperkontakt herbeizuführen, sollten Sie genau auf die verschiedenen Signale bei Ihrem Gegenüber achten oder selbst bewusst welche als Einladung aussenden. Zwei Menschen, die sich nahe sind oder gerne näherkommen wollen, bewegen sich im Laufe eines Gesprächs immer synchroner. Wenn Sie also merken, dass Ihr Gegenüber in dem Moment das Glas aufnimmt, wenn Sie es tun, wenn er auf Vor- und Zurückbewegungen entsprechend reagiert und Lächeln, Lachen oder Ihren mimischen Ausdruck nachvollzieht, ist das ein Hinweis darauf, dass eine gewisse Harmonie besteht und er sich wohlfühlt.

Ein weiteres zuverlässiges Signal ist der Winkel der Körperachsen, den wir Zuneigungswinkel nennen. Damit ist zum einen die Linie der Schultern gemeint und zum anderen die Beugung des Rückens. Wenn zwei Menschen die Köpfe zusammenstecken und tuscheln, zeugt das von einem hohen Maß an Vertrautheit. Wer sich also im Sessel zurücklehnt, signalisiert eher Entspannung, unter Umständen aber auch weniger Interesse. Sitzt jemand dagegen weit vorgelehnt auf der Kante des Stuhls, drückt dies einen höheren Kontaktwunsch aus. Finden sich beide Partner attraktiv, nähern sie sich früher oder später bis in die persönliche Kontaktzone an. Schließlich entsteht eine Nähe, die Berührungen zulässt und daher in der intimen Zone liegt. Wenn in dieser Entfernung weiterhin die Chemie stimmt, die Stimmung locker und humorvoll ist und es vielleicht sogar etwas knistert, dann wandern auch meist die Blicke in andere Richtungen.

Es ist völlig normal, dass wir die Nähe zu einem anderen Menschen am Anfang dadurch regulieren, dass wir während eines Gespräches immer wieder aneinander vorbeisehen. Achten Sie mal darauf, wie oft und lange Sie Kollegen, Freunden und anderen Gesprächspartnern tatsächlich in die Augen blicken. Je attraktiver das Gegenüber ist und je mehr Nähe sich beide Beteiligten wünschen, desto intensiver und länger wird der Blickkontakt werden. Außerdem wandern die Blicke zwischendurch immer mal wieder auch zu etwas intimeren Bereichen. Blicke auf den Körper wirken zu einem frühen Zeitpunkt oft wie ein Mustern oder Taxieren, daher sind anfangs vor allem Blicke auf den Mund angemessen.

Beobachten und verwenden Sie diese Signale, um stets Ihr Tempo beizubehalten, und achten Sie bei jeder Veränderung auf die Reaktion des anderen. Gerade Männer sollten eine Frau nicht vorschnell bedrängen. So wie eine Würgeschlange ihrem Opfer die Luft nimmt, indem Sie es so eng wie möglich umklammert und bei jedem Atemzug den entstehenden Raum nutzt, um die Schlinge weiter zuzuziehen, agieren manche Männer, die jedes Angebot der Annäherung sofort annehmen und danach nicht mehr zurückweichen. Öffnen Sie deshalb ab und an den Zuneigungswinkel, nehmen Sie ruhig etwas Abstand, tun Sie etwas, was nicht im totalen Gleichklang steht, und nähern Sie sich danach wieder an. Das Prinzip heißt hierbei eher: zwei Schritte vor und einen zurück, gerne auch mal zwei zurück. Ist die Stimmung gut, dann wirkt ein Öffnen der Situation so erfrischend wie ein tiefes Durchatmen und hält die Spannung aufrecht, weil niemand offensichtlich am anderen klebt wie Kaugummi.

Wollen Sie hingegen Ihr Gegenüber ein wenig bremsen, gibt es kaum etwas Wirkungsvolleres, als die Harmonie zu brechen und Abstand oder Zuneigungswinkel beständig zu öffnen. Viele Frauen bleiben aus Höflichkeit im Gespräch, obwohl Sie eigentlich mehr Abstand bevorzugen. Dabei reicht es oft völlig aus, wenn Sie sich einfach immer mehr wegdrehen. Nicht umsonst heißt es »jemandem die kalte Schulter zeigen« oder »jemanden von der Seite ansprechen«. Kaum ein Mensch ist so unsensibel und hartnäckig, über Minuten hinweg im Gespräch zu bleiben, wenn der andere kaum noch lächelt, zunehmend verstummt und sich mit sparsamer Mimik langsam abwendet. Ihnen stehen sehr machtvolle Signale zur Verfügung – also nutzen Sie sie! Damit können Sie einen unerfreulichen Kontakt meistens schnell abkühlen und wieder den nötigen Abstand gewinnen.

Die Berührung – Contactus: Der erste Körperkontakt ist im Grunde nur dann heikel, wenn wir ihn selbst als solchen wahrnehmen. Bitte vergessen Sie nicht, dass eine Situation vor allem das ist, was Sie davon denken. Wenn Sie sich in den Glauben hineinsteigern, dass eine Berührung von magischer Anziehungskraft sein müsse, dann setzen Sie sich nur selbst unter Druck. Lassen Sie die ersten Berührungen daher beiläufig erfolgen oder zumindest zufällig wirken. In den meisten Fällen nehmen Frauen zuerst Körperkontakt zu ihrem Gegenüber auf, allerdings tun sie es bewusst unbewusst. Um das Gesicht nicht zu verlieren, wäre alles andere auch zu riskant.

Kontakt kann darüber hinaus auch über zweckgebundene Handlungen erfolgen. Wenn Sie jemandem die Hand geben oder aus dem Mantel helfen, haben Sie erste kleine Berührungen ermöglicht. Inwieweit das Entfernen von Fusseln auf der Kleidung des anderen oder die berühmte Wimper auf der Wange wirklich unverfänglich erscheint, lässt sich schwer pauschal sagen. Alternativ können Sie das Gesprächsthema auf die auffällige Armbanduhr oder die schicke Krawatte Ihres Gegenübers bringen. Ein vorsichtiges Anfassen wirkt dann gut begründet und damit abgesichert.

Sehr empfehlenswert ist grundsätzlich eine spielerische Herangehensweise. Beim Lachen lässt sich der andere durchaus flüchtig berühren, infolge einer frechen Bemerkung wird ihm ein kleiner Knuff versetzt, und besonders gut eignet sich ein gemeinsamer Tanz für Berührungen. Als Faustregel gilt: Berührungen an Händen, Unterarmen oder mit den Füßen sind am unverfänglichsten. Je näher Sie dem Körper und vor allem dem Gesicht Ihres Gegenübers kommen, desto heißer wird der Kontakt.

Wenn Sie in dieser Phase das Tempo rausnehmen wollen, sollten Sie Körperkontakt vermeiden, wollen Sie dagegen das Tempo erhöhen, dann achten Sie darauf, wie oft Ihr Gegenüber von sich aus Kontakt aufnimmt. Hier gilt das Gleiche, wie schon beschrieben: Es wirkt attraktiver, nicht am anderen zu kleben, sondern ihm zwischendurch immer wieder Raum zu lassen, und zwar selbst in dem Moment, in dem er deutliche Einladungen aussendet.

Der Kuss – Osculum: Bevor es zum ersten Kuss kommt, sollte das Knistern schon recht deutlich sein. Berührungen sollten von beiden Seiten ausgehen, und in der intimen Kontaktzone müssen sich beide offensichtlich miteinander wohlfühlen. Da ein Kuss die rein freundschaftliche Ebene eindeutig verlässt, sollten sich beide Beteiligten dabei genügend Zeit gönnen. Es spricht nichts dagegen, die Spannung für eine ganze Weile im Raum stehen zu lassen und sie durch intimere Themen, spielerisches Necken und intensivere Blicke zu steigern. Auch hier verändern sich die Signale allmählich in ihrer Bedeutung. Während man innerhalb der ersten zehn Minuten ein Schweigen meist als unangenehm empfindet, kann ein längerer, stummer Blick in die Augen zu diesem Zeitpunkt die Anziehung enorm erhöhen.

Wieder gilt: Spielen Sie mit Nähe und Distanz. Wenn Ihr Gegenüber Ihre Nähe sucht, kann es sehr reizvoll sein, sie ihm zwischendurch hin und wieder kurz zu entziehen. Dadurch entsteht ein gewisser Jagdreflex. Leider ziehen sich die meisten Männer kaum zurück, weshalb in der Regel die Frauen den Part übernehmen und sich spielerisch rar machen.

Wer sich ein Herz fassen will, kann die Bereitschaft des Partners zum Kuss durch Berührungen am Körper und vor allem im Gesicht prüfen. Wenn Sie dem anderen sanft über die Wange streichen, sein Haar berühren oder ihm eine Hand auf die Schulter legen und er es mit einem Lächeln oder erwartungsvollen Blick beantwortet, können Sie davon ausgehen, dass Ihnen ein Kuss keine Ohrfeige einbringen wird. Vielleicht reagiert der andere zurückhaltend, aber selbst das heißt oft nur, dass er überrascht oder etwas schüchtern ist. Bleiben Sie entspannt, und vergrößern Sie erneut den Abstand. Wie sagt der Volksmund so schön? Aufgeschoben ist nicht aufgehoben. Ist Ihre Haltung stimmig, brauchen Sie kaum zu befürchten, dass ein dezenter Kussversuch als Übergriff gewertet wird. Außerdem gilt: Wer nicht wagt, der nicht gewinnt!

Die Tat – Factum: Da fast jede intime Beziehung irgendwann auch zu sexueller Intimität führt, seien hier kurz ein paar generelle Punkte angesprochen.

Es kann sehr reizvoll sein, immer wieder ein bisschen auf Abstand zu gehen, obwohl Sie sich eigentlich Nähe wünschen. Dieser Hinweis gilt vor allem für die Männer, die oft zu stürmisch an eine erotische Situation herangehen. Für Frauen ist es ein seltenes Geschenk, wenn ein Mann aktiv wird und trotzdem Raum geben kann. Männer genießen es hingegen oft, wenn eine Frau mal eher klare, selbstbewusste Signale sendet.

Wenn beim ersten intimen Kontakt Safer Sex ein Thema ist, dann signalisiert das Besonnenheit und Verantwortungsgefühl, was nicht hoch genug bewertet werden kann. Sex kann allerdings selbst in einer aufgeklärten Gesellschaft mit Peinlichkeit und Ängsten einhergehen. Wer hier liebevoll, wertschätzend und sensibel für die individuellen Signale und das Tempo der intimen Begegnung bleibt, schafft so für den anderen die wichtigste Grundlage, sich lustvoll zu entspannen und zu öffnen. Achten Sie ruhig darauf, wie Ihr Partner mit Ihnen umgeht, wenn Sie eine Orientierung brauchen, denn es wirkt oft Wunder, wenn Sie ihn in seiner Sprache anreden.

Richtig oder falsch gibt es nicht, wenn es um Zweisamkeit geht. Sofern Sie weder sich noch Ihren Partner zu etwas drängen und Ihrer Intuition vertrauen lernen, dann sind das die besten Voraussetzungen für eine tolle Begegnung.

Scheuen Sie sich daher nicht davor, unangenehme oder störende Punkte anzusprechen. Ungemein hilfreich ist es, wenn Sie sich gegenseitig kleine Hinweise zur Abstimmung geben. Da echte Hellseher nun mal selten sind, kann es sehr erlösend sein, wenn Sie vermeintliche Fehler Ihres Partners als Kommunikationsprobleme begreifen. Er will ja auch – nur eben anders. Ein Kontakt, der vom echten Interesse am anderen lebt, wird genau deshalb spannend und besonders sein, weil es kein Ziel gibt, sondern nur den Augenblick der Begegnung. Wenn der Mensch, mit dem Sie diese Situation teilen, wirklich ein Partner für den Rest Ihres Lebens werden sollte, dann haben Sie noch sehr viel Zeit miteinander, um sich immer besser kennen und lieben zu lernen.

Verbale Kommunikation

Die Stimme

Die Stimme ist ein hoch wirksames Instrument der Kommunikation. Sie signalisiert Ihrem Gegenüber, *wie* Sie das meinen, was Sie sagen. Ihr Tonfall deutet darauf hin, wie Sie zu den gesprochenen Inhalten stehen. Stimme und Sprechweise sind nun mal ein Teil Ihrer Persönlichkeit, drücken Emotionen aus, verleihen Ihren Worten den besonderen Ausdruck und Ihren Inhalten Authentizität. Die Stimme verrät viel mehr über einen Menschen, als wir meinen. Gefühle werden unmittelbar in der Stimme ausgedrückt. Demzufolge haben wir bei Nervosität eine eher unsichere, schwache Stimme und klingen bei Wut, Freude oder Trauer lebendig, laut oder durchdringend. Wir können sogar erkennen, ob jemand am Telefon lächelt oder gelangweilt ist, ohne unser Gegenüber zu sehen.

Die Stimme eines Menschen ist sein zweites Gesicht. Sie kann anziehend wirken oder abstoßend. Außerdem verändert sie sich unbewusst, je nach Stimmung, und verrät vieles über unsere psychische Verfassung.

> Die Stimme ist viel größer als die visuelle Erscheinung
> eines Menschen.
>
> *Rufus Beck*

Wie Sie bereits aus der Untersuchung von Prof. Albert Mehrabian wissen, hat unsere Stimme eine deutliche Wirkung darauf, ob unser Gegenüber Sympathie für uns entwickelt. Wie unsere Umgebung uns als Persönlichkeit beurteilt, hängt zu mehr als einem Drittel vom Klang der Stimme ab.

Unsere Stimme bewirkt also unbewusst einen ersten nachhaltigen Eindruck auf andere. Sie kann flüstern, krächzen, brummen oder brüllen. Sie kann monoton und flach klingen oder mit Resonanz und Volumen schwingen. Alles in allem ist das weit mehr als bloß ein Zusammenwirken von Lippen, Zunge und Kehlkopf. Wir bewerten fremde Menschen immer auch nach dem Klang ihrer Stimme. Eine nasale Stimme empfinden wir eher als weinerlich oder hochnäsig, monotones Sprechen wirkt langweilig und drückt fehlende Begeisterung aus, gepresste, flache Stimmen wirken gestresst, und eine dünne, zarte Stimme kann als unsicher und unreif rüberkommen. Schon ein falscher Atemeinsatz kann wirken, als würde dem Sprecher »die Luft ausgehen«.

Der Klang der Stimme kann allerdings auch verblüffend attraktiv machen. Wissenschaftliche Studien haben gezeigt, dass Männer mit tiefen Stimmen bei Frauen besonders gut ankommen. Aus evolutionsbiologischer Sicht hat dies sogar weitreichende Folgen, denn Männer mit einer sehr tiefen Grundfrequenz in der Stimme haben im Schnitt mehr Kinder als ihre Geschlechtsgenossen mit einer weniger tiefen Stimme. Das haben die amerikanischen Anthropologen Coren Apicella, David Feinberg und Frank Marlowe aus Harvard untersucht und sind damit Hinweisen nachgegangen, dass Frauen dieses Merkmal als Indikator der Vaterqualitäten zu deuten wüssten und bei der Wahl des Partners berücksichtigten.

Wie so oft in der Wissenschaft stammen aus anderen Fachbereichen ergänzende Erkenntnisse. So muss die Stimme eines Mannes gar nicht übermäßig tief sein, damit Frauen diese als attraktiv empfinden. Nach Meinung der Phonetikerin Vivien Zuta von der Goethe-Universität in Frankfurt am Main gibt es klar definierte Eigenschaften, die eine Stimme attraktiv oder weniger attraktiv klingen lassen. Zusätzlich zu der Grundfrequenz, die typischerweise bei 120 Hertz liegt, seien außerdem Sprechmelodie, Artikulation, Sprechgeschwindigkeit, aber auch das Pausen- und Hesitationsverhalten von Bedeutung, also die Häufigkeit, mit der die Rede durch Laute wie »äh« oder »eh« unterbrochen wird. Diese Faktoren können in verschiedenen Ländern je nach Klang der Sprache durchaus unterschiedlich stark ins Gewicht fallen.

Umso wichtiger ist es also, einen guten ersten (Stimm-)Eindruck zu hinterlassen, vor allem weil unsere Stimme zu großen Teilen unbewusst auf unser Gegenüber wirkt. Gerade im Beruf oder am Telefon nutzen wir – ob nun bewusst oder unbewusst – den Klang unserer Stimme: Wir machen Pausen, entspannen uns, variieren die Tonhöhe und verringern die Sprechgeschwindigkeit, um damit unser Gegenüber zu beeinflussen. Diese Fähigkeit sollten Sie ruhig mal gezielt trainieren, immerhin spielt die Stimme beim Flirten eine sehr entscheidende Rolle.

Übung 8:
Wie werde ich mir meiner Stimme bewusst?

Achten Sie in der nächsten Zeit bei Gesprächen mit vertrauten Personen gezielt auf Ihre Stimme und die Veränderung der Stimmlage. Spielen Sie mit Ihrer Stimme, machen Sie bewusst Pausen, und sprechen Sie akzentuierter, wenn Sie etwas Wichtiges erzählen.

Es gibt allerdings noch eine andere Möglichkeit, sich Ihrer Stimme bewusster zu werden: Sie erinnern sich bestimmt noch genau, als Sie das erste Mal bei einer Aufnahme Ihre eigene Stimme gehört haben. Mit Sicherheit sind Sie erschrocken, denn unsere eigene Stimme klingt in unseren Ohren fremd, und alle Schwächen treten offen zutage.

Diese Chance sollten Sie nutzen, um die Wirkung Ihrer Stimme zu erkennen und die Probleme gezielt anzugehen. Machen Sie dazu eine Tonaufnahme von Ihrer Stimme, hören Sie diese anschließend an, und analysieren Sie das Gehörte. Bei den nächsten Aufnahmen können Sie nun mit Lautstärke, Pausen und der Betonung experimentieren. Denken Sie dabei immer daran: Die Tonalität der Stimme, die Sprechmelodie und die Geschwindigkeit können Sie jederzeit variieren – und das hat große Wirkung!

Ein gelungener Einstieg – und dann?

Gesprächseröffnungen und Eisbrecher

Eine der häufigsten Fragen beim Thema Flirten ist die nach dem richtigen Beginn, sozusagen dem Eisbrecher oder Eröffnungsspruch. Die große Enttäuschung und frohe Kunde vorweg: Es ist absolut unmöglich, einen Standardspruch zu entwickeln, der immer und überall passt, der eine nachfolgende Kommunikation quasi von alleine herbeiführt und *jeden* sofort positiv für Sie einnimmt.

Umgekehrt bedeutet dies jedoch keineswegs, dass es nichts gibt, was Sie zur Eröffnung eines Gesprächs sagen könnten. Bei den nun folgenden Vorschlägen geht es letztlich nur um eines: Sicherheit zu gewinnen und einfach mal den Anfang zu wagen, weil Sie zur Not auf etwas Gelerntes zurückgreifen können.

Zwar stellen wir in unseren Seminaren diese und ähnliche Anregungen regelmäßig vor, dennoch werden sie nur selten benutzt. Sie mögen sich nun fragen, warum wir diese Strategien dann immer wieder anbieten. Ganz einfach: Weil allein das Wissen, dass Sie notfalls auf Vorbereitetes zurückgreifen könnten, Ihnen Sicherheit verleiht. Mit dem vermeintlichen Spruch in der Hosentasche lässt sich oft deutlich lockerer in Kontakt treten. Wenn sich dann herausstellt, dass dessen Anwendung gar nicht nötig war und der Gesprächseinstieg ganz anders als geplant verlief, umso besser. Davon abgesehen benutzen wirklich gute Flirter (damit meinen wir jetzt keine Aufreißertypen) selten vorgefertigte Eisbrecher aus der Konserve. Die meisten verwenden nämlich völlig unspektakuläre Eröffnungen wie »Hi«, »Guten Abend«, »Darf ich mich setzen?«, »Hallo« oder etwas ähnlich Banales. Wie Sie gleich noch sehen werden, ist das, *was* gesagt wird, nämlich völlig unwichtig im Vergleich zu dem, *wie* es gesagt wird. Es ist durchaus möglich, mit einem wirklich netten Spruch völlig danebenzuliegen, ebenso kann eine verbal ziemlich unsinnige Ansprache sehr charmant wirken und gut ankommen. Der Erfolg hängt nun mal maßgeblich von der Haltung und zu einem großen Teil von Körpersprache, Mimik und Stimme ab.

Sieht man von den eben dargestellten, einfachen Begrüßungen einmal ab, so lassen sich die meisten Eröffnungen in eine der folgenden Kategorien einteilen oder sind eine Mischung daraus.

1. Komplimente

Komplimente sollten immer möglichst persönlich sein, das heißt keine allgemeinen Aussagen enthalten. Vorsicht, falls Sie der Meinung sind, je größer das Kompliment, umso besser die Wirkung. Ein Zuviel des Guten wirkt schnell unglaubwürdig (außer die »traumhaft tollen Augen« Ihres Gegenübers sind tatsächlich ungewöhnlich schön). Je dicker Sie mit dem Kompliment auftragen, desto schwieriger ist es für den anderen, es anzunehmen – und eine unverfängliche Stimmung aufrechtzuerhalten. Ein beiläufiges »Schicke Schuhe« klingt viel glaubwürdiger als »Du bist die/der mit Abstand schönste Frau/Mann auf dieser Party«. Eine solche Übertreibung kommt bei vielen Menschen an, als sei ihnen der Sprecher bereits

vollständig verfallen oder das Kompliment sei eine Art Beste-
chungsversuch.

Ein authentisches Kompliment ist übrigens grundsätzlich
in sich abgeschlossen. Das Gegenüber kann darauf einfach
nur ein Danke erwidern – und danach passiert womöglich
nichts mehr. Das Eis zur noch fremden Person ist durch das
Kompliment nicht zwingend gebrochen. Der aktive Part – also
derjenige, der die Initiative ergriffen hat – steht immer noch
vor dem Problem, wie er in ein Gespräch mit dem Umworbenen kommen soll.

Die Kombination aus Kompliment und Frage hat sich
daher deutlich besser bewährt. Empfehlenswert ist, ein Gespräch nicht nur mit der Bemerkung »Tolle Frisur!« zu eröffnen, sondern beispielsweise noch anzufügen: »Bekommt man
so was alleine hin, oder kommst du direkt vom Friseur?« Sagt
ein Mann dagegen zu einer Frau: »Tolle Schuhe, wo bekommt
man denn solche schönen Modelle?«, ist das logischerweise
wenig sinnvoll, wenn es sich bei den Schuhen um Pumps
handelt. Behalten Sie daher immer die Umstände und Sinn-
haftigkeit Ihrer Aussage im Auge. Komplimente sollten also
nicht nur persönlich auf Ihr Gegenüber zugeschnitten sein,
sondern auch am Kontext orientiert.

Wichtig ist, dass sich der Empfänger mit dem Kompliment
wirklich angesprochen und gesehen fühlt und vor allem
erkennt, dass der Absender ihm einen echten, interessier-
ten Blick zugeworfen hat und sein Glück nicht nach dem
Gießkannenprinzip immer mit dem gleichen Standardspruch versucht. Generell sollten Komplimente nett, aber
nicht unbedingt aufregend sein. Deshalb empfehlen wir

eher kleine, beiläufige, aber auf das Gegenüber abgestimmte Bemerkungen, um den Erwartungsdruck zu reduzieren. Selbst wenn beide wissen, dass es in Wirklichkeit gar nicht darum geht, zu erfahren, wo es irgendwelche Schuhe zu kaufen gibt, ist es dennoch möglich, so zu tun, als ob es um die Sache ginge. Das Ziel ist schließlich, locker ins Gespräch zu kommen.

Eine weitere Alternative zu einem normalen Kompliment ist die folgende: Sie nehmen sich quasi selbst ein klein wenig auf den Arm und erwähnen lobend Dinge oder Verhaltensweisen, die sonst kaum jemand hervorheben wird. Sicherlich werden vor allem Frauen häufiger Komplimente über ihre »tollen Augen« gemacht als zum Beispiel über einen »atemberaubend schönen Handrücken«. Das zweite Kompliment fällt eindeutig aus der Reihe und sorgt ziemlich sicher für Erstaunen oder zumindest ein Lachen, weil es etwas Absurdes hat. In diesem Fall macht dann der richtige Unterton in der Stimme die Gesamtkomposition aus.

Hier ein noch paar Beispiele für Komplimente (plus mögliche Erweiterungen in Klammern):

▶ »Schickes Outfit.« (»Wie heißt dein Typberater?«)
▶ »Tolle Fingernägel/Frisur/Schuhe/Bluse.« (»Wie viel kostet so was?«)
▶ »Du hast 'ne tolle Ausstrahlung.« (»In wen bist du grade verliebt?«)
▶ »Du bist ein guter Tänzer./Es macht Spaß, dir zuzusehen.« (»Ist das angeboren oder gelernt?«)
▶ »Die Uhr ist ja scharf.« (»Wo bekommt man so was?«)

▶ »Deine Kette ist geschmackvoll zum Kleid gewählt.« (»Legst du Wert auf schöne Farbkombinationen?«)

▶ »Ich habe ja selten ein so anmutiges Ohrläppchen/einen so edel geschwungenen Ellenbogen gesehen.« (»War damit ein chirurgischer Eingriff verbunden, oder ist das alles Natur?«)

2. Sprüche

Bei Sprüchen gibt es das gleiche Problem wie bei normalen Komplimenten: Hat man sein Sätzlein einmal aufgesagt, weiß man häufig nicht weiter. Deshalb ist es sinnvoll, sich vorab Gedanken über eine Fortsetzung des Gesprächs zu machen. Sprüche stammen fast immer aus der Konserve und wirken dadurch unnatürlich, gewollt oder im schlimmsten Falle aalglatt. Sie laufen also Gefahr, beim anderen nicht anzukommen und die gewünschte Wirkung weit zu verfehlen. So wie Sie aber durch ein albernes Kompliment mit der richtigen stimmlichen Einbettung eine witzige Stimmung erzeugen können, gibt es auch skurrile Sprüche, mit denen Sie eine angespannte Situation entkrampfen können. Der Sinn solcher Ansagen kann übrigens völlig offen und unbeantwortet bleiben.

Idealerweise ermöglichen witzige Sprüche die Chance auf ein nettes Gespräch. Darüber hinaus hat ein ungewöhnlicher Spruch die positive Nebenwirkung, im wahrsten Sinne des Wortes einen Überraschungseffekt zu erzielen und die Aufmerksamkeit Ihres Gegenübers auf sich zu ziehen. Wer sich traut, der kann durch überraschendes Verhalten seinen Gesprächspartner schnell für sich einnehmen.

Hier noch ein paar Beispiele für Sprüche:

▶ »Hallo, du hast was übersehen ... mich!«

▶ »Sorry, aber du hast vergessen, mir deine Nummer zu geben.«

▶ »Glaubst du an Liebe auf den ersten Blick, oder soll ich noch mal reinkommen?«

▶ »Hast du nicht zufällig 'ne Briefmarkensammlung, die du mir zeigen willst?«

▶ »Wenn ich nicht so schüchtern wäre, würde ich dich ja glatt ansprechen.«

▶ »Mein Goldhamster singt/sieht aus wie Mireille Matthieu/ John Travolta.«

▶ »Jonny Depp trägt übrigens meine Unterhosenmarke.«

▶ »Großschnabel-Papageifische wechseln ihr Geschlecht je nach Alter!«

3. Teaser

Abseits des normalen Benehmens können Sie viel Aufmerksamkeit wecken und Spannung erzeugen, wenn Sie nicht einfach nur charmant sind, sondern darüber hinaus den Mut aufbringen, gegen den Strom zu schwimmen. Wie heißt es doch so schön bei Kindern? Was sich liebt, das neckt sich. Das kann durchaus auch auf Erwachsene übertragen werden.

Normalerweise wollen sich Menschen mit einer ersten Ansprache beliebt machen und die Aufmerksamkeit Ihres Gegenübers gewinnen. Haben Sie es mit einer offensichtlich selbstbewussten Person zu tun, so wird sie sich vielleicht durch ein Kompliment geschmeichelt fühlen. Einer attraktiven Person widerfährt das jedoch häufiger, daher reicht ein Kompliment oftmals nicht aus, um das Eis zu brechen. In solchen Fällen ist es hilfreich, Spannung aufzubauen, indem Sie etwas Ungewöhnliches oder Unerwartetes tun, etwa dem Flirtspruch oder dem Kompliment eine Prise Provokantes beimischen.

Die Faustregel hierbei lautet: Je selbstsicherer und attraktiver Ihr Gegenüber ist, desto mehr kann er oder sie vermutlich vertragen. Und je sicherer Sie sich beim Flirten fühlen, desto eher können Sie sich solche brisanten Eröffnungen zutrauen. Das Ganze geht nur dann schief, wenn dabei nicht genügend Ironie und Humor mitschwingen oder Sie sich selbst mit diesen Stilmitteln nicht wohlfühlen.

Ironie wird dann besonders deutlich, wenn eine Bemerkung dem offensichtlichen Sachverhalt widerspricht. Eine außerordentlich gestylte Frau kann beispielsweise der Spruch »Sieht toll aus, und so irre natürlich« aus dem Konzept bringen. Oder, wenn Sie selbst kein Model sind: »Ich weiß ja, dass dich mein gutes Aussehen verunsichert, aber keine Angst – ich gebe dir 'ne Chance. Ich steh nämlich auf innere Werte.« Eine viel versprechende Reaktion wäre in solchen Fällen ein verdutztes Gesicht der Frau und eine freche Antwort mit einem Lächeln. Der große Nachteil bei solchen Eröffnungen ist die Gefahr, dass Sie Ihr Gegenüber damit leicht verletzen können, falls diese nicht von der richtigen Haltung getragen und nicht mit der entsprechenden Mischung aus sympathischer Ausstrahlung und inhaltlicher Brisanz rübergebracht werden.

Malen Sie sich daher zunächst aus, wie jemand einen solchen Satz zu Ihnen sagen müsste, damit Sie ihn furchtbar fänden und spontan ablehnend reagieren würden. Im zweiten Schritt überlegen Sie dann, welche Art von Stimmlage und Körperhaltung es bräuchte, damit Sie eine solche Eröffnung als spielerische Provokation und Einladung empfinden könnten.

Hier noch ein paar Beispiele für Teaser

▶ »Wow – was für 'ne Frisur… Hast du die gemacht oder dein Kopfkissen?«

▶ »Tolle Nägel, sind die echt?«

▶ »Du siehst echt super aus. Wie lange hast du dafür im Bad gebraucht?«

▶ »Schickes Dress – Kleider machen Leute!«

▶ »Ist die Jeans ein Designerstück, oder bist du irgendwo hängen geblieben?«

▶ »Du erinnerst mich an Woody Allen, oder ist das nur die Brille/das Jackett?«

▶ »Kenn ich dich – oder liegt das an deinem Allerweltsgesicht?«

4. Fragen

Fragen haben einen hohen kommunikativen Wert und sorgen meist problemlos für Gesprächsstoff. Generell gilt hier das Gleiche wie für Sprüche: Jemanden in der Disco zu fragen, ob Zahnseide eigentlich vor oder nach dem Zähneputzen benutzt werden sollte, wirkt leicht künstlich und deplatziert. Zielen Ihre Fragen dagegen auf Themen ab, die den anderen vermutlich interessieren, können Sie damit schnell eine kleine Konversation in Gang bringen. Fragen stellen außerdem eine gute Möglichkeit dar, mehr über Ihr Gegenüber zu erfahren.

Frauen geben beispielsweise gerne zu Beziehungsthemen Auskunft (aber bitte fragen Sie nicht gleich nach dem Ex), Männer dagegen werden gerne nach konkreten Dingen oder Anleitungen gefragt. Bei beiden Geschlechtern können typische Geschlechterfragen ein gelungener Einstieg in ein anregendes Gespräch sein.

Je nach Situation und Thema sollten Sie die Fragen kurz einleiten, damit sie einen Sinn ergeben, wie am folgenden Beispiel deutlich wird: »Ich habe gerade heute im Wartezimmer beim Arzt einen Artikel gelesen, in dem »das und das« behauptet wird. Kannst du dir das vorstellen?« Als Eröffnung für Fragen kommen Sätze wie »Ich bräuchte da mal eine weibliche/männliche Meinung...« immer relativ gut an. Fragen nach einfachen Infos (»Wo geht es eigentlich zum Bahnhof?«) bringen als Gesprächsanreißer weniger als Fragen nach persönlichen Meinungen (»Wie findest du eigentlich...).

Hier noch ein paar Beispiele für Fragen:

▶ »Ich hab neulich gehört/gelesen, dass Männer/Frauen viel lieber Bitterschokolade essen/schärferes Essen mögen/weniger Gefühlsschwankungen unterliegen/bei traurigen Filmen genauso oft weinen. Stimmt das eigentlich?«

▶ »Sag mal, einem/r Freund/in von mir wurde gerade das Herz gebrochen. Hast du als Mann/Frau einen guten Tipp zum Trösten?«

▶ »Ich streite mich gerade mit einem/r Freund/in darüber, wer im ewigen Kampf der Geschlechter mehr einstecken muss, Frauen oder Männer. Was denkst du als Mann/Frau darüber?«

▶ »Sag mal, wem vertraut man als Mann/Frau eigentlich seine größten Geheimnisse an? Seinem/r Partner/in, dem/r besten Freund/in oder der/dem eigenen Mutter/Vater?«

▶ »Hi, ich brauche mal ganz kurz eine männliche/weibliche Meinung, um meinem/r Freund/in was zu raten: Er/sie hat neulich geheiratet, aber jetzt will seine Frau/ihr Mann weiter in getrennten Wohnungen leben. Findest du das normal?«

Das Vorteilhafte an einem Einstieg mit einer offenen Frage, die auf Einschätzungen, Meinungen oder Einstellungen Ihres Gegenübers zielt, ist die Chance, vordergründig einfach nur in eine kurze Plauderei einzusteigen. Die dahinterliegende Absicht auf einen Flirt und das Interesse an diesem Menschen wird nicht unbedingt sofort enttarnt. Das macht den Einstieg deutlich entspannter und nimmt den Druck aus der Situation. Der Flirt kommt dann ein wenig als Wolf im Schafspelz daher, weshalb die umworbene Person ihre »Vorsicht-Anmache-Schutzmechanismen« runterfahren kann und sich bereiter darauf einlassen kann, unvoreingenommen in Kontakt zu treten.

Das ist ein entscheidender Unterschied zum Gesprächseinstieg über ein Kompliment. Mit einem persönlichen, schönen Kompliment in entsprechend zugewandter Atmosphäre verlieren ein Gespräch und eine Begegnung eher ihre »Unschuld« und werden verfänglicher. Die Situation wird dann nämlich durch ein gewisses Flirtklima gefärbt, und die Flirtabsicht steht offensichtlich im Raum.

Aber zurück zu den Einstiegsfragen: Ist bei der Kaltakquise

das Eis erst mal gebrochen, kommt es im weiteren Verlauf des Gesprächs darauf an, an die erwiderten Antworten anzuknüpfen, den Themenfaden zu halten und ihn in ein lebendiges Gespräch zu überführen. Letzten Endes ist es entscheidend, in dieses lockere Gespräch etwas Feuer zu bringen, damit Sie nicht in der Schublade für gute Freunde enden. Die anfängliche Harmlosigkeit, welche die wahre Flirtabsicht kaschiert und den Gesprächseinstieg erleichtert, müssen Sie nun aufgeben. Und dazu müssen Sie zunächst Ihren inneren Schweinehund überwinden und aktiv werden.

Ein Kopfgespenst – die Angst vor dem Ansprechen

Für viele Singles gibt es mehr als genug gute Gründe, den verflixten ersten Schritt zu lassen und erst mal abzuwarten, als sich mit dem falschen Einstieg zu blamieren. Ein Grund ist die gleichermaßen populäre wie bequeme Haltung, dass doch bitte der andere aktiv werden möge.

Das ist weniger komisch, als es klingt, denn hinter solchen Alibis verbirgt sich meist ein sehr wahres Motiv: die Angst, jemanden anzusprechen. Aber: Diese wunderbar eingerichtete Komfortzone müssen Sie unbedingt verlassen, wenn Sie neue Wege beim Flirten und bei der Partnersuche einschlagen wollen. Um Ihnen zu demonstrieren, wie Sie diese hinderliche Angst vor dem Ansprechen überwinden können, werfen wir zunächst einen Blick hinter die Kulissen.

Angst ist eine Empfindung, die durch eine tatsächliche oder erwartete Bedrohung ausgelöst wird. Der für uns hierbei interessantere Aspekt ist derjenige, der sich auf die Wahrscheinlichkeit bezieht, dass eine bedrohliche Situation tatsächlich eintritt. Wahrscheinlichkeit deshalb, weil Angst auch entstehen kann, ohne dass ein realer Schaden droht. In diesem Fall entwickelt sich der als negativ erlebte Gefühlszustand lediglich im Kopf, also lediglich durch die subjektive Bewertung einer Situation.

Die körperlichen Ausdrucksformen der Angst können jedoch in beiden Fällen die gleichen sein. So werden bei Angstempfindungen verschiedene Bereiche des Gehirns aktiviert, unter anderem der so genannte Mandelkern (Amygdala). Daraufhin schüttet der Körper verschiedene Hormone wie beispielsweise Cortisol und Adrenalin aus, begleitet von uns wohl bekannten Symptomen: Die Atmung wird flacher und schneller, die Muskelspannung erhöht sich, das Herz fängt an zu pochen, der Blutdruck steigt, wir schwitzen und bekommen feuchte Hände. All diese Reaktionen kommen durch ein erhöhtes körperliches Erregungsniveau zustande.

Das Spannende daran ist, dass eine ähnliche Hormonausschüttung und damit ein vergleichbares Erregungsniveau vorliegen kann, wenn wir Stress oder sogar eine Erregung empfinden, die wir als positiv erleben. Sitzen wir etwa in der Achterbahn, oder stürzen wir uns beim Bungee Jumping in die Tiefe, dann schüttet unser Körper in gleicher Weise Cortisol und Adrenalin aus. In dem Fall empfinden wir das Erlebnis jedoch als prickelnd, als den ultimativen Thrill, als ein wahres Vergnügen. So dicht können also Angst, Stress und lustvoll erlebte Aufregung nebeneinander liegen – rein physiologisch betrachtet.

Den entscheidenden Unterschied macht der Kopf, denn

durch seine Bewertung erleben wir Angst. Wodurch genau lädt sich denn nun die Angst auf, wenn wir jemanden ansprechen wollen? Ganz einfach: Wir nehmen in unserer Vorstellung den Misserfolg der Aktion vorweg und malen uns in den schillerndsten Farben aus, was alles schiefgehen könnte. Unser Kopfkino ist gnadenlos und lässt kaum eine Facette aus: vom roten Gesicht über die trockene Kehle und ein stotternd herausgebrachtes Hallo mit peinlich quäkender Stimme bis hin zum völlig verständnislosen Blick der angesprochenen Herzdame oder des Traumtypen, die/der nur ein müdes Lächeln für uns übrig hat, bevor er/sie sich kommentarlos abwendet.

Unsere Vorstellung erweist sich grundsätzlich schlimmer als die Realität. Dieses Phänomen machen sich beispielsweise Horrorfilmregisseure zunutze, wenn sie im entscheidenden Augenblick aus der gruseligen Szene wegblenden. Sie müssen das Grauen gar nicht zeigen, unsere Fantasie regelt das schon. Zum einen sind es also unsere negativen Vorstellungen, sozusagen die Angst vor der Angst, die uns hindern, jemanden anzusprechen. Zum anderen ist es aber auch der Glaube, dass die Angst ins Unermessliche wachsen könnte, würden wir uns einer brenzligen Flirtsituation aussetzen.

Diese Annahme ist jedoch falsch. Die Angst nimmt zwar zunächst in einer als bedrohlich erlebten oder angenommenen Situation zu, und auch die körperliche Erregung steigt. Doch die Angst kann nicht unendlich steigen. Verharrt ein Mensch in der Angstsituation, dann schießt die Angstkurve zunächst nach oben, stagniert jedoch auf einem bestimmten Niveau, um anschließend wieder langsam abzusinken. Sie kennen so etwas sicher aus einer Prüfungssituation.

Diese Angstkurve regelt unser Körper ganz automatisch, denn er kann nicht dauerhaft auf hohem Niveau erregt bleiben und ständig die gleiche Menge Hormone nachfeuern. Wir erleben die Angstsituation daher in ihrem Verlauf nicht mehr in dem gleichen Maße als bedrohlich wie zu Beginn.

Diese Dynamik macht sich eine Form der Verhaltenstherapie zur Behandlung von Angststörungen (Phobien) zu eigen. Beim so genannten »Flooding« werden beispielsweise Patienten mit Spinnenangst nach entsprechender Vorbereitung einer Situation mit lebendigen Spinnen (auf Bildern oder unter Glas) ausgesetzt. Sie sollen so lange in dem Zustand bleiben, bis ihre Angst wie von selbst zurückgeht.

Das Fazit lautet: Wir können nicht vor Angst platzen, und wenn wir keine schweren Herzprobleme haben, werden wir wohl auch nicht daran sterben.

Stellt sich nun die Frage, warum dann die Hürde, mit einem Fremden in Kontakt zu treten, überhaupt so hoch ist? Vielfach liegt es an der fehlenden Übung und dem daraus resultierenden mangelnden Zutrauen in die eigenen Fähigkeiten.

In unseren kulturellen Gefilden gehört die lockere Kommunikation mit Menschen in der U-Bahn oder am Tisch nebenan viel seltener zum Alltag als in manchen europäischen Nachbarländern. Für Franzosen oder Italiener ist es selbstverständlich, überall und jederzeit miteinander zu plaudern. Der spontane Smalltalk mit Fremden gehört dort zum guten Ton, ist sozial verankert und wird in der Erziehung schon früh durch die Eltern vorgelebt. Hierzulande ist man den Plausch in der Wurstthekenschlange oder beim Arzt im Wartezimmer nicht gewohnt, weshalb sich die Kommunikation mit Fremden häufig auf das Nötigste beschränkt. Das Bedürfnis, mit anderen in Kontakt zu treten, ist hier kaum verbreitet.

Leicht vorzustellen, dass es also genau dann schwer wird und Überwindung kostet, wenn dieses Können beim Flirten auf Knopfdruck abgerufen werden soll. Es ist wie beim Skifahren. Nach zwei Wochen Urlaub laufen die Skier von selbst, denn die Abläufe sind einem in Fleisch und Blut übergegangen. Nach einem Jahr Pause hingegen fühlt man sich beim ersten Anschnallen der Skier oft so eingerostet, dass man sich nicht mal mehr vorstellen kann, den Hügel zur Garage ohne Blessuren zu bewältigen. Nach einem halben Tag ist diese Befürchtung dann längst wieder Schnee von gestern, und die Routine hat sich erneut eingestellt.

Na, ja, mögen Sie jetzt vielleicht denken, leichter gesagt als getan. Überzeugende graue Theorie, aber meine Angst vor dem Ansprechen ist dennoch die gleiche.

Wie können Sie also neuen Mut fassen? Sie ahnen es sicher schon, das Geheimnis liegt im Ausprobieren und Üben. Also nichts wie runter vom Sofa und rein in die Praxis!

Nur so können Sie positive Erfahrungen sammeln, erkennen, dass es in der Realität gar nicht so schlimm ist wie in der Fantasie angenommen, und alte Schreckgespenster beiseiteräumen. Aber: Üben Sie lieber nicht gleich mit Ihrem Traumpartner, denn dann ist Ihre Investition recht hoch und damit auch die Angst zu versagen. Immerhin geht es aus Ihrer Sicht um den Hauptgewinn, und da hat man in der Regel nur eine Chance. Ein solches Risiko erzeugt zwangsläufig ungeheuren Druck. Selbst wenn Sie ein Flirtprofi werden: Die Aufregung wird nie völlig ausbleiben, wenn Sie jemandem begegnen, der Sie fasziniert. Das ist auch gut so, denn ein gewisser Schuss an positiver Aufregung macht jeden Flirt auch erst prickelnd.

Wenn Sie also durch viel Übung auf eine gewisse Routine zurückgreifen können, wird Ihre Angstkurve automatisch nicht mehr so weit nach oben schießen wie früher, sondern sich auf einem mittleren Niveau einpendeln. Welchen Grund gibt es demzufolge noch, nicht gleich heute noch jemanden anzusprechen? Genau: keinen. Also zögern Sie es nicht länger hinaus, und überwinden Sie jetzt schrittweise Ihre Angst vor dem Ansprechen.

Übung 9: Mein persönlicher Flirtstufenplan

Zur Überwindung Ihrer Angst haben wir für Sie einen Stufenplan mit fünf Levels entwickelt. Das schrittweise Vorgehen mit Einstig auf Level 1 hat den Sinn, jede Überforderung zu vermeiden und die Aufregung in Grenzen zu halten. Natürlich können Sie selbst entscheiden, auf welchem Level Sie einsteigen möchten. Sobald Sie sich auf einem Level gut und sicher fühlen, wechseln Sie dann zum nächsten.

Legen Sie sich bitte außerdem ein Ansprechtagebuch zu, sozusagen Ihr persönliches Kontakttagebuch. Sie nehmen dafür einfach fünf Blatt weißes DIN-A4-Papier und falten die Blätter in der Mitte. Legen Sie die Blätter nun so, dass die offene Seite nach rechts zeigt, und heften Sie sie mit einem Tacker an der geschlossenen Seite wenige Millimeter von

---

der Kante entfernt zusammen. Vor Ihnen liegt jetzt ein DIN-A5-Heft. Schreiben Sie auf das Deckblatt in Großbuchstaben »Mein Kontakttagebuch«.

Level 1: Auf Empfang gehen

Nehmen Sie sich fest vor, nicht selbst aktiv zu werden, wenn Sie das nächste Mal unter Leuten sind, egal ob auf einer Party, im Bus oder auf der Straße. Sehen Sie andere ruhig an, und wenden Sie ihnen Ihre Blicke zu, sagen Sie sich jedoch innerlich: » Du kannst mich ansehen, dich interessieren, dich abwenden – was du willst. Ich bin neugierig, was du tun wirst.«

Stellen Sie sich nur »zur Verfügung«, indem Sie sich zum Beispiel auf einem Fest zu einer Gesprächsrunde stellen oder sich an einen Tisch mit Fremden setzen. Belassen Sie es aber unbedingt bei Ihrer Passivität. Erlauben Sie sich, auf jemanden zu reagieren, wenn dieser sich an Sie wendet. Es darf also durchaus etwas passieren – wenn die anderen sich bemühen –, aber es *muss* nichts passieren. Bleiben Sie immer interessiert an Ihrer Umgebung und offen für Blicke, die Sie treffen können. Gestatten Sie sich diese Blicke, und nehmen Sie wahr, was diese in Ihnen auslösen. Halten Sie Blickkontakt, und schweifen Sie nicht ab, solange es Ihnen angenehm ist.

Ziel ist, sich vom Erwartungsdruck zu befreien, dauernd etwas tun zu müssen. Stattdessen ist es wichtig, zu erfahren, wie es sich anfühlt, wenn Sie sich einfach nur offen für andere halten.

Notieren Sie anschließend in Ihrem Tagebuch Ihre Erfahrungen unter folgenden Gesichtspunkten:

– Wie hat sich das für mich angefühlt?

– Wie hoch war meine Aufregung (auf einer Skala von 0 bis 10 – wobei 0 »gar keine Angst« und 10 »ich bin vor Angst fast ohnmächtig geworden« bedeutet)

– Ist daraus ein Kontakt oder Gespräch entstanden? Wäre ich dafür offen gewesen?

– Wie hat die Person reagiert, die ich angesehen habe?

Level 2: Komplimente

Machen Sie innerhalb einer Woche zehn verschiedenen Menschen, egal ob Männern oder Frauen, ein Geschenk in Form eines Kompliments. Die Leute müssen nicht im Geringsten Ihren Vorstellungen von einem Partner entsprechen. Im Gegenteil, damit machen Sie es sich nur schwerer. Üben Sie mit der Verkäuferin, die Sie gut beraten hat, oder mit dem freundlichen Herrn an der Kinokasse. Gelegenheiten gibt es überall. Ziel ist zunächst nur, das Kompliment auszusprechen, denn damit haben Sie Ihre Aufgabe erfüllt. Wenn daraus ein Gespräch oder ein kleiner Wortwechsel entsteht, umso besser. Wenden Sie dabei Ihr neu gewonnenes Wissen über Komplimente, Körpersprache und Signale an.

Schreiben Sie anschließend Ihre Erfahrungen unter den gleichen Gesichtspunkten wie bei Level 1 auf.

Level 3: Versteckt in Kontakt treten... Fragen stellen!

Nehmen Sie in den nächsten zwei Wochen möglichst täglich Kontakt zu Menschen auf, mit denen Sie in Ihrem Alltag zu tun haben. Kommen Sie ihnen einfach etwas mehr entgegen, als es nötig wäre, und nutzen Sie die vielen Chancen, die sich Ihnen bieten. Knüpfen Sie beim Warten auf den Bus mit einem Nachbarn an ein Thema an, das sich aus der Umgebung ergibt. Oder Sie sind gerade beim Metzger, wo der Geruch knuspriger Hähnchen in der Luft liegt. Kommentieren Sie das mit einem Lächeln und fragen Sie nach Preis, Mittagstisch oder was Ihnen einfällt. Wenn sich die Gelegenheit bietet, plaudern Sie eine gewisse Zeit. Denken Sie dabei an Ihr Wissen zu (offenen) Fragen.

Auch hier notieren Sie bitte Ihre Erfahrungen in Ihr Tagebuch. Ist eine Entwicklung zwischen den ersten Eintragungen und späteren zu erkennen? Loben Sie sich für die Verbesserungen.

Level 4: Nach dem Weg fragen

Erkundigen Sie sich auf der Straße nach dem Weg, auch wenn Sie ihn wissen. Es geht nur ums Üben. Am besten eignen sich belebte Gegenden. Wiederholen Sie diese Aufgabe so oft, bis sich eine gewisse Gelassenheit einstellt. Dann steigern Sie diese Übung. Fragen Sie beim nächsten Mal jemanden nach dem Weg, und bedanken Sie sich mit einem Kompliment. Auch hier sind mehrere Wieder-holungen wichtig. Denn im nächsten Schritt sprechen Sie auf jeden Fall eine Person des anderen Geschlechts an, und zwar eine, die attraktiv ist. Hat sich durch viel Übung be-reits ein bisschen Routine eingestellt und Ihr Aufregungs-pegel steigt nicht mehr ganz so hoch wie zu Beginn, sind Sie reif für den letzten Schritt: Sie fragen jemanden nach dem Weg, den Sie attraktiv finden, und bedanken sich mit einem Kompliment.

Wenn der Befragte freundlich ist und Sie beide sogar dabei lächeln, dann erkundigen Sie sich folgendermaßen nach der Telefonnummer: »Ich würde mich gerne für die freundliche Auskunft revanchieren und Sie zum Kaffee ein-laden. Allerdings habe ich gerade leider keine Zeit. Wie kann ich Sie erreichen?« Zögert Ihr Gesprächspartner, weil er unsi-cher ist, seine Telefonnummer rauszugeben, dann kontern Sie schnell, um Oberwasser zu behalten: »Ach, sonst gebe ich Ihnen gerne meine, und Sie rufen an.«

Denken Sie immer daran: Es geht bei dieser Übung nicht darum, tatsächlich Ihren Traumpartner zu treffen, sondern nur um zu üben, mit anderen in Kontakt zu treten und zu flirten. Machen Sie sich das immer wieder bewusst.

Level 5: Starten Sie Probeflirts

Fühlen Sie sich durch die bisher gemachten Erfahrungen sicherer und einigermaßen wohl bei der Kontaktaufnahme, ist es nun an der Zeit, einige Probeflirts zu wagen. Wahrscheinlich haben Sie längst auf den anderen Levels geflirtet. Erinnern Sie sich daran, was ein Flirt ist – eine spielerische Begegnung. Auf Level 5 versuchen Sie nun, mit all Ihrem Wissen bewusst und weiter in einen Flirt, ein Gespräch oder eine Begegnung einzusteigen. Suchen Sie sich Gelegenheiten, und planen Sie einen Abend dafür ein. Natürlich können Sie auch jederzeit spontan einen Probeflirt initiieren. Umso besser! Doch wenn Sie die Übung dem Zufall überlassen, macht sich gern der innere Schweinehund bemerkbar, und Sie erliegen allzu leicht der Aufschieberitis. Wichtig ist dabei: Sie gehen aus, um zu üben. Mehr nicht. Sie haben keine Erwartungen, sondern wollen sich lediglich beim Flirten erleben und Erfahrungen sammeln.

Tragen Sie anschließend in Ihr Tagebuch ein:
- Was hat sich entwickelt?
- Wie spielerisch war die Atmosphäre?
- Wie hat sich das für mich angefühlt?
- Wie hoch war meine Aufregung (auf einer Skala von 0 »gar nicht« bis 10 »sehr stark«)
- Wie war meine Körpersprache, wie meine Gesprächsführung?
- Wie zufrieden war ich mit mir?
- Was könnte ich verbessern?

Lebendige Gespräche führen

Ist das Eis gebrochen und ein Einstieg gefunden, geht es nun darum, ein lebendiges Gespräch zu führen. Das Ziel ist, eine heitere, angenehm lockere Atmosphäre zu schaffen, in der sich beide Gesprächspartner wohlfühlen. Das beste Resultat eines beschwingenden Flirtgespräches wäre, wenn beide Beteiligten danach sagten: »So richtig erinnere ich mich nicht mehr an alle Details und Themen. Wir haben viel gelacht, und es war wunderbar erfrischend. Ich habe mich verstanden gefühlt und Interessantes erfahren. Die Stimmung war vertraut, und die Zeit ist wie im Fluge vergangen.«

Das hört sich jetzt verdächtig nach der berühmten eierlegenden Wollmilchsau an, und auf gewisse Weise ist es dies auch. Dennoch ist es nicht unmöglich, ein anziehender Gesprächspartner zu werden. Wenn Sie ein paar Regeln verinnerlichen, bewusst und immer öfter in Gesprächen anwenden, werden Sie sich merklich verbessern. Wir haben alle im Laufe unseres Lebens einen individuellen Kommunikationsstil entwickelt, der stark durch unsere Familie sowie unser privates und berufliches Umfeld beeinflusst ist. In einigen Berufsfeldern ist Sprache von deutlich größerer Bedeutung als vergleichsweise in produzierenden oder gewerblichen Jobs. Und nicht jede Art zu kommunizieren kommt bei jedem Kommunikationstypen gleich gut an. Dennoch gibt es ein paar allgemeingültige Techniken, die wir Ihnen vorstellen möchten.

Die richtige Grundhaltung: Die Haltung eines Gesprächspartners sollte sich durch Wertschätzung sowie offenes und authentisches Verhalten auszeichnen. Im Mittelpunkt eines jeden Gespräches sollte daher immer echtes Interesse am anderen stehen.

Ein Einstiegsthema finden: Damit ein gutes und interessantes Gespräch zwischen den Flirtpartnern zustande kommen kann, muss ein gemeinsames Thema gefunden werden, das *beide* interessiert. Um erst einmal warm zu werden, ist gar nichts dagegen einzuwenden, lockere Themen zu wählen, die sich aus dem direkten Umfeld ergeben. Das darf gerne auch mal das Wetter sein oder etwas, das sich gerade in der Nähe ereignet, beispielsweise Fragen zur Musik, die nebenbei läuft, oder zur Örtlichkeit, in der man sich aufhält. Im weiteren Verlauf können Sie dann aktuelle Themen aufgreifen, von Sport über Musik, Kinofilmen bis hin zur Politik sowie Fragen nach Hobbys, Freizeit und Reisezielen. Sobald ein Thema nicht ergiebig ist, sollten Sie nach einem neuen fahnden. Wichtig ist aber, nicht zu schnell von Thema zu Thema zu springen. Findet sich ein Inhalt, an den Sie anknüpfen können, sollten Sie das unbedingt tun. An der Körpersprache und Mimik, also am Lächeln oder einem wachen Blick, ist schnell zu erkennen, ob das Thema Ihr Gegenüber interessiert. Beobachten Sie die Augen und das Gesicht Ihres Gesprächspartners daher genau.

Gemeinsamkeiten verbinden: Das Gefühl, mit dem anderen Geschmack, Einstellungen, Hobbys oder Gewohnheiten zu teilen, fördert Nähe und Verbundenheit. Je schneller Sie auf einen gemeinsamen Nenner gelangen, desto angeregter und interessanter wird das Gespräch. Das bedeutet allerdings nicht, dass nur das Ergebnis »Ach, wie interessant, Rucksackreisen durch Südamerika, das finde ich auch toll«

215

auf das Konto Gemeinsamkeiten einzahlt. Vor allem nicht, wenn Sie selbst viel lieber in einen Club nach Spanien reisen und die Gemeinsamkeit nur vortäuschen. Viel besser ist es, den anderen danach zu fragen, was eine solche Abenteuerreise für ihn bedeutet, sowie welche Motive, Wünsche und Bedürfnisse mit der Reise verbunden sind.

Auf dieser tiefer gehenden Gefühlsebene können Sie Gemeinsamkeiten entdecken, die auf der oberflächlichen Sachebene zunächst nicht auszumachen waren. Vielleicht verbindet Sie ja die Sehnsucht nach Erholung, Abschalten und »an nichts mehr denken wollen«. Nur finden Sie genau das im Cluburlaub, der andere dagegen in den Bergen der Anden. Wichtigstes Ziel ist, über Gemeinsamkeiten und Verständnis für die Themen Ihres Gegenübers Vertrauen herzustellen.

Offene Fragen: Um gut ins Gespräch zu kommen und nicht nur »ja« oder »nein« als Antwort zu erhalten, sollten Sie geschlossene Fragen möglichst vermeiden. Machen Sie es sich leichter, und stellen Sie die berühmten W-Fragen. Das lockt Ihren Flirtpartner aus der Reserve. *Welcher* Film gefällt dir zurzeit besonders gut und warum? *Wohin* gehst du am liebsten Tanzen? *Wie* hast du das Konzert erlebt? *Was* machst du denn so in deiner Freizeit? *Wo* überall könntest du dir Urlaub vorstellen? *Wie* sieht denn so ein typischer Tag bei dir im Büro aus, *was* machst du da alles? Andere offene Fragen wären beispielsweise: Wenn ich mir einen Picknickausflug mit dir vorstellen würde, was würdest du in deinen Korb idealerweise hineinpacken?

Aktives Zuhören: Ein guter Flirt zeichnet sich dadurch aus, dass beide Gesprächspartner *aktiv* zuhören und die Meinung des Gegenübers erst einmal wertfrei stehen lassen. Aktives Zuhören bedeutet, den Inhalten des Sprechenden mit zugewandter Haltung, angenehmem Blickkontakt aufmerksam zu folgen und durch Mimik und Gestik, etwa ein Nicken oder Lächeln, Interesse auszudrücken. Durch minimale Ermunterungen wie »Ah, ja«, »Genau« oder »Ja, das kenne ich« werden Verständnis signalisiert und Inhalte bestätigt. Ganz wichtig: Hören Sie nicht stumm zu, sondern nehmen Sie innerlich Anteil, und verstärken Sie durch Bestätigungsgeräusche das Interesse.

Aufmerksamkeit zeigen: Sich für jemanden im Gespräch zu interessieren, drückt Wertschätzung aus und kommt daher immer gut an. Die Technik des Spiegelns auf verbaler Ebene ist eine Form des Hörens und Verstehens. Möglich ist, bedeutende Aussagen zu wiederholen, etwa »Zweihundert Euro runtergehandelt.« Oder Markantes zu nennen, etwa »Ihr habt dann also noch mit dem halb defekten Auto den ganzen Trip von Mailand bis nach Rom gemacht.« Weiterhin möglich ist, Gesagtes zu paraphrasieren, das heißt, eine Aussage in eigenen Worten zu wiederholen, aber vom Inhalt und der Bewertung her ganz dicht an der Aussage des Gegenübers zu bleiben (kein bloßes Nachplappern, das wirkt künstlich).

Auf die Balance achten: Wer eine Frage nach der anderen stellt, der gerät in den Verdacht, ein Verhör zu führen und nichts von sich erzählen zu wollen oder zu können. Für ein anregendes Gespräch sollte es Ihnen daher gelingen, ein ausgewogenes Verhältnis zwischen Interesse und Verstehen einerseits sowie Selbstkundgabe anderseits herzustellen. Interesse wird durch Fragen, aktives Zuhören, Bestätigen und Bezugnehmen ausgedrückt. Mit Selbstkundgabe ist gemeint, sich als Person zu zeigen und von sich zu sprechen. Ich-Botschaften (ich mag, ich erlebe, ich empfinde, ich meine) eigenen sich dafür viel besser als neutrale Formulierungen mit »man«. Eigene Gedanken und Gefühle wiederzugeben, verleiht dem Gespräch Intimität und signalisiert Ihre Bereitschaft, sich Ihrem Gegenüber zu öffnen. Ein guter Indikator für eine ausgewogene Balance ist der Redeanteil beider Gesprächspartner, der die ganze Zeit über ungefähr gleich sein sollte.

Es kann in einem Gespräch durchaus vorkommen, dass über einen längeren Zeitraum vorwiegend in einer bestimmten Weise kommuniziert wird, zum Beispiel Gefühle wiedergegeben oder offene Fragen gestellt werden. In der Regel läuft ein Gespräch aber im raschen Wechsel ab. Hierfür kann es keine allgemeingültigen Regeln geben. Das wichtigste Kriterium für die Angemessenheit des Gesprächsverhaltens sind daher immer die unmittelbaren und langfristigen Reaktionen Ihres Gegenübers. Ein Gesprächspartner darf sich auch Fehler leisten, wenn er sich an den Reaktionen des Gegenübers (Staunen, Verstummen, Stirnrunzeln etc.) orientiert und sein Verhalten dementsprechend anpasst.

Pausen: Gerade zu Beginn eines Kontaktes erleben wir längere Gesprächspausen oft als unangenehm. Das gilt vor allem dann, wenn sie nicht beabsichtigt sind, wenn wir aus Unsicherheit nicht direkt anzuknüpfen wissen oder wenn wir einfach nur vor Aufregung einen Blackout haben. Geben Sie sich daher ruhig die Erlaubnis: Pausen sind okay.

Atmen Sie einmal bewusst tief durch, und nutzen Sie die Metakommunikation als Rettungsanker. Sie thematisieren das, was gerade passiert (»Ich bin ganz schön aufgeregt, mir fehlen die Worte. Und wie geht es dir?«). Denken Sie aber daran, dass nicht *ausschließlich* Sie die Verantwortung für die Gesprächsführung haben, nur weil Sie vielleicht den ersten Schritt initiierten. Eine Pause können Sie durchaus auch charmant und kess zurückspielen. »Na, die Gesprächigste sind Sie aber auch nicht, oder?« Würzen Sie eine solche Aussage aber bitte immer augenzwinkernd mit einem freundlichen Lächeln.

Humor zeigen: Humor ist ein wichtiges Mittel, eine Gesprächsatmosphäre leicht und beschwingt zu gestalten. Die meisten Menschen lachen gerne miteinander. Aber achten Sie unbedingt auf die Schärfe Ihres Humors, denn beim Humor spalten sich schnell die Gemüter.

Wie wird es prickelnd?

Vielleicht kennen Sie ja das Modell, dass Menschen immer auf drei Ebenen agieren, nämlich auf der Kopf-, der Herz- und der Bauchebene. Das so genannte Triple-Bind-Modell© von Holger Lendt eignet sich sehr gut, um menschliche Beziehungen auf eine neue Art begreifbar zu machen. Wir benutzen diesen Ansatz in unseren Seminaren zur Veranschaulichung einiger Aspekte von Beziehungen.

So wie die Hirnforschung inzwischen von drei sehr unterschiedlichen »Abteilungen« oder »Stockwerken« spricht, aus denen unser Gehirn aufgebaut ist und die unser Verhalten, Fühlen und Erleben auf ganz verschiedene Art steuern, geht dieses Modell von drei verschiedenen Ebenen aus. Vereinfacht

gesagt, könnte man die drei Ebenen des Triple-Bind-Modells©
mit Denken, Fühlen und Empfinden beschreiben.

Für die Frage »Wie wird es prickelnd?« sind dabei besonders die Ebenen Fühlen und Empfinden, also Herz und Bauch
wichtig. Stellen Sie sich nun eine Beziehung vor, die nur auf
einer diese Ebenen basiert. Eine ausschließlich nach dem
Herzen, also dem Gefühl ausgerichtete Beziehung könnte
eine platonische Liebe oder eine Freundschaft sein. Eine Beziehung, die ausschließlich auf dem Prinzip des Empfindens
basiert, würde man dagegen als leidenschaftlich bezeichnen.
Diese beiden Ebenen zusammengenommen spielen bei einem
knisternden Flirt die wichtigsten Rollen. Sie kennen das: Mancher Flirt ist eher angenehm und freundlich, ein anderer heiß
und prickelnd.

Falls Sie sich fragen, ob Sie steuern können, in welcher
Richtung ein Kontakt verlaufen wird, lautet die Antwort: ja.

Wir hören im Coaching oder in Seminaren von sehr sympathischen Menschen immer wieder, dass bei ihnen, wenn
sich Beziehungen anbahnen, keine erotische Komponente
zustande kommt und in der Begegnung mitschwingt. Zumindest spüren sie beim Gegenüber, dass sie in der so genannten
Kumpelschublade gelandet sind. Der Kontakt ist zwar nett,
jedoch nicht erotisch aufgeladen, obwohl er oft sogar emotionalen Tiefgang hat. Nicht wenige Männer verzweifeln, weil
sie einer Frau gegenüber wirklich einfühlsam, verständnisvoll
und wertschätzend sind, diese Frau ihnen aber das Gefühl
gibt, sie fühle sich mehr von einem ungehobelten Kerl angezogen. Im schlimmsten Fall geht sie sogar irgendwann zu ihrem einfühlsamen Freund, um bei ihm den Kummer loszu-

werden, den irgendein ungehobelter Kerl durch sein wenig mitfühlendes Verhalten verursacht hat.

Das Phänomen trifft allerdings nicht nur Männer: Frauen kann es ähnlich gehen, wenn sich Männer von Frauentypen angezogen fühlen, die offensichtlich nur Wert auf Äußerlichkeiten legen, statt eine Frau wie sie selbst mit Herz und Verstand zu wählen.

Leider ist es nicht unsere Entscheidung, wen wir anziehend finden, und vermutlich steigert mancher Widerspruch im Auftritt die Anziehung sogar noch.

Das Skurrile daran ist, dass wir mit der Erkenntnis, sowohl die Heilige als auch die Hure, den Versorger genauso wie den Jäger zu begehren, meist nicht viel anfangen können. Wir leiden vielmehr unter diesem vermeintlichen Widerspruch und wissen nicht, wie wir solche Situationen oder Umstände zu unserem Vorteil nutzen können. Deshalb lohnt es sich, genauer hinzuschauen, was uns dieser Zusammenhang über unsere eigene Natur sowie die Natur menschlicher Beziehungen sagen kann.

Die meisten Menschen beherrschen es intuitiv, widersprüchliche Signale zu senden. Zum Beispiel können Sie jemanden mit den Worten: »Hallo, schön, dass du kommen konntest!« begrüßen. Wenn Sie das mit offener, positiver Körpersprache sagen und einem Strahlen im Gesicht, dann wirkt das angenehm und stimmig. Wenn Sie den gleichen Satz dagegen in schneidend kaltem Tonfall und mit steinerner Miene vorbringen, dann entsteht durch den großen Widerspruch zwischen negativer Körpersprache und positiver verbaler Botschaft ein Dilemma.

Hat der auf diese Art Gegrüßte die unterschiedliche Wirkung auf inhaltlicher Ebene und Körpersprache wahrgenommen, so muss er sich nun zwischen zwei Reaktionen entscheiden. Er kann sich zum einen so verhalten, als hätten Sie ihn tatsächlich freundlich begrüßt, und kommt auf Sie zu. Oder er zieht sich zurück, weil er Ihre abweisende Körpersprache als die entscheidende Botschaft deutet. Das Wahrscheinlichste ist aber, dass der Begrüßte ein komisches Gefühl im Bauch verspürt und nicht recht weiß, wie er damit umgehen soll. Er kann sich eigentlich nur falsch verhalten, weil er immer gegen einen Teil Ihrer Botschaft verstößt, egal wie er sich entscheidet.

Unserer Meinung nach passieren solche Widersprüche ständig. Während die emotionale Ebene ein angenehmes, charmantes Verhalten erfordert, um sich miteinander wohlzufühlen und warm zu werden, gelten auf der Ebene der biologischen Triebe andere Gesetze. Dort streben wir das an, was die meisten wollen und was deshalb so schwer zu bekommen ist: Wir wollen das ranghöchste Männchen oder die begehrteste Frau. Das jedenfalls weiß die Evolutionspsychologie zu berichten und macht dafür unsere Instinkte, Hormone und Fortpflanzungstriebe verantwortlich. Im Endeffekt würden zwar die meisten Männer kein weibliches Model aus einer Hochglanzzeitschrift heiraten wollen und George Clooney wäre dem überwiegenden Teil der Frauen wohl als Partner eine Nummer zu groß, aber die körperliche Anziehung ist deutlich zu spüren. Deshalb unterscheiden moderne Paar- und Sexualtherapeuten auch immer öfter zwischen der Partnerschaft/Leidenschaft und der Liebe. Ein provokantes Buch von Ulrich Clement heißt denn auch *Guter Sex* trotz *Liebe*.

Da der emotionale und der körperliche Teil in uns verschiedene Bedürfnisse haben und nach anderer Befriedigung streben, sind Beziehungsbotschaften zwangsläufig in ihren Aussagen gemischt und damit widersprüchlich. Bei den meisten Menschen ist einer dieser beschriebenen Bereiche stärker ausgeprägt und der andere kommt etwas zu kurz. So können besonders heiße Typen oft schlecht langfristige Beziehungen führen, und wirklich nette Menschen hören immer wieder den Spruch: »Lass uns Freunde bleiben!«

Was können Sie hieraus nun für Ihr Flirtverhalten lernen? Machen Sie das Gespräch spannend, indem Sie es spielerisch gegen den Strich bürsten: Wir alle haben gelernt, nett zu sein – Männer wie Frauen. Aber wir alle finden Menschen, die sich uns zu Füßen werfen, auf lange Sicht hin langweilig. Ein Lakai oder eine Dienerin sind eben keine gleichwertigen Partner. Wir sind nett, weil wir denken, dass Zugewandtheit das Wichtigste sei, aber das stimmt nur für die emotionale Ebene. Auf der Ebene der körperlichen Anziehung sind wir dagegen verhältnismäßig primitiv und reagieren auf die Eigenschaften und das Beziehungsangebot von dominanten Männchen oder typischen Weibchen.

Deshalb flattern die Schmetterlinge im Bauch auch gerade dann besonders wild mit ihren Flügeln, wenn wir uns des anderen nicht ganz sicher sind und immer auf eine Überraschung gefasst sein müssen: Weil der andere nicht planbar – und uns damit quasi überlegen und von uns unabhängig ist. Die Folge davon ist: Wir werden buchstäblich schwach.

Um auf beiden Ebenen anziehende Beziehungsbotschaften zu senden, sollten wir also nicht *ausschließlich* nett sein. Das würde den anderen vorschnell in Sicherheit wiegen und nicht herausfordern. Gerade schöne Frauen und kernige Männer sind oft gelangweilt von den eindeutigen Botschaften des anderen Geschlechts. Denn wo steckt die Herausforderung, wenn man/frau jeden mit einem Fingerschnippen haben könnte?

Wenn Sie von sich wissen, dass Sie ein netter, offener Mensch mit guten Absichten sind, dann können Sie es sich ruhig leisten, Ihrem Gegenüber etwas »Feuer zu machen«. Kaum jemand will wirklich einen Macho oder eine eitle Prinzessin als Partner, aber es erhöht Ihre Attraktivität, wenn Sie ein bisschen mit dieser Energie spielen.

Ein Beispiel: Es wäre sicher ungewöhnlich und nachhaltig, eine betörend aussehende Frau so anzusprechen: »Wusstest du schon, dass sehr attraktive Frauen angeblich eine geringere soziale Intelligenz besitzen als weniger attraktive?« Wer diesen Satz, der aus Manfred Hassebraucks und Beate Küppers Ratgeber *Warum wir aufeinander fliegen* stammt, auszusprechen wagt, der setzt sich ab von den meisten anderen Männern und stellt zugleich mit seiner Ansprache die Frage in den Raum: »Wie sieht es bei dir hinter der schmucken Fassade aus? Beweis mir erst mal, dass du als Mensch bedeutsam bist, denn ich bin nicht allein durch Äußerlichkeiten zu beeindrucken«. Normalerweise erhalten solche Frauen Botschaften, die besagen: »Ich bin dir auf den ersten Blick verfallen und habe meine geistige Zurechnungsfähigkeit verloren. Lass uns sofort zusammenziehen und Kinder kriegen!«

Frauen dürfen das natürlich ebenso ausprobieren: Wenn Sie in Spiellaune, gut drauf und zufrieden sind und das männliche Flirtobjekt Humor und Selbstbewusstsein zu haben scheint, können Sie sich ruhig mal Sprüche erlauben wie: »Was will mir eigentlich dein Mercedesschlüssel sagen, den du so unauffällig präsentierst, Herzchen?« Das kann den Energiepegel schnell stark nach oben treiben.

Bei all diesen gemischten Botschaften ist jedoch eines entscheidend: Durch Ihre Haltung oder den Kontext Ihrer Aussage sollte klar werden, dass der inhaltliche Teil nicht wirklich ernst gemeint ist. Wenn Sie Schwierigkeiten mit ironischen Bemerkungen haben, dann seien Sie beruhigt. Das lässt sich lernen wie alles andere im Leben auch. Und einen Versuch ist es allemal wert! Wie wir schon zum Thema Gesprächseinstieg geschrieben haben, wirkt etwas vor allem dann witzig, wenn es in starkem Gegensatz zum Erwarteten steht.

Es kann also durchaus wunderbar sein, wenn sich ein Durchschnittstyp so benimmt, als sei er George Clooney oder sie Angelina Jolie. Nehmen wir mal an, Sie haben einen Bauchansatz und spüren, wie die Blicke Ihres Gegenübers daran hängen bleiben. Sie könnten sich nun dafür schämen und versuchen, die überschüssigen Pfunde zu kaschieren. Sie könnten aber genauso Selbstbewusstsein, Selbstironie und eine Extraportion Humor mit einem solchen Kommentar demonstrieren: »Ich weiß, dass meine körperlichen Vorzüge dir den Atem rauben, aber guck doch bitte nicht so offensichtlich hin! Ich kann nichts anfangen mit Frauen/Männern, die sofort völlig benommen von meiner natürlichen Schönheit sind.«

Die entscheidende Zutat ist in allen Fällen der Humor! Dabei sollten jedoch nicht Sie selbst der Gag sein, sondern Ihr Gegenüber sollte *mit* Ihnen lachen und nicht *über* Sie. Clowns sind zwar beliebt, werden aber nur selten als sexy empfunden. Humor entkrampft und verstärkt die emotionale Beziehung, deshalb sollte er unbedingt bei einem Flirt dabei sein. Einen provokanten Kommentar sollten Sie allerdings stets mit einem schelmischen Lächeln verbinden – es sei denn, durch den Kontext ist die Ironie absolut offensichtlich und Sie wollen die Spannung weiter hochtreiben. Über eigene Witze zu lachen, ist dagegen nicht besonders förderlich, um Spannung aufzubauen. Merken Sie sich einfach die Formel: Humor baut Spannung ab – Dinge provokant gegen den Strich zu bürsten, baut Spannung auf. Wer es beherrscht, nach Belieben Spannung aufzubauen und sie dann wieder zu lösen, ist faszinierend für andere.

Generell gilt hierbei ein Leitspruch aus der Medizin: Die Dosis macht das Gift. Sie können sich durch einen Schluck reine Kohlensäure umbringen, gelöst in Limonade oder Bier, sorgt Kohlensäure aber für ein erfrischendes Prickeln.

Außerdem ist nicht jeder dafür geeignet, denn wer die Spannung hochtreibt, der muss sie dann auch aushalten können. Wenn Sie etwas sehr Provokantes sagen und dabei wirken, als ob Sie sich dafür schämen oder entschuldigen möchten, dann wirken Sie auf eher unattraktive Weise widersprüchlich. Also gehen Sie immer nur so weit, wie Sie sich selbst wohlfühlen. Achten Sie darauf, was Sie sich zutrauen können, ohne sich zu überfordern. Am entspanntesten lernen wir Schwimmen im flachen Wasser.

Der entscheidende Teil für eine gelungene Provokation ist aber unser Gegenüber. Nicht jeder geht mit Ironie und Humor gleich um. Zwar mag es faszinierend sein, wenn jemand frech und forsch auftritt, aber das verschreckt all jene Menschen, die nicht so selbstsicher und spielfreudig sind. Trotzdem kann es beispielsweise Wunder wirken, in einer lang andauernden Beziehung, die etwas von ihrem Prickeln eingebüßt hat, sich plötzlich als der provokante Charmeur oder die herausfordernde Dame zu benehmen.

Generell gilt: Bleiben Sie, wer Sie sind! Es gibt für alles eine Zeit und einen Platz. Bedenken Sie bitte immer, dass lernen etwas ganz anderes ist, als sich zu verbiegen. Wir alle wurden geboren und konnten nicht sprechen – haben wir uns seitdem verbogen, oder haben wir einfach nur eine Fähigkeit erlernt? Genauso verhält es sich mit unseren Flirtfähigkeiten. Wir waren als Kinder alle hin und wieder frech und haben aus dem Bauch heraus geflirtet. Letztlich geht es nur darum, uns eine Sprache ins Gedächtnis zu rufen, die wir eigentlich gut kennen, aber vielleicht nur lange nicht mehr gesprochen haben.

Vom Umgang mit Körben

Ohne Frage: Ein Korb ist immer unangenehm. Warum? Ganz einfach: Eine Zurückweisung zahlt nun mal nicht auf unser Konto Selbstwert ein. Aber ist das überhaupt das richtige Konto? Geht es nicht klammheimlich vielmehr um unser Anspruchskonto: »Was ich will, das bekomme ich, weil es mir zusteht.«

Wir wollen keineswegs behaupten, dass ein Korb etwas Erstrebenswertes ist. Doch ist es tatsächlich so dramatisch, einen Korb zu bekommen, dass wir diesen Grund gerne als Rechtfertigung vorschieben, erst gar nichts zu unternehmen?

Wir empfinden einen Korb immer dann als besonders schlimm, wenn wir mit der Erwartung gestartet sind, mit unserer Aktion die Traumfrau oder den Traummann fürs Leben zu erobern. Wenn Sie so an die Sache herangehen, steckt in dem Flirt natürlich eine immens hohe Investition. Entsprechend bitter werden Sie dann die Enttäuschung wahrnehmen. Die Hoffnung auf den Traumpartner mag immer mehr oder minder unbewusst in uns schwirren, aber das bedeutet nicht, dass wir uns unter solch enormen Leistungsdruck setzen müssen.

Gehen wir von der Situation aus, dass Sie den Menschen, den Sie ansprechen möchten, noch überhaupt nicht kennen. Aufgrund des ersten Eindrucks gehen Sie davon aus, dass sich dahinter eine Person verbirgt, die alles besitzt, wonach Sie suchen und sich sehnen.

Bleiben Sie realistisch! Nichts gibt Ihnen dafür Gewissheit.

Um dieser Falle zu entgehen, sollten wir beim Flirten unser Denken verändern. Schrauben Sie Ihre Erwartungen herunter, vor allem bei der ersten Kontaktaufnahme. Freuen Sie sich stattdessen zunächst auf eine interessante Begegnung – mehr nicht. So werden Sie viel offener und unverkrampfter für das, was sich ergibt.

Seien wir doch einmal ehrlich. Wir setzen unterschwellig voraus, dass wir für unseren Mut und Einsatz eine Belohnung verdienen und dass wir immer dann trumpfen, sobald wir mutig die Initiative ergreifen und jemanden ansprechen. Wer sich vorher alle wichtigen Signale, Ratschläge und Tipps dieses Buches zu Gemüte führt und verinnerlicht, der kann sich bestimmt einige Körbe ersparen. Bedenken Sie aber: Zum Flirten und zu einem erfolgversprechenden Verlauf gehören immer zwei. Sie können nicht everybodys Darling sein.

Hand aufs Herz, würden Sie denn jeden nehmen, nur weil er den Mut hatte, Sie anzusprechen? Auch Sie sind wählerisch. Gestehen Sie daher Ihrem Gegenüber zu, ebenfalls wählen zu dürfen. Ist ein Korb sehr früh im Kontakt entstanden oder sogar schon auf dem Weg dahin, machen Sie sich bewusst, dass Sie bis jetzt nicht wirklich viel investiert haben. Dann gelingt es Ihnen besser, souverän auf eine Zurückweisung zu reagieren. Haben Sie sich freundlich mit wertschätzender Haltung dem fremden Menschen zugewandt, ist ein Korb kein Gesichtsverlust. Machen Sie sich immer wieder Ihre Erwartungen klar, und senken Sie diese auf ein realistisches Maß.

Davon abgesehen kann ein Korb noch ganz andere Gründe haben, als Sie vermeintlich spekulieren. Der erste Gedanke, der den meisten nach einem Korb durch den Kopf schießt, ist: »Ich bin nicht ihr/sein Typ, ich bin nicht attraktiv genug, ich habe was falsch gemacht.« Leider besteht in aller Regel keine Möglichkeit, die wahren Gründe für eine Ablehnung zu erforschen. Ein Korb bedeutet aber nicht, dass der andere Sie ablehnt, sondern nur, dass er die Situation anders sieht und nicht auf Ihr Kontaktangebot reagieren möchte.

Außer fehlendem Interesse existieren noch eine ganze Reihe weitere Gründe für Körbe: Die Person lebt in Partnerschaft und sucht keinen neuen Kontakt. Sie ist furchtbar im Stress und hat den Kopf gerade nicht frei. Der Chef hat sie kurz vor Feierabend völlig zu Unrecht zusammengestaucht, und sie kocht vor Wut. Oder sie fühlt sich selbst nicht wohl in ihrer Haut, und ein Flirt würde sie verunsichern.

Verdeutlichen Sie sich dieses Bild, dann werden Sie künftig vermeintlich gegen Sie gerichtete Absagen besser kompensieren können. Um das hinderliche Kopfkino mit Happy End vor dem Altar zu unterbinden, hilft sicher ebenfalls das Wissen über Angst. Sie können zwar nie voraussehen, wie ein Flirt letztendlich ausgeht, doch die Wahrscheinlichkeit, dass Sie beim Flirtpartner gut ankommen, ist meistens höher, als Sie vermuten. Auch wenn wir Gefahr laufen, uns zu wiederholen, möchten wir noch einmal betonen: Sie können von jedem erfolgreichen wie auch nicht erfolgreichen Flirt vieles über sich, Ihre Gefühle, Körpersprache und Ihr Verhalten lernen. Mit jedem Flirt steigt außerdem Ihre Flirterfahrung, und Sie kommen mehr in Übung. Lernen Sie aus möglichen Fehlern, und machen Sie es beim nächsten Mal einfach anders!

Übung 10: Körbe sammeln

Wenn Ihnen die Überschrift wie eine alte Bekannte vorkommt, dann zählen Sie doch mal nach, wie viele Körbe Sie in Ihrem Leben schon so verteilt haben. Bewerten Sie anschließend die einzelnen Situationen, und fragen Sie sich, wie Sie selbst auf die Ablehnung reagiert hätten.

Mit diesem Bewusstsein, was bei Ihnen gut ankommen oder Eindruck machen würde, ziehen Sie nun selbst los. Vielleicht nehmen Sie sich einen anderen Single zur Beobachtung mit – oder Sie veranstalten mit Freunden einen kleinen Wettbewerb: Wer hat zuerst drei Körbe gesammelt?

Es geht in dieser Übung nicht darum, mit plumpen Anmachen möglichst schnell abzublitzen. Vielmehr sollen Sie wie in der Flirtschule beschrieben vorgehen, damit Sie ein realistischeres Gefühl für Ihren Marktwert erhalten, als es Ihnen Ihr Gedächtnis möglicherweise vorgaukeln möchte.

4. Dating-Schule

Die vier Dating-Phasen

Die Zeit zwischen dem ersten Kennenlernen und der Entscheidung, ob zwei Menschen miteinander eine Beziehung eingehen möchten, nennen wir Dating. Diese Phase lässt sich in mehrere Abschnitte unterteilen, und zwar in die Wahl-, die Verführungs-, die Verhandlungs- und die Entscheidungsphase. All diese Phasen kehren zwar nicht immer, dafür aber mit schöner Regelmäßigkeit wieder und lassen sich wie ein Prozess in einem Projektplan mit verschiedenen Stufen beschreiben.

Die vier Dating-Phasen können sich im Einzelfall übrigens durchaus über mehrere Wochen hinziehen und entsprechen den Abschnitten, die Psychologen bei der Entscheidung und Steuerung von Willenshandlungen anlegen. Das vermutlich bekannteste Modell stammt von Heinz Heckhausen und Peter Gollwitzer und geht von vier Ablaufphasen aus: Abwägen, Planen, Handeln und Bewerten. Diese sind jeweils durch deutliche Übergänge, auch »Milestones« genannt, voneinander getrennt.

Dies klingt zugegeben recht sachlich für eine emotionale Angelegenheit, aber genau diese distanzierte Sicht erleichtert es uns, einzuordnen, was beim Dating mit uns und unserem Gegenüber geschieht.

Phase 1: Die Wahl

Zu Beginn kann durchaus eine erfolgreiche Suche im Internet stehen, aber auch eine Begegnung in der U-Bahn, im Cafe oder im Supermarkt. Oder Freunde haben für Sie ein Blind Date arrangiert. Nun bewerten Sie Ihre bisherigen Erfahrungen: Was war gut? Was lief schlecht? Was möchte ich überhaupt? Danach entscheiden Sie, ob Sie diesen oder jenen Menschen näher kennenlernen möchten.

Anschließend geht es vor allem um Ihr Talent in Sachen Selbstmarketing. Es mag unromantisch klingen, aber auf dem hart umkämpften Partnerwahlmarkt müssen Sie sich gut verkaufen. Hierzu sollten Sie sich Ihres Selbstbildes bewusst sein, um ein möglichst authentisches Fremdbild zu erzeugen, das die passenden Kandidaten anspricht – ohne Ihrem Gegenüber etwas vorzugaukeln, was Sie gar nicht sind. Kurz: Sie müssen Ihre Stärken und Schwächen kennen und wissen, wie Sie die Stärken einsetzen und die Schwächen ausgleichen können.

Phase 2: Die Verführung

Für schüchterne Menschen bedeutet dies eine gewaltige Herausforderung, für forsche Naturelle ist es die Zeit, die ihnen den größten Spaß bereitet. Jetzt wird gespielt, mit Worten und Taten jongliert, jetzt werden Aufmerksamkeiten ausgetauscht und ein wenig die Kräfte gemessen. Wie schnell antwortet er auf die SMS? Wann ruft sie zurück? In dieser Phase zeigen wir uns von unserer besten Seite und stellen gleichzeitig klar, was wir mögen, wie wir uns das Miteinander und eine Partnerschaft wünschen. Es wird abgeglichen, was ein jeder in eine Beziehung einbringen kann. Außerdem werden, immer wenn die Leidenschaft den Verstand mal nicht fest im Griff hat, unbewusst die ersten Kosten-Nutzen-Bilanzen gezogen: Was hätte ich davon, mit diesem Menschen zusammen zu sein? Tut mir das gut?

Phase 3: Die Verhandlung

Nun wird die Kosten-Nutzen-Rechnung bewusst aufgestellt. Die Verliebten zeigen sich gegenseitig erste Grenzen auf und testen die Kompromissfähigkeit des anderen. Spätestens jetzt hören wir übrigens auch auf die Meinung unseres sozialen Umfeldes. Und dann ist da noch der Sex: Waren zwei Menschen erst einmal miteinander im Bett, ändert sich ihr Umgang miteinander. Zuvor waren sie sich fremd, nun besteht eine Intimität, auf die jedoch jeder unterschiedlich reagieren kann. In dieser Phase ist daher besonders wichtig, die eigene Wahrnehmung und die eigenen Empfindungen nicht beim anderen vorauszusetzen. Dessen Reaktionen können ganz unterschiedlich von denen sein, die Sie in einer vergleichbaren Situation zeigen würden. Auch kann Ihr Gegenüber völlig andere Gründe haben, als Sie vielleicht annehmen. Indem die beiden aufeinandertreffenden Persönlichkeiten sich auseinandersetzen, kommen sie sich näher und beginnen – ein jeder für sich –, ein klareres Bild zu formen, wie die Partnerschaft ablaufen könnte.

Damit wird aber auch häufig ein Rückzug eingeleitet. Wer beispielsweise lange Single war, kann plötzlich Aspekte des

Alleinseins vermissen. Oder alte Ängste brechen auf, etwa vor der Nähe, vor der Verantwortung oder vor der Änderung der Lebensumstände. Einer von beiden besinnt sich womöglich, dass es auch ein Leben vor dem oder der Neuen gab, und zieht sich zurück, um sich zu besinnen, sich zu ordnen – oder um eine Entscheidung zu treffen. Häufig wechseln sich die Beteiligten in ihrem Rückzug sogar ab.

Dies ist übrigens nicht nur normal, sondern auch besonders heikel und birgt das höchste Konfliktpotenzial. Jetzt nur nicht den anderen bedrängen, denn im Zweifel zieht er sich dadurch nur noch mehr zurück. Das Schlimme an dieser Phase ist: Die Rückzugssituationen wiederholen sich und wechseln sich ab – bis sie zu dem ersten Beziehungsgespräch führen. Fragen wie: Was tun wir hier eigentlich?, Wohin führt uns das?, Was möchten wir?, stehen mit einem Mal im Raum. Nicht immer, aber durchaus häufig werden bei diesem Gespräch zum ersten Mal tiefe Gefühle offenbart, denn die spielerische Phase nähert sich dem Ende. Beiden ist klar: Dieses Beziehungsgespräch legt fest, wie es weitergeht, und nimmt dem bis dahin vielleicht noch unverbindlichen Kennenlernen die Unschuld.

Phase 4: Die Entscheidungen

Es gibt verschiedene Szenarien, wie ein solches erstes Beziehungsgespräch enden kann. Da wäre beispielsweise die unverbindliche Affäre, der man den Titel »Alles bleibt, wie es ist« geben könnte. Im besten Fall haben Sie sich vielleicht noch nicht entschieden, ob Sie den Kontakt intensivieren wollen.

In der Theorie klingt das gangbarer als in der Praxis, in der meist einer der Partner seine Bedürfnisse nicht erfüllt sieht. Dann wird es zwangsläufig zu einem Konflikt kommen.

Im besten Fall entscheiden Sie bei diesem Gespräch, dass Sie es miteinander probieren wollen. Vielleicht sagen Sie ja sogar: »Das ist sie/er!« Oder Sie verständigen sich darauf, dass Sie beide Potenzial in Ihrer Beziehung sehen und abwarten möchten, wie sich diese entwickelt. Wichtig ist, dass Sie sich beide auf die Bereitschaft verständigen, es miteinander zu versuchen. Ohne ein solches Einverständnis bleibt es eine Affäre.

Manchmal stellen Sie jedoch fest, dass es einfach nicht klappt. Der Funke ist nicht übergesprungen, Sie sind emotional nicht ausreichend involviert, weshalb Sie die Beziehung wieder beenden und getrennte Wege gehen. Bedenken Sie, dass es nur selten gelingt, »gute Freunde« zu bleiben. In der Regel trifft man diese Entscheidung auch nicht gemeinschaftlich, und so wird der Zurückgewiesene erst einmal eine Trauerphase benötigen, bevor sich der Umgang wieder normalisiert.

Sie sehen, wozu Dating überhaupt gut ist: um einander kennenzulernen und zu prüfen, ob die anfänglich positiven Eindrücke einer näheren Beurteilung standhalten können. Demnach ist Dating nicht zwingend der Start einer lebenslangen Beziehung. Auch nicht der Anfang vom Ende Ihres Single-Daseins. Oder der Beginn eines neuen gemeinsamen Lebens. Diese Liste ließe sich beliebig fortführen.

Natürlich kann ein erstes Date im Nachhinein betrachtet tatsächlich den Startschuss eines Sprints vor den Traualtar bedeuten. Wenn Sie ein Date jedoch bereits im Vorfeld an dessen Ausgang bewerten, spricht das für falsche Erwartungen – und ist meist ein Garant für eine Enttäuschung.

In dem Kinohit *Hitch – Der Date Doktor* hilft Will Smith als Single-Coach seinen Kunden, das passende Date für die richtige Person auszurichten. *Auszurichten* deshalb, weil er dabei vorgeht wie ein Projektmanager, der alle relevanten Facetten seiner Aufgabe genau analysiert und anschließend den Ablauf plant und durchführt.

Hinter dieser Strategie verbergen sich bereits einige wichtige Erkenntnisse: Zum einen ist nicht für jeden Menschen derselbe Ablauf passend. Zum anderen ist Phantasie gefragt, um mit jemandem bei einem Date eine erinnerungswürdige Zeit zu verbringen.

Grundsätzlich möchten wir Sie jedoch warnen, das aus diversen US-amerikanischen Fernseh- und Kinoproduktionen bekannte Dating-Verhalten unreflektiert auf deutsche Verhältnisse zu übertragen. Wir wissen durchaus, dass Szenen aus *Friends*, *Sex and the City* oder *Ally McBeal* dazu verlocken, zu denken: »Genauso geht es mir auch.« Das mag für manche Menschen ja auch stimmen, generalisieren lässt es sich jedoch nicht. Vielleicht geht es uns mit den amerikanischen Dating-Regeln auch bald so wie mit dem Valentinstag oder Halloween, die aus den USA importiert wurden und sich in den vergangenen Jahren als »heimliche Feiertage« etabliert haben.

Wo liegen denn nun die Unterschiede? Wie bereits erwähnt beginnen diese bei der Verwendung des Begriffs »Date«. Früher nannte man das, als Eindeutschung des französischen

Rendezvous »Stelldichein«. Heute hat man dagegen umgangssprachlich bereits ein Date mit Arbeitskollegen, mit denen man nach Büroschluss noch etwas trinken geht.

Wir bezeichnen als »Dating« die Begegnung zweier Menschen, die sich innerhalb der oben erläuterten Phasen als Folge der Partnerwahl verabredet haben.

Worum wir uns hier übrigens nicht näher kümmern wollen, sind die erfundenen Dating-Regeln. Dabei handelt es sich vor allem um diejenigen von Ellen Fein und Sherrie Schneider, die uns allerdings hauptsächlich als Spielchen und Abrichtung von Männern vorkommen.

Dennoch existieren gewisse Dating-Regeln, auch wenn sie nirgendwo schriftlich festgehalten sind. In der Nachkriegszeit beispielsweise hieß es unter amerikanischen Soldaten, die deutschen Frauen seien leicht zu haben. Umgekehrt kritisierten die Frauen, die GIs seien viel zu forsch. Eigentlich ist das ein Widerspruch, dabei entstand der Konflikt allein aufgrund unterschiedlicher Dating-Regeln. Die deutschen Frauen fanden nichts dabei, ihre Verabredungen gleich beim ersten oder zweiten Date zu küssen, schließlich war das für sie nicht unanständig. In den USA dagegen galt Küssen damals als ein Vorspiel, das in aller Regel Sex zur Folge hat. Deshalb heißt es auch heute noch oft in den USA, das erste Date dürfe man nur mit einem zarten Kuss an der Haustür beenden. Die (ihrem Selbstbild gemäß) braven deutschen Frauen erlaubten den Soldaten also etwas, das sie in den Augen der Männer (dem Fremdbild gemäß) zu »leichten Mädchen« machte.

Dating-Regeln müssen nicht zwingend beachtet werden, und viele sind es auch gar nicht wert. Es ist in der Phase des Kennenlernens aber sicher hilfreich, bestimmte Muster und Abläufe zu erkennen und vor allem zu wissen, wie unterschiedlich scheinbar eindeutige Verhaltensweisen interpretiert werden können.

> Das erste Treffen ist nur dazu da, um herauszufinden, ob es ein zweites geben wird.

Das erste Date

1. Vor dem Treffen

Herzklopfen, Neugierde, Aufregung, Schweißausbrüche oder das Bedürfnis, singend durch die Straße zu tanzen: Je nach Temperament lässt der Gedanke an ein bevorstehendes erstes Date die Hormone durch den Körper wirbeln. Im (für Sie) angenehmsten Fall gefällt Ihnen das. Sie verspüren Schmetterlinge im Bauch und fühlen sich großartig.

Andere fürchten sich vor einem solchen ersten Treffen, verspüren vielleicht sogar Panik. Entweder weil es das erste Date seit Jahren ist, weil es endlich »klappen« muss, weil diese Frau oder dieser Mann dem Traumpartner bis auf i-Tüpfelchen zu gleichen scheint, oder weil man sich heute ganz furchtbar fühlt und dabei doch mit allem Charme glänzen möchte.

Es braucht keinen Hellseher, um beurteilen zu können, wer die besseren Chancen auf ein gelungenes Treffen mitbringt: derjenige nämlich, der selbstsicher und authentisch wirkt.

Es mag banal klingen, trifft aber in den allermeisten Fällen zu: Wer leidend oder bedürftig erscheint, wirkt nur auf ausgesprochen karitativ veranlagte Charaktere anziehend. Aus diesem Grund sollten Sie sich vor dem ersten Treffen immer wieder Ihren Erwartungen stellen: Träumen Sie beim Gedanken an Ihr Date bereits von einer gemeinsamen Zukunft? Sehen Sie wie in einem Hollywoodfilm Szenen voller Liebe und Glück vor sich? Kaufen Sie insgeheim bereits den gemeinsamen Hund für das Strandhaus?

Dann sollten Sie den Film in Ihrem Kopf schleunigst stoppen, sonst werden Sie nämlich garantiert enttäuscht werden.

Das kann mehrere Gründe haben. Zum einen kennen Sie den Menschen, den Sie treffen wollen, ja noch gar nicht, sondern möchten ihn erst kennenlernen, und wissen auch noch nicht, ob er überhaupt Hunde oder Strandhäuser mag. Sie wissen noch nicht einmal, ob er Sie mag und ob er tatsächlich liebenswert ist.

Sie ahnen es vielleicht, möglicherweise hoffen Sie es auch – aber Sie *wissen* es nicht. Sie projizieren Ihre Wünsche auf Ihre Verabredung, was diesen Menschen vor eine nahezu unlösbare Aufgabe stellt, nämlich Ihre Erwartungen zu erfüllen.

Seien Sie doch mal ehrlich: Würden Sie selbst Ihre Erwartungen erfüllen können? Finden Sie es gerecht, dass es einen Menschen geben soll, der nur geboren wurde, um Sie zufriedenzustellen? Wie würden Sie sich fühlen, wenn Sie ein beinahe Unbekannter mit seinen tausend Erwartungen konfrontieren würde? Wir vermuten mal, Sie würden die Flucht ergreifen.

Ein anderer Grund, enttäuscht zu werden, kann die berühmte sich selbst erfüllende Prophezeiung sein. Die tritt genau dann ein, wenn jemand nach zahlreichen enttäuschenden ersten Dates den Gedanken nicht loslassen kann, dass dieses Treffen wieder nichts werden wird. Die Ahnung wird sich vermutlich erfüllen – allerdings nicht weil das Schicksal es so bestimmt hat, sondern weil Sie all Ihre Befürchtungen und Sorgen ausstrahlen, also Ihre negative Sicht- und Herangehensweise offenbaren. Fatal an der sich selbst erfüllenden Prophezeiung ist, dass viele Betroffene sich in ihrer Vorhersage bestätigt sehen und damit anschließend umso überzeugter von ihren Ahnungen sind.

Sollten Sie sich darin wiederfinden: Um aus diesem Teufelskreis auszubrechen, müssen Sie ihn erst einmal als solchen erkennen. Viele Singles reagieren dann mit Sätzen wie: »Habe ich es nicht gesagt? Ich gerate immer wieder an die Falschen.« Das ist ein vergleichbarer Mechanismus, der ihnen das Alleinsein beinahe garantiert.

Ein dritter Grund sind die verschiedenen Herangehensweisen und eine unterschiedliche Sicht auf die Dinge. Ein solches Konfliktpotenzial birgt beispielsweise das Tempo des Datings. Wer felsenfest an die Liebe auf den ersten Blick glaubt, der gilt als ausgeprägt schicksalsorientiert. Er denkt: Irgendjemand oder das Schicksal wird schon dafür sorgen, dass mir der Richtige über den Weg läuft. Dann macht es klick oder peng, und wir verlieben uns. Ganz anders sehen wachstumsorientierte Menschen die Dinge. Sympathie ist für sie der Beginn der Reise, danach kommt Freundschaft, und aus der wächst schließlich Zuneigung bis hin zur Liebe.

Von extremen Ausprägungen einmal abgesehen, führen beide Herangehensweisen zum Ziel. Wertfrei betrachtet ist also weder die eine noch die andere schlecht. Dennoch kann es Ihnen schwerfallen, von der eigenen Wahrnehmung abweichende Sichtweisen objektiv zu beurteilen. Der Schicksalsorientierte wird vom Wachstumsorientierten häufig als oberflächlich, verträumt und realitätsfern empfunden. Umgekehrt bemitleidet der Schicksalsorientierte den Wachstumsorientierten, weil für ihn das entscheidende leidenschaftliche Element fehlt, nämlich das berühmte Klick.

Zu einem späteren Zeitpunkt der Beziehung haben vermutlich beide Partner erfahren und lernen können, mit den Wahrnehmungen des anderen umzugehen. Beim ersten Date jedoch, bei dem noch relativ kodiert kommuniziert und zwischen Herzflattern und Selbstmarketing um jedes Wort gerungen wird, ist dieser gegenseitige Respekt für den anderen und dessen individuelles Verhalten noch nicht etabliert. Der klassische Ausgang eines solchen Treffens sieht demnach so aus: Der Schicksalsorientierte sitzt neben dem Telefon und wartet auf einen sofortigen Rückruf. Er selbst hat vielleicht bereits eine SMS geschickt und sich für das schöne Date bedankt. Der Wachstumsorientierte ist aber noch nicht so weit, sich ein Urteil zu bilden. Das will er nämlich gar nicht, da es für ihn viel zu früh und zu schnell wäre. Wer nun frühzeitig aufgibt, weil er dem anderen Desinteresse unterstellt, der vergibt sich vielleicht eine großartige Chance.

Ungezwungen das erste Date anzugehen, ist einfacher gesagt als getan. Manchmal hilft der passende Rahmen, um

Mit niedrigen Erwartungen zum ersten Date zu gehen, ist sicher besser als mit hohen. Nehmen Sie sich daher nichts weiter vor, als gemeinsam eine gute Zeit zu verbringen. Freuen Sie sich auf eine neue Bekanntschaft, seien Sie neugierig auf Ihr Gegenüber, und vergessen Sie für eine Stunde, dass Sie auf Partnersuche sind. Stellen Sie sich auf Ihnen nicht vertraute Sichtweisen und Wahrnehmungen ein, seien Sie offen, und lassen Sie sich überraschen, wie dieser neue Mensch Ihr Leben bereichern kann: als Freund, als Affäre, als Partner oder als Erfahrung.

die Situation zu erleichtern. Nach einer Umfrage unter über 4000 deutschen Singles sind die bevorzugten Treffpunkte für das erste Treffen ein gemütliches Restaurant oder Café, immerhin 20 Prozent der Befragten ziehen allerdings einen Spaziergang vor. Schlusslicht in der Liste ist der Jahrmarkt mit Achterbahn und Zuckerwatte. Darauf haben gerade mal sechs Prozent der interviewten Singles Lust.

Wir raten dennoch, bei der Auswahl des Ortes phantasievoll zu sein. Cafés sind zwar prima für kommunikative Typen, denn sie müssen nicht befürchten, einander plötzlich sprachlos und gehemmt gegenüberzusitzen. Auch Restaurants können fraglos romantisch sein, für ein klassisches erstes Date sind sie vielen jedoch bereits zu verbindlich.

Wir empfehlen für das erste Date einen öffentlichen Ort (keinesfalls zu Hause), der Sie und Ihre Begleitung einlädt, gemeinsam etwas zu erleben. Unser Favorit ist ein Flohmarkt, denn hier wird Ihnen der Gesprächsstoff garantiert nicht ausgehen – und Sie bekommen gleich einen Eindruck über den Geschmack, das Verhandlungsgeschick und die Einrichtung Ihrer Verabredung. Wenn der Flohmarktbummel schön war, spricht nichts dagegen, danach ein Café anzusteuern.

Ansonsten sollten Sie ein erstes Date eher kurz halten (was nicht bedeutet, dass Sie keine Stunde »anhängen« dürfen, wenn Sie mögen), damit Sie sich ohne Not und Ausreden frühzeitig verabschieden können, falls der Funke gar nicht überspringen will. Überfrachten Sie das erste Date nicht, lassen Sie sich genügend Spielraum, den anderen zu entdecken. Es geht wirklich nur darum, den ersten Eindruck zu bestätigen – oder zu revidieren –, und gegebenenfalls ein weiteres Date zu vereinbaren.

Wer das Projekt Partnersuche angeht und beispielsweise über das Internet sucht, wird in kurzer Folge viele erste Dates absolvieren. Das bleibt nicht aus, denn irgendwann müssen Sie von der virtuellen in die reale Welt wechseln, um den bis dahin gewonnenen Eindruck zu bestätigen oder die Beziehung voranzutreiben. Wenn Sie daraus jedes Mal stundenlange Treffen machen, benötigen Sie extrem viel Zeit, denn – da wollen wir Ihnen nichts vormachen – es braucht meist einige erste Dates, bevor es klick macht oder Sie jemanden treffen, mit dem Sie mehr Zeit verbringen möchten.

**Übung 11: Gegen das Lampenfieber
beim ersten Date**

Sie sind vor dem ersten Treffen sehr nervös? Dann sollten Sie Ihre Furcht mit den eigenen Waffen schlagen. Fragen Sie sich: »Was ist das Schlimmste, das passieren kann?«, und stellen Sie sich genau das vor. Malen Sie sich die Situationen, die Ihnen den größten Schrecken bereiten, möglichst plastisch und bildhaft aus. Haben Sie eine Szene erst vor Augen, verliert sie schnell ihren Schrecken.

Danach wechseln sie die Regieanweisung: Stellen Sie sich nun sich selbst als heldenhafter Protagonist vor, den nichts aus der Ruhe bringt und der jedes Problem mit Bravour meistert, und spielen Sie dieselbe Situation erneut durch. Wenn Sie sich dann in der Realität in der entsprechenden Lage befinden, werden Sie deutlich entspannter reagieren, als Sie sich zunächst zugetraut haben.

Die Mehrheit der deutschen Singles lässt laut einer internetbasierten Umfrage seinen Gefühlen bei dem ersten Date freien Lauf. Ganze 44 Prozent der befragten Frauen und 47 Prozent der Männer sind hingegen zurückhaltend; als Grund nennen sie Befangenheit, Aufregung und Lampenfieber.

Es mag Ihnen schwerfallen, aber seien Sie für diesen körpereigenen Mechanismus dankbar, denn letztlich lässt er uns in gefährlichen Momenten besonders wachsam und aufmerksam werden. Eine gewisse Nervosität ist also nicht nur normal, sondern auch gesund. Nur wenn die Aufregung die gesamte Situation oder Sie selbst komplett beherrscht, sollten Sie darüber nachdenken, an Ihrer Selbstsicherheit zu arbeiten.

Hier einige Tipps:

Üben, üben, üben: Es gibt überall unverfängliche Möglichkeiten, den Umgang mit Fremden zu trainieren. Wer etwa im Supermarkt andere Kunden um Hilfe bittet oder ab und zu einen Plausch mit der Verkäuferin wagt, erhöht allein dadurch seine soziale Sicherheit.

Passenden Gesprächsstoff aus der Situation entwickeln: Gerade zu Beginn empfiehlt sich eher ein Thema, das nichts mit Ihrer Person zu tun hat. So eignet sich ein Satz wie »Schmeckt dein Wein gut?« zum Beispiel deutlich besser als etwa »Wie findest du mein Outfit?«.

Sprechen Sie Ihre Zurückhaltung an: Reden Sie ruhig offen über Ihre Aufregung, denn das macht Sie authentisch. Ihr Gegenüber ist im Zweifel genauso nervös wie Sie – und findet Ihre Zurückhaltung wahrscheinlich sympathischer als ein rüdes Vorpreschen.

Beweisen Sie Humor: Lachen beim ersten Date ist der Eisbrecher und Rettungsanker schlechthin für viele Singles. Wenn etwas schiefläuft (und irgendetwas läuft immer schief), dann lachen Sie ruhig auch mal über sich selbst. Unangenehme Situationen mit Humor zu meistern, ist der eleganteste Weg, die Lage zu entschärfen. Das gilt für einen Versprecher beim Namen genauso wie für verschütteten Rotwein.

Auch wenn wir uns wiederholen: Beim ersten Date sollten Sie keinesfalls mit zu großen Erwartungen an den Start gehen. Das gilt ganz besonders, wenn Sie sich eine langfristige Beziehung wünschen und Ihr Date noch nie zuvor »live« erlebt haben, weil Sie beispielsweise die Anbahnung im Internet begonnen haben. Online-Dating-Börsen verleiten manche Menschen dazu, zu denken, sie könnten sich ihren Traumpartner wie aus einem Baukasten zusammenpuzzeln. Doch das funktioniert im wahren Leben leider nicht. Die meisten Bausteine entspringen Ihrer eigenen Phantasie und Ihren Wünschen und haben mit dem Menschen, den Sie treffen, erst einmal gar nichts zu tun.

Wir möchten deshalb allen Singles, die online nach einem Partner suchen, dringend raten, nicht zu lange mit dem ersten Treffen zu warten, damit sie erst gar nicht in eine solche Projektionsfalle tappen können. Natürlich sollten Sie ein paar Mails abwarten und mindestens einmal miteinander telefonieren, aber dann ist die Zeit bereits reif für ein Treffen in der Realität. Ein Patentrezept gibt es allerdings nicht. Schüchterne Menschen benötigen sicher mehr Zeit, andere sind forsch und entsprechend schnell. Aber verstehen Sie das Internet nicht als Ersatz für die Partnerwahl in der Realität, sondern als einen von vielen möglichen Zugängen.

2. Während des Treffens

Wie Sie mit Ihrem Körper die richtigen Signale senden, damit es schon beim ersten Gespräch zu prickeln beginnt, haben wir bereits in der Flirtschule dargelegt. Da jedoch viele Singles unsicher sind, was mögliche Gesprächsthemen beim ersten Date betrifft, gibt es hier noch einige hilfreiche Tipps für eine anregende Unterhaltung.

Angeln Sie nach Themen: Versuchen Sie stets, spontan,

flexibel und aus der jeweiligen Situation heraus Gesprächs-themen anzureißen. Dabei geht es jedoch nicht in erster Linie darum, ein Thema zu finden, das Sie dann in aller Ausführlich-keit breittreten. Vielmehr sollten Sie zwischen verschiedenen Themenfeldern hin und her springen, um so ein genaueres Bild von Ihrem Gegenüber zu bekommen. Suchen Sie nach Gemeinsamkeiten, nach Interessensgebieten, zu denen Sie beide etwas sagen können. Hören Sie genau zu, und fragen Sie nach, ohne aber einzelne Themen komplett auszudiskutieren. Beim ersten Date dürfen Sie gerne an der Oberfläche bleiben – solange Sie Allgemeinplätze vermeiden und ehrlich an Ihrem Gegenüber interessiert sind, bedeutet das nicht, dass Sie des-wegen gleich oberflächlich erscheinen.

Die Ex-Files: Das erste Treffen möchten Sie sicher mit Ih-rem Gegenüber alleine verbringen. Deshalb sollten die jewei-ligen Expartner möglichst unerwähnt bleiben. Will Ihr Ge-genüber unbedingt von seinen Verflossenen erzählen und lässt sich partout nicht stoppen, dann hören Sie genau hin. So erfahren Sie, was Sie womöglich einmal erwartet, denn es gibt leider keinen Grund, dass es Ihnen – falls Sie eines Tages ebenfalls zum oder zur Ex werden – anders ergehen wird. Selbstverständlich können Sie ansprechen, dass Sie be-reits Beziehungen geführt haben, für Details bleibt allerdings genug Zeit bei den kommenden Verabredungen. Sie wollen doch nicht den Eindruck erwecken, als seien Sie noch nicht über ihn oder sie hinweg?

Politische Themen: Beziehungen sind in aller Regel stabi-ler, wenn beide Partner ähnliche Wertvorstellungen haben. Natürlich können Sie mit einem Gespräch über die politische Einstellung oder ein eventuelles politisches Engagement Ihres Gegenübers diese Frage klären. Doch selbst wenn Sie sehr politikinteressiert sind und von Ihrem Partner Ähnliches erwarten, gilt: Halten Sie Ihre Ausführungen beim ersten Treffen lieber kurz. Sie treffen sich, um einen ersten Eindruck zu vertiefen – und nicht, um über die Auslandseinsätze der Bundeswehr zu diskutieren. Ein Date ist schließlich keine Bundestagsdebatte.

Pessimisten küsst man nicht: Seien es die Radfahrer auf dem Gehweg oder die Fußgänger auf dem Radweg: Zum Jammern und Schimpfen gibt es immer Gründe. Dennoch sollten Sie bei allem berechtigten Ärger bedenken: Positive Menschen wirken attraktiver als Nörgler. Daher gilt: Das Glas ist halb voll und nicht halb leer! Nehmen Sie es also mit Humor, selbst wenn der unfreundliche Kellner seit einer halben Stunde Ihre Bestellung verbummelt. Sie laufen sonst Gefahr, für einen notorischen Miesmacher gehalten zu werden. Und wer will so jemanden ein zweites Mal sehen?

Geld ist tabu: Understatement ist Trumpf, lautet die Devise, wenn es ums Geld geht. Denn sind Sie vermögend, wollen Sie wohl kaum Ihres Bankkontos wegen gemocht werden. Natürlich sagt auch der Beruf eine Menge über einen Menschen aus, noch viel mehr besagt jedoch, ob Sie Ihren Job mit Begeisterung und Leidenschaft machen. Wichtiger als die Überweisung am Ende des Monats ist nämlich die Stimmung während der Arbeitswochen. Eine Beziehung leidet deutlich mehr unter dem Frust, den ein ungeliebter Job hervorruft, als unter ein paar hundert Euro weniger auf dem Konto. Deshalb gilt: Geldgeschäfte im Allgemeinen und Ihre wirtschaftliche

Situation im Besonderen sollten beim ersten Treffen höchstens eine untergeordnete Rolle spielen – oder sind Sie etwa auf der Suche nach einem Buchhalter?

Zurückhaltung bei Spezialwissen: Sie sammeln seit Ihrem zehnten Lebensjahr Donald-Duck-Hefte? Kein Problem. Versuchen Sie ruhig, Ihr Gegenüber an Ihrer Begeisterungsfähigkeit teilhaben zu lassen, aber treiben Sie es bitte nicht auf die Spitze. Ihr Fachwissen über die Übersetzungsfähigkeiten von Frau Dr. Erika Fuchs oder warum Sie das Genie von Carl Barks so bewundern grenzt Ihren Gesprächspartner nämlich schnell aus und lässt Sie monologisierend zurück.

Die schönste Nebensache der Welt: Ihre sexuellen Fantasien sollten Sie beim ersten Treffen nur dann aussprechen, wenn Sie eine Affäre oder einen One-Night-Stand anstreben. Ansonsten ist es besser, wenn Sie Sex nur vorsichtig thematisieren, selbst wenn Sie auf einige Ihrer Erfahrungen besonders stolz sein können. Sex ist für die meisten Menschen ein sensibles Thema, über das sich nicht jeder gleichermaßen unbefangen unterhalten kann. Schlimmstenfalls fühlt sich Ihre Verabredung unangenehm unter Druck gesetzt.

Humor ist, wenn Sie trotzdem lachen: Witze sind beim ersten Treffen absolut tabu. Wenn Sie unbedingt wissen möchten, was Ihre Verabredung aufheitert, dann fragen Sie besser nach, als einfach irgendwelche Kalauer zum Besten zu geben. Oder warten Sie bis zur zweiten Verabredung, und sehen Sie sich gemeinsam im Kino eine Komödie an. Vorsicht besonders bei Ironie: Um solche Feinheiten zu verstehen, müssen Sie sich besser kennen.

Na, auch so krank wie ich? Aus Verlegenheit, die passenden Gesprächsthemen zu finden, reden viele Menschen gerne über ihre Krankheiten und Wehwehchen und stellen sich so unfreiwillig als Hypochonder dar. Bitte bedenken Sie: Nichts wirkt unattraktiver als Jammern und Wehklagen. Natürlich sollen Sie echte Beschwerden oder schwere Krankheiten nicht verheimlichen. Wenn Sie jedoch beim Kennenlernen nicht den Eindruck erwecken möchten, Ihr ganzes Leben werde von Schmerzen und Leid bestimmt, sollten Sie lieber auf Erfreuliches zu sprechen kommen.

Der Kinderwunsch: Nein, wir werden Sie an dieser Stelle nicht zum Lügen auffordern. Doch allzu offensiv sollten Sie Ihre Vorstellungen von Familienplanung, vor allem, wenn diese einen engen Zeitrahmen vorsehen, nicht vortragen. Äußerungen wie »Die Uhr tickt!« können leicht Fluchtgedanken auslösen, denn Ihr Gegenüber kann sich schnell als Mittel zum Zweck vorkommen. Wenn Sie sich ein Kind wünschen, dürfen Sie das natürlich auch zum Ausdruck bringen. Aber bleiben Sie realistisch: Das erste Treffen ist für verbindliche Pläne denkbar ungeeignet.

3. Das Ende des Treffens

Sie haben sich mit einem interessanten Menschen getroffen, sich glänzend unterhalten und eine schöne gemeinsame Zeit verbracht, die allmählich zu Ende geht. Alles ist wunderbar, nur eine Frage steht nun im Raum: Wer zahlt?

Eines vorab: Auch in diesem Fall gibt es nicht die eine goldene Regel, mit der sich jeder wohlfühlen würde.

Gerade wenn es ums Bezahlen der Rechnung geht, kommt es stark auf die eigene Wahrnehmung an. Es gibt Frauen, die von einem Mann erwarten, dass er sie einlädt, sozusagen als Beleg guten Benehmens und Erfüllung ihres Rollenbildes. Allerdings kommt auf jede dieser Frauen mindestens eine, die befürchtet, der Mann könne eine Einladung als Gutschein für eine Gegenleistung verstehen, und die deshalb ihren Anteil lieber selbst bezahlt. Und dann gibt es beispielsweise noch Fälle, in denen einer von beiden zum Date weit anreisen musste, weshalb der andere im Gegenzug die Zeche begleichen möchte.

Früher war es tatsächlich so: Die Rollenverteilung sorgte dafür, dass Frauen ihr Portemonnaie getrost zu Hause lassen konnten und kein Mann fürchten musste, aufgrund einer Einladung gönnerhaft zu erscheinen. Das ist vorbei, allerdings gibt es auch heute etliche Männer, junge ebenso wie ältere, die gerne die Rechnung übernehmen. Umgekehrt reagiert so mancher Mann verärgert, wenn ihm eine ganz selbstverständliche Anspruchshaltung entgegenschlägt.

Nach einer Online-Befragung bevorzugt über ein Drittel aller Singles beim ersten Date getrennte Kassen. Knapp unter ein Drittel ist der Ansicht, dass prinzipiell der Mann zahlen sollte. Etwa 15 Prozent erwarten, dass derjenige die Rechnung übernimmt, der das Treffen arrangiert hat. Die Übrigen tun das, was auch wir Ihnen empfehlen: Sie klären vorab im Gespräch, wer zahlt.

Doch was tun, wenn bei diesem Punkt extrem gegensätzliche Erwartungen aufeinanderprallen? Zunächst sollten Sie das Thema direkt ansprechen. Sagen Sie ruhig: »Wie wollen wir es mit der Rechnung halten?« Oder auch: »Das hatte ich anders erwartet. Dein Verhalten irritiert mich…« Bedenken Sie dabei stets, dass Sie Ihre Vorstellungen nicht zum Maßstab erheben. Die zitierte Umfrage belegt deutlich, dass Ihr Gegenüber mit seiner Meinung nicht alleine steht.

Selbst wenn es Ihnen schwerfällt, vergessen Sie die Bilder, von denen sich Ihr Urteil leiten lässt. Der Mann, der die Rechnung beim ersten Date zahlt, ist nicht automatisch großzügig und fürsorglich. Vielleicht will er sich tatsächlich nur Ihre Zuneigung oder eine Gefälligkeit erkaufen. Ebenso wenig ist die Frau, die auf Halbierung der Rechnung besteht, unbedingt kleinlich. Vielleicht hat sie schon mal schlechte Erfahrungen gemacht oder will klarstellen, dass Sie einen gleichberechtigten Partner und keinen Versorger sucht.

Falls Sie sich nicht einigen können, schlagen Sie doch einfach vor, sich beim nächsten Treffen zu revanchieren.

Womit wir bei der wichtigsten Frage des ersten Dates angelangt wären: Wird es ein nächstes Treffen geben? Das zu entscheiden, ist manchmal sehr schwierig. Deshalb ist es nötig, dass Sie bewusst reflektieren, was war, und bei Ihrer Entscheidung gleichermaßen auf Kopf, Herz und Bauch hören.

Allerdings geht es bei der ganzen Sache nicht nur um Sie, denn Sie möchten sicher genauso wissen, was Ihr Gegenüber von Ihnen hält. Bei manchen Kontakten herrscht nach einem lebhaften Auftakt urplötzlich Funkstille. Sobald ein Date nicht so eindeutig endet, dass einer von beiden die berühmte Frage »Zu dir oder zu mir?« stellt, herrscht Unsicherheit auf beiden Seiten. Woran können Sie nun erkennen, ob Ihr Date ernsthaftes Interesse hat?

Da besteht erst mal durchaus Grund zur Hoffnung. Zwar gibt sich nicht jeder so forsch, dass er seine Absichten gleich beim ersten Date enthüllt, aber wie Sie bereits in der Flirtschule im Kapitel »Körpersprache« erfahren haben, sendet jeder Mensch vielsagende Signale, die Ihnen auch ohne Worte verraten, ob nun Rückzug oder Initiative gefragt ist.

Wie ist das Gespräch gelaufen? Gefällt uns ein anderer Mensch, so erkunden wir interessiert das neue Terrain. Also sollten Sie sich nach dem ersten Treffen fragen: Hat Ihr Gegenüber Ihnen gut zugehört? Sie ausreden lassen? Gelegentlich Zwischenfragen gestellt? Hat der andere sich vielleicht sogar kleinere Details aus Ihrem Vorgespräch oder dem E-Mail-Kontakt gemerkt und darauf Bezug genommen? Hat er sich bemüht, das Gespräch in Gang zu halten? Wenn ja, dann seien Sie beruhigt. Es ist alles bestens. Das Interesse an Ihnen ist ein erstes Signal, dass Ihr Gegenüber Gefallen an Ihnen findet.

Wie »laut« haben die Augen geschaut? Das Gespräch ist alles in allem prima gelaufen: Sie haben geredet, geredet und geredet. Sie konnten Gemeinsamkeiten finden, Sie lachten über dieselben Scherze und zuletzt sprachen Sie sogar Ihre Zukunftswünsche an. Alles gute Zeichen. Trotzdem zweifeln Sie noch und fürchten, Ihr Gegenüber könnte Sie einfach nur nett finden? Dann müssen Sie nicht allein auf Worte, sondern genauso auf Blicke achten. Wenn zwei Menschen aneinander interessiert sind, kommunizieren sie auf allen Ebenen, vorneweg mit den Augen.

Mit Ihren Blicken stellen Sie klar, was Sie für jemanden empfinden. Sieht Ihnen beispielsweise Ihr Gegenüber tief in die Augen, während er einen Vortrag über seine Comicsammlung hält, ist das Thema längst in den Hintergrund getreten. Ein langer, interessierter (jedoch nicht starrer) Blick signalisiert eindeutig Zuneigung. Üben Sie, Blickkontakt zu halten, wenn Sie unsicher sind. Denn senden Sie keine eindeutigen Signale, so wird der andere genauso verunsichert sein wie Sie und Ihr Verhalten im Zweifelsfall als Desinteresse werten.

Hat sich Ihre Körpersprache synchronisiert? Wenn sich zwei Menschen gut verstehen, lässt sich ein interessantes Phänomen beobachten. Während sie miteinander sprechen, nehmen sie häufig eine ganz ähnliche Körperhaltung ein, das heißt, sie sitzen ähnlich, sie stützen sich beide im selben Moment auf und sogar ihre Mimik und Gestik gleichen sich an. Paare, die gut aufeinander eingespielt sind, erkennen Sie beispielsweise häufig daran, dass beide zur gleichen Zeit zum Glas greifen oder in fast demselben Moment die Sitzposition (noch dazu in gleicher Weise) verändern.

Diese Erkenntnis lässt sich auch für die erste Kennenlernphase nutzen, denn sie folgt einer bestimmten Choreografie: Während Ihr Gegenüber beispielsweise über das Wetter und das Restaurant spricht, sitzt er noch seitlich abgewandt und zurückgelehnt. Als er später von seinen Hobbys schwärmt, wendet er Ihnen bereits Kopf und Schultern zu. Sobald Sie die ersten Gemeinsamkeiten finden, dreht er sich ganz in Ihre Richtung. Wenn Sie dann über Ihre in naher Zukunft geplante Reise sprechen, kommt es vielleicht sogar zu einer flüchtigen Berührung.

Da Körperhaltung, Sprechtempo, Mimik und Gestik sich

dem Gegenüber anpassen, ist dieser Einklang ein guter Indikator für eventuelle gegenseitige Gefühle.

Hält der andere Sie hin, oder meint er es ehrlich? Sie haben gemeinsam einige anregende Stunden verbracht, und als Sie nach einem zweiten Treffen fragten, stimmte Ihr Date ohne Zögern zu. Vielleicht ist es Einbildung, vielleicht schwächelt auch Ihr Selbstbewusstsein oder der Blick auf die Uhr irritiert sie – was können Sie tun, wenn Sie aus den Signalen Ihres Gegenübers nicht schlau werden?

Rufen Sie sich erneut ins Gedächtnis, dass sich Ihre Temperamente stark unterscheiden können und Sie die Signale womöglich falsch deuten. So könnte Ihr Gegenüber extrem schüchtern sein und es einfach nicht wagen, Ihre Blicke zu erwidern. Finden Sie daher heraus, ob es Ihrem Date möglicherweise ähnlich geht wie Ihnen. Denn wenn er oder sie ebenfalls unsicher ist, sind es auch seine oder ihre Signale. Ihr Gegenüber sendet dann Doppelbotschaften, also Zeichen, die nicht recht zueinanderpassen mögen. Beispielsweise wenn er ein weiteres Treffen vorschlägt, sich aber dann weit zurücklehnt und nur noch von seinen eigenen Problemen spricht.

In solchen Fällen bleibt Ihnen nur die Flucht nach vorne: Fragen Sie nach, wie Sie dieses Verhalten zu interpretieren haben. Fluchtreflexe, Unaufmerksamkeit, körperliche Abgewandtheit lassen sich oft vorschnell als Ablehnung deuten. Haken Sie daher so lange nach, bis Sie nicht mehr im Ungewissen sind.

Ende offen, alles offen? Überstürzen Sie nichts: Schlagen Sie einfach ein zweites Treffen vor, und beobachten Sie, wie sich die Sache entwickelt – das verpflichtet Sie zu nichts.

Die nächsten Treffen

1. Das zweite Date

Und weiter? Nehmen wir also mal an, Sie möchten Ihre Verabredung wiedersehen. Herzlichen Glückwunsch, dann stecken Sie jetzt mitten in der Verführungsphase. Selbstmarketing ist nun gefragt – und dennoch sollten Sie sich dabei genauso geben, wie Sie sind.

Ganz deutlich raten wir an dieser Stelle von jenen Dating-Regeln ab, die einzig und allein Kräftemessen, Rollenspiele und Manipulation als Ziel haben. Solche Spielchen haben Sie nämlich gar nicht nötig. Überlassen Sie diese ruhig all jenen, die nicht durch sich selbst überzeugen können.

Wenn Sie sich unsicher fühlen, besinnen Sie sich auf die Erkenntnisse Ihres Blicks nach innen. Ändern Sie, was Ihnen an Ihnen selbst nicht gefällt, aber schauspielern Sie nicht. Auf lange Sicht werden Sie Ihre wahren Gefühle ohnehin nicht verbergen können – und falls doch, dann werden Sie vermutlich eine ungesunde Kompensation für diese Selbstverbiegung suchen. Denken Sie stets daran: Umgekehrt wollten Sie schließlich auch keinen Partner, der Sie manipuliert. Oder möchten Sie tatsächlich die Dating-Regeln nach Sherrie Schneider und Ellen Fein anwenden, von denen eine lautet: »Ziehen Sie diese Dating-Regeln durch, selbst wenn Ihre Freunde und Eltern Sie für verrückt halten«?

Vielleicht haben Sie ja auch schon von dieser Regel für Frauen gehört: »Warten Sie, bis *er* anruft. Wenn er Interesse hat, meldet *er* sich bei Ihnen.« Selbstverständlich dürfen Sie warten, wenn Sie das wirklich möchten – etwa weil Sie sich so fühlen oder weil nach Ihrer Wertedefinition der erste Schritt stets vom Mann ausgehen sollte und Sie ihn sonst nicht ernst nehmen können. Machen Sie sich dann aber unbedingt vorab klar, warum Sie das möchten und wohin die Reise Sie mit diesem Ticket führen wird. Eine gleichberechtigte Partnerschaft muss das nämlich nicht unbedingt werden.

Um es ganz klar und deutlich zu sagen: In der Verführungsphase wird gespielt, mit Worten und Taten jongliert, es werden Aufmerksamkeiten ausgetauscht und die Kräfte gemessen. All das ist völlig normal, solange dabei abgeglichen wird, was jeder in eine Beziehung einbringen kann, und nicht, wenn ein jeder versucht, sich den Traumpartner zu basteln.

Beachten Sie daher die folgenden Tipps für die Zeit zwischen dem ersten und dem zweiten Date:

Nur nichts überstürzen! Denken Sie stets daran, dass Sie Ihre neue Bekanntschaft nicht überfahren, sondern verführen wollen. Lassen Sie sich deshalb ein wenig Zeit, um sich über Ihre eigenen Wünsche und Gefühle Gewissheit zu verschaffen. Bevor Sie tätig werden, sollten Sie sich nämlich im Klaren sein, was Sie wollen.

Lassen Sie also die Eindrücke des ersten Treffens in Ruhe auf sich wirken. Gerade eine euphorische Stimmung kann einen realistischen Blick verhindern. Aber auch wenn Sie dazu neigen, die Dinge eher negativ zu sehen, hilft Ihnen ein wenig Abstand bei der besseren Beurteilung der Lage. Es schadet sicher nicht, eine Nacht darüber zu schlafen, bevor Sie die nächsten Schritte in Erwägung ziehen.

Wer ruft an? Ganz einfach: Es meldet sich derjenige, der als Erster Lust hat, sich zu melden. Und das war es auch schon mit dieser Dating-Regel.

Wer meldet sich wann? Auch hier gilt: Sie melden sich, wenn Sie Lust haben, sich zu melden. Warten Sie auf jeden Fall so lange, bis Sie wirklich bereit sind. Falls das schon im Taxi auf dem Nachhauseweg der Fall ist, dann schreiben Sie in einer kurzen SMS, dass Ihnen das Treffen gefallen hat. Danach halten Sie die Spannung hoch und warten ein wenig, bis Sie sich mit dem Vorschlag für ein weiteres Treffen wieder melden.

Die Rückmeldung bleibt aus? Nach Ihrem Eindruck verlief das erste Date recht vielversprechend. Trotzdem bleibt das Telefon stumm. Falls Sie ein eher zurückhaltender Mensch sind und lieber abwarten, dass der andere sich meldet, werden Sie vermutlich spätestens am zweiten Tag unruhig. Nur keine Panik: Die Funkstille muss nicht automatisch heißen, dass Ihr Gegenüber nicht interessiert ist. Vielleicht hat der andere Angst davor, am Ziel seiner Wünsche angekommen zu sein?

Letztlich bleibt Ihnen nur eines, um Klarheit zu erlangen: Trauen Sie sich, nehmen Sie Kontakt auf, und sagen Sie, dass Sie sich über ein Wiedersehen freuen würden.

Signalisieren Sie auf keinen Fall Bedürftigkeit! Sie haben sich beim ersten Date über seine Comicsammlung unterhalten, und nun entdecken Sie zufällig bei einem Online-Versandhaus eine seltene Ausgabe, die er seit Jahren sucht. Kosten: einhundert Euro. Was tun?

Weniger kann manchmal mehr sein – das gilt auch für Ihr Verhalten nach dem ersten Date. Bitte denken Sie daran, bevor Sie einhundert rote Rosen mit der Einladung zum zweiten Treffen verschicken.

Selbst wenn Sie also die besten Gedanken hegen und Ihrem Date wirklich nur eine Freude bereiten möchten: Nehmen Sie den Fuß vom Gaspedal! Wenn Sie übers Ziel hinausschießen, schlägt das Ihr Gegenüber höchstwahrscheinlich in die Flucht. Da ist es sicher besser, ihm oder ihr eine charmante Mail oder Postkarte oder einen Brief zu schicken. Für Geschenke finden sich später noch genug Anlässe. Das gilt auch für das Versenden von SMS vor dem zweiten Treffen. Kurznachrichten per Handy können Sie sich so viele schreiben, wie Sie möchten – sobald Sie eine Beziehung führen. Sonst wird Ihr gut gemeintes Engagement schnell als Bedürftigkeit interpretiert – und das wäre gar nicht gut.

Nach dem Date ist vor dem Date! Wir betonen es an dieser Stelle noch mal, weil eine überhöhte Erwartungshaltung den häufigsten Grund für Enttäuschungen darstellt: Das zweite Date ist noch kein Versprechen. So wie das erste Date nur die Vorbereitung des zweiten ist, dient das zweite vor allem der Vorbereitung des dritten Treffens und das dritte als Vorbereitung des vierten. Sie kommunizieren damit lediglich, dass Sie nach wie vor neugierig auf Ihr Gegenüber sind. Sie gehen kein Heiratsversprechen ein – genauso wenig wie der andere!

Wohin nun zum zweiten Date? Sie haben inzwischen den ersten Eindruck überprüft und sind sich zumindest darüber einig, dass Sie sich noch einmal sehen möchten. Vielleicht sind Sie ja sogar ein wenig verliebt, fühlen sich gut und könnten die ganze Welt umarmen. Das sollten Sie nutzen, um Ihre neue Bekanntschaft zu beeindrucken oder ihn bzw. sie zumindest für sich einzunehmen.

Aus diesem Grund möchten wir nochmals an Ihre Fantasie und Kreativität appellieren. Lassen Sie sich für Ihre Dates ruhig etwas einfallen. Wenn Sie zum Beispiel in einer größeren Stadt wohnen und dort ein Planetarium Shows anbietet, dann probieren Sie ruhig einmal eine gemeinsame Reise durch das Universum. Das ist dunkel-romantisch, aufregend neu und geradezu perfekt als Auftakt für einen besonderen Abend. Was immer Sie auswählen: Achten Sie darauf, dass Sie – wenn nicht währenddessen, so doch vorab und/oder nachher – genügend Zeit haben, Ihre Erfahrungen auszutauschen. Denken Sie bei Ihrem Vorschlag nicht nur an Ihre Interessen, sondern überlegen Sie auch, was dem anderen gefallen könnte, aber bleiben Sie in jedem Fall persönlich. Sie sollten Ihr Date also nicht ins Museum führen, wenn Sie Kunst völlig uninteressant finden.

Sie können gut punkten, wenn Sie das zweite Date anders arrangieren als das erste. War das erste Treffen beispielsweise bereits sehr intensiv, dann wählen Sie nun eine Umgebung, die mehr Leichtigkeit signalisiert – etwa einen Zoobesuch. Hatten Sie beim ersten Treffen zwar viel Spaß, dafür aber kaum Gelegenheit zum Gespräch, eignet sich eher ein lauschiges Café. Für eine Vorstellung Ihres neuen Bekannten bei Freunden oder Familie ist es dagegen auf jeden Fall zu früh. Damit bauen Sie nur unnötig Druck auf, dabei sollte der Fokus auf dem spielerischen Finden von Gemeinsamkeiten liegen.

Weil das zweite Date nicht selten zu einer ersten körper-

lichen Annäherung führt, entscheiden sich nach einer Umfrage von Parship, der Zukunft Kino Marketing GmbH und
Innofact die Hälfte der deutschen Singles für das Kino. Dabei nehmen sie billigend in Kauf, dass man sich schwerlich
unterhalten kann, weil zum einen der Rahmen für erste
Berührungen perfekt ist (jeder Zweite hat bereits im Kino
geknutscht) und zum anderen die Reaktionen eines Menschen auf einen Film Rückschlüsse auf seine Persönlichkeit
erlaubt.

Das bekannteste Beispiel hierfür ist die Komödie. Wenn Sie
wissen möchten, ob Ihr Date über einen ähnlichen Humor
verfügt wie Sie, laden Sie ihn oder sie in einen witzigen und
romantischen Film ein. Für die Männer gilt: Actionstreifen
stehen auf der Favoritenliste von Frauen ganz weit unten. Für
Frauen gilt: Seien Sie ruhig gnädig bei der Filmauswahl. Etwa
zehn Prozent der Männer gehen während der Kennenlernphase auch in Filme, die sie nicht interessieren, nur der Part-
nerin zuliebe. Von den Frauen behaupten das nur 0,7 Prozent.

Grundsätzlich sollten Sie nicht zu zaghaft sein, was heißt,
es darf gerne ein wenig knistern. Erotische Szenen wirken
nämlich inspirierend. Fast ein Drittel der Single-Männer und
etwa ein Viertel der weiblichen Singles sind der Meinung, dass
erotische Szenen die Spannung eines Dates aufladen können
und damit auch das Interesse an einem gemeinsamen Abend
wecken. Allerdings geben sich die meisten Befragten dann
doch eher konservativ und warten mit der Erotik bis zum
dritten Date. Über die Hälfte diskutiert im Anschluss über den
Film, ein Viertel geht danach gemeinsam essen, und die meis-

ten anderen bummeln anschließend noch durch die Stadt. Nur knapp vier Prozent folgen nach einem Kinobesuch einer Einladung nach Hause.

2. Das dritte Date

Da Sie sich nach zwei Treffen bereits ein wenig kennen, signalisieren Sie eindeutig Interesse, wenn Sie sich weiterhin sehen. Zumindest ist dies die Meinung der meisten Singles. Wir betonen das hier nicht, weil wir denken, dass ein drittes Date stets ein Versprechen für mehr bedeutet, sondern weil die meisten Menschen ein drittes Date als solches interpretieren. Wenn Sie sich also noch nicht sicher sind, ob Sie die Bekanntschaft vertiefen wollen, so sollten Sie auf alle Fälle im Hinterkopf behalten, dass Sie Ihrem Gegenüber mit einem dritten Treffen höchstwahrscheinlich Interesse signalisieren.

Es geht also weniger um eine Dating-Regel als um ein gewisses Konfliktpotenzial in Ihrer nonverbalen Kommunikation, das Sie leicht mehrdeutig erscheinen lassen kann.

Vor allem in den USA, aber nicht nur dort, gilt das dritte Date als der übliche Zeitpunkt für erste Intimitäten. Je nach Umfeld und Status erwarten einige geradezu Sex beim dritten Date, das daher auch häufig »real Date«, also »echtes Date«, genannt wird.

Im Umkehrschluss deuten übrigens die meisten Menschen Sex beim ersten Date als Signal, dass man nur an einer Affäre oder einem sexuellen Abenteuer interessiert ist.

Wir sehen dies völlig wertfrei und werden Ihnen daher auch keine Tipps geben, wann der richtige Zeitpunkt für körperliche Nähe ist. Das ist ganz alleine Ihre Sache. Wir möchten Sie nur darauf hinweisen, dass Sie alleine mit Ihrem Verhalten bereits gewisse Informationen und Signale senden, die möglicherweise anders interpretiert werden, als Sie selbst das erwarten oder gar für möglich halten.

Sie sollen daher unbedingt das Tempo wählen, mit dem Sie sich wohlfühlen. Lassen Sie nur so viel Nähe zu und fordern Sie so viel Distanz ein, wie es Ihnen guttut. Und falls Sie das Gefühl haben, Ihre Signale werden missverstanden oder Sie selbst interpretieren die Signale des anderen falsch, dann sprechen Sie offen darüber. So gut kennen Sie sich nun mal noch nicht, dass Sie jede kodierte Kommunikation Ihres Gegenübers dechiffrieren könnten.

Checkliste 8: Meine persönlichen Dating-Regeln

Anhand der folgenden Checkliste können Sie auf einen Blick feststellen, wie weit Sie Ihre jeweiligen Dating-Regeln bereits umgesetzt haben.

Irgendwann ist *es* geschehen, und hoffentlich hat es Ihnen Lust auf mehr gemacht. Waren zwei Menschen, die sich eine gemeinsame Beziehung wünschen, erst einmal im Bett, ändert sich ihr Umgang miteinander grundlegend. Zuvor war man sich vielleicht nicht völlig fremd, aber auch nicht richtig vertraut, und nun besteht eine Intimität, die den Umgang miteinander neu definiert, auf die allerdings jeder unterschiedlich reagieren kann. In dieser Phase ist es besonders wichtig, die eigene Wahrnehmung und die eigenen Empfindungen nicht beim anderen vorauszusetzen.

	Ja	*Nein*	*Bin dabei*
Ich tue alles, damit ich mit mir selbst zufrieden bin und mich in meiner Haut wohlfühle.			
Ich bin geduldig und gelassen. Ich wirke nicht verzweifelt oder bedürftig.			
Ich bin verbindlich und halte mich an meine Ankündigungen und Vorsätze.			
Ich suche eine langfristige Partnerschaft und kein Abenteuer.			
Ich weiß, was ich will: den passenden Partner für eine harmonische Beziehung finden.			
Ich bin authentisch und muss keine »Spielchen spielen«.			
Ich weiß, dass ich meinen Partner nicht ändern kann.			
Ich kenne meine Ängste und respektiere die Ängste der anderen.			
Ich kann auch ohne eine Partnerschaft mein Leben bestreiten.			

Das ist vor allem deshalb heikel, weil man in dieser Phase des Kennenlernens zum ersten Mal eine Art Kosten-Nutzen-Rechnung aufstellt. Die Verliebten zeigen sich gegenseitig erste Grenzen auf. Die Kompromissfähigkeit wird auf die Probe gestellt. Erstmals wagen wir es, nicht nur unsere Schokoladenseite zu zeigen. Wir wünschen uns einen Partner, der uns so nimmt, wie wir sind, und der uns genau dafür liebt – das bedeutet, wir müssen die Maske abnehmen und uns so geben, wie wir tatsächlich sind.

Das verunsichert uns. Kopf, Herz und Bauch scheinen jetzt ständig verschiedener Meinung zu sein, und wir sind hin und her gerissen zwischen Kalkül, Hoffnung und Leidenschaft. Spätestens jetzt hören wir auf die Meinung unseres sozialen Umfeldes, etwa von Freunden, Eltern und Kollegen.

Aus der Informationsflut eigener Erfahrungen und Wahrnehmungen sowie aus Meinungen und Urteilen des Bekanntenkreises versuchen wir nun, ein klares Bild darüber zu erhalten, wie diese Partnerschaft im täglichen Leben aussehen könnte. Häufig haben wir uns bereits eine Meinung gebildet, suchen zur Absicherung aber die Bestätigung dieser Meinung im Urteil von Menschen, denen wir vertrauen. Je nachdem, auf welche Vorbilder oder Lebenserfahrung wir hierbei zurückgreifen können, gründet sich unsere Kosten-Nutzen-Rechnung frei nach Professor Bernhard Ludwig auf folgenden einfachen Dreisatz: Zufriedenheit definiert sich aus dem Verhältnis Erwartetes durch Erreichtes. Das heißt, je mehr Sie erwarten, umso mehr müssen Sie erreichen, damit Ihre Zufriedenheit hoch ist.

Genau dieser Abgleich von Erwartungen, Hoffnungen und vermeintlicher Realität (wir können schließlich nicht in die Zukunft blicken und müssen uns auf Indizien stützen) beschäftigt uns in der Verhandlungsphase irgendwann so sehr, dass sich die meisten zurückziehen, um in Ruhe ein klares Bild entwerfen zu können, wie diese Partnerschaft ablaufen würde.

Dieser Rückzug gehört zur Phase des Kennenlernens dazu,

dennoch führt er häufig zu großer Verunsicherung beim anderen. Vor allem die menschenorientieren Beziehungstypen müssen aufpassen, dass sie in ihrer Verunsicherung keine voreiligen Schlüsse ziehen oder folgenschwere Schritte unternehmen.

Denken Sie daher immer daran: Eine gewisse Form von Rückzug gehört dazu und ist an sich nichts Bedrohliches. Lassen Sie dem anderen Zeit, und gewähren Sie ihm den Raum, den er benötigt. Ihr Date erklärt Ihnen, er möchte das Wochenende mit Freunden verbringen? Akzeptieren Sie es. Selbst wenn Sie sich zurückgewiesen fühlen: Lassen Sie ihn gewähren!

Sie wollen aber lieber kämpfen? Sie möchten beweisen, dass Sie und nur Sie der passende Partner sind? Ihnen fallen spontan hundert SMS ein, die Sie ihm schreiben möchten? Sie haben bereits die Theaterkarten für die Premiere seines Lieblingsstücks gekauft? Sie haben ihm eine Playliste mit all ihren favorisierten MP3-Files gebrannt?

Egal, warten Sie ab!

Was geschieht denn in uns, wenn wir auf einmal nicht mehr jeden Abend die Nähe des anderen suchen? Nun, die Gründe können vielfältig sein. Wer beispielsweise lange Single war, vermisst plötzlich Aspekte des Alleinseins. Ängste brechen auf, vor zu viel Nähe, vor der Verantwortung, vor der Änderung der Lebensumstände, vor dem Verlassen der bequem eingerichteten Komfortzone, vor Verbindlichkeit, die begehrlich und erschreckend zugleich wirkt. Nicht selten kommt es daher vor, dass sich einer von beiden mitten in der Kennenlernphase besinnt, dass er ja mal ein eigenes Leben geführt hat und dass die eigenen (zum Teil auch ungeliebten) Gewohnheiten ebenso wie die Freiheit, Entscheidungen allein zu treffen, und die Ruhe in den eigenen vier Wänden durchaus zur Lebensqualität beigetragen haben.

Jeder Single kennt solche Gedanken, und im Zuge des Verliebtseins spielen sie eine untergeordnete Rolle. Doch nach einigen Wochen des Ausprobierens und Verhandelns drängen sie sich ins Bewusstsein.

Was Sie in diesem schwierigen Moment nicht tun dürfen, liegt damit auf der Hand: jetzt einen Gang hochschalten. Sie erinnern sich, was geschieht, wenn jemand ungefragt Ihre persönliche Zone betritt? Sie weichen zurück. Wenn er daraufhin einen weiteren Schritt auf Sie zumacht, weichen Sie weiter zurück. Und wenn Sie irgendwann eine Wand hinter sich spüren und keinen Raum mehr zum Zurückweichen haben, dann flüchten Sie. Notfalls unter Aufwendung all Ihrer Kräfte.

Genauso ist auch der Ablauf während der Rückzugsphase. Mit jeder SMS, jedem Blumenstrauß, jedem Versprechen und jedem Anruf drängen Sie den anderen weiter an die Wand.

Wir wissen, es fällt Ihnen schwer, dennoch können und sollen Sie in dieser Phase vorerst nichts tun. Derjenige, der sich zurückzieht, ist am Ball, nicht Sie. Im schlimmsten Fall, nämlich wenn der Rückzug tatsächlich aus dem Bedürfnis nach mehr Distanz erfolgt ist, bestätigen Sie mit jedem Zugehen auf den anderen die Ängste, die erst zu dieser Reaktion geführt haben.

Glauben Sie jetzt bitte nicht, es träfe immer nur Sie. In der Verhandlungsphase wechseln sich die Beteiligten in der Regel ständig ab und die Rückzugssituationen wiederholen sich. Bis sie schließlich zu der zum ersten Mal offen ausgesprochenen Frage führen: »Was tun wir hier eigentlich? Wohin führt uns das? Was möchten wir?« Und schon stecken Sie mitten im ersten Beziehungsgespräch. Nicht immer, aber häufig werden dabei zum ersten Mal tiefe Gefühle offenbart, denn die spielerische Phase nähert sich nun dem Ende. Beiden ist klar: Dieses Beziehungsgespräch legt fest, wie es weitergeht, und nimmt dem bis dahin vielleicht noch unverbindlichen Kennenlernen die Unschuld.

Die Entscheidung

Egal ob beim ersten Date oder nach zwei Monaten Annäherungszeit, irgendwann steht eine Entscheidung an.

Bleiben wir zunächst bei dem zuvor beschriebenen Szenario vom ersten Beziehungsgespräch. Dieses kann sehr unterschiedlich enden. Im besten Fall sind Sie einer Meinung und beschließen, es miteinander zu versuchen. Damit verlassen Sie die unverbindliche Dating-Phase zugunsten der Zusage, den nächsten Schritt gemeinsam zu wagen. Sie sind jetzt durch diese von Ihnen beiden getragene Entscheidung ein Stück weit zu einem *Wir* geworden.

Doch häufig läuft es leider nicht so eindeutig ab. Da wäre beispielsweise die unverbindliche Affäre, die man genauso »Alles bleibt, wie es ist« nennen könnte. Womöglich haben Sie sich einfach noch nicht entscheiden können, ob Sie den Kontakt intensivieren wollen, und Ihnen fehlen noch einige Informationen, um Ihre Kosten-Nutzen-Rechnung abschließen zu können. Sie möchten weitere gemeinsame Erfahrungen machen, um zusätzliche Puzzlesteine für ein vollständigeres Bild zu sammeln.

All das ist noch lange kein Grund zur Verunsicherung – falls es sich tatsächlich um eine gemeinschaftlich beschlossene Verlängerung der Testphase handelt. Doch in der Theorie klingt das oft machbarer als in der Praxis, in der meist einer der Partner seine Bedürfnisse nicht erfüllt sieht. Hier sieht man sich rasch mit einer erneuten Rückzugssituation konfrontiert, die nun einen deutlichen Unterschied im Kräfteverhältnis offen legt, nämlich wenn einer mehr will als der andere.

Wir möchten Sie keinesfalls auffordern, frühzeitig das Handtuch zu werfen und sich somit Ihre Chancen zu nehmen. Doch gerade wenn Sie lange allein gelebt und sich emotional stark engagiert haben, sollten Sie sich und Ihrem Gegenüber eine Frist setzen, wie lange diese Stillstandphase aus Rückzug, Annäherung und Beziehungsgesprächen andauern soll. Das dient einzig und allein Ihrem Selbstschutz.

Viele Singles geraten leicht in die Situation, dass sie das Nein in der Aussage des anderen, man könne doch einfach so weitermachen wie bisher, überhören und nun in allen Reaktionen ein Ja interpretieren möchten. Häufig senden Menschen in dieser Phase uneindeutige Signale: Sie lehnen zwar mehr Nähe ab, genießen jedoch die Intimität. Sie wollen sich nicht auf ein gemeinsames Zeitkontingent verpflichten, rufen aber jeden zweiten Tag an. Sie antworten auf jede SMS mit Witz und Esprit, schicken jedoch selbst niemals die erste.

Dieses Wechselspiel kann auf tiefgehenden, bewussten und

unbewussten Bindungsängsten beruhen, und zwar auf beiden Seiten. Gerade wer am Ende seiner Dating-Phasen wiederholt solche Situationen erlebt, sollte sich fragen, ob nicht die eigene Bindungsangst solch unverbindliche Partner auswählt.

Vielleicht hilft Ihnen ja der folgende Gedanke weiter, wenn Sie das nächste Mal in einer solchen Lage stecken und nicht herauskommen: In der Zeit, in der Sie etwas Unerreichbarem hinterhereilen, verschließen Sie sich für alle anderen Möglichkeiten, die sich Ihnen währenddessen bieten. Tun Sie sich das nicht an. Und geben Sie bitte auch nicht den zweideutigen Signalen Ihres Gegenübers die Schuld, schließlich können Sie jederzeit selbst etwas daran ändern. Es liegt einzig an Ihnen, wie lange Sie leiden wollen, indem Sie jede erhaltene SMS mit Freunden im Hinblick auf ihre Interpretationsmöglichkeiten diskutieren und in jedem Telefonat Ihre Fast-Vielleicht-Beziehung thematisieren. Manchmal ist es gesünder, wenn Sie selbst den ersten Schritt unternehmen und ein wenig erfolgreiches Projekt abschließen, um die Ressourcen für ein neues zu schaffen, als darauf zu warten, dass Ihnen diese Entscheidung abgenommen wird.

Damit kommen wir noch einmal zu den Absagen oder Körben, wie sie landläufig genannt werden. Den wenigsten Menschen fallen Absagen leicht, weder sie zu erhalten noch sie zu vergeben. Einem Fremden in einer Kneipe die Einladung zum Drink abzuschlagen, ist meistens einfach, schließlich haben Sie in diesem Fall noch keine zwischenmenschliche Beziehung aufgebaut. Ganz anders am Ende einer Dating-Phase, denn da haben Sie sich bereits ein wenig kennengelernt. Sie haben bereits – wenn auch nur in Gedanken – Zukunftsszenarien entworfen, sind sich vielleicht auch körperlich nahegekommen und haben das Risiko auf sich genommen, dem anderen einen Teil Ihrer Persönlichkeit zu offenbaren. All das bietet Raum für große Erwartungen, privateste Wünsche – und Verletzungen. Denn im Grunde interpretieren wir jede Abweisung persönlich, nämlich im Sinne von »Ich will dich nicht. Du gefällst mir nicht oder nicht gut genug.«

Daher lautet unser wichtigster Appell: Nehmen Sie Absagen bitte nicht persönlich!

Das mag Ihnen jetzt schwerfallen, und Sie fragen sich, was denn noch persönlicher sein könnte? Dann wechseln Sie doch einmal die Perspektive.

Stellen wir uns vor, Sie seien ein stets um Ausgeglichenheit bemühter Mensch. Ihr Gegenüber findet aufgrund seiner Erfahrung und Prägung aber besonders dominante Persönlichkeiten spannend. Vielleicht hat seine erste Liebe diesem Bild entsprochen, und er sucht nun eine Wiederholung. Seine Entscheidung, den Kontakt zu Ihnen abzubrechen, hat demnach nichts mit Ihnen zu tun, sondern mit ihm. Für sein Bild im Kopf, seine Wünsche, seine Bedürfnisse sind Sie schließlich nicht verantwortlich. Die haben sich weit vor Ihrer Zeit ausgeprägt und haben nichts mit Ihnen als Person zu tun.

Natürlich ist es schade, dass es nicht gepasst hat. Doch all die schönen Situationen, die Sie sich in Ihrer Fantasie vorgestellt haben und die Sie gemeinsam hätten erleben können, sind nichts weiter als Ihre Fantasien. Mit diesem Menschen werden Sie sie gewiss nicht erfahren, denn in dessen Fantasie sehen diese Situationen ganz anders aus – und ob die Ihnen gefallen würden, steht auf einem ganz anderen Blatt.

Abschließend möchten wir Ihnen noch einige Tipps für den Umgang mit Absagen geben:

Warten Sie nicht zu lange! Die Gefahr, jemanden mit einer Absage schmerzhaft zu treffen, wächst, je weiter der Kontakt fortschreitet – von ersten Mails und Briefen über Telefonate bis hin zum Treffen. Deshalb ist es nur fair, den anderen frühzeitig wissen zu lassen, wenn Sie nicht interessiert sind. Dabei sollten Sie ihn bitte so behandeln, wie Sie selbst behandelt werden möchten. Seien Sie mutig und reihen Sie sich nicht in die Masse derer ein, die sich einfach nicht mehr melden. Vielleicht wartet Ihr Kontakt tagelang vor dem Telefon, hofft und leidet, während er versucht, Sie zu erreichen. Das muss nicht sein, wenn Sie mit Mut und Taktgefühl fair miteinander umgehen.

Mut zum Neinsagen! Es ist sinnlos, Kontakte halbherzig fortzusetzen. Unpassende Kompromisspartner und Lückenfüller, die nur Streicheleinheiten für Ihr Ego darstellen, sind nicht für eine ernsthafte Partnerschaft geeignet. Hören Sie auf Ihre innere Stimme. Wenn die ablehnt, ist Ihr Unterbewusstsein vermutlich weiter als Ihr Verstand. Trauen Sie sich ruhig, darauf zu hören, denn Ihr Unterbewusstsein weiß nämlich erheblich besser über Sie Bescheid, als Ihnen vielleicht klar ist.

Kommen Sie schnell zum Punkt! Reden Sie nicht um den heißen Brei herum, sondern sagen Sie direkt, dass Sie eine Entscheidung getroffen haben. Machen Sie sich selbst die Gründe dafür klar, dann können Sie auch dem anderen gegenüber glaubhaft und fair argumentieren. Sagen Sie es ruhig, wenn Sie erkannt haben, dass Ihre Wertvorstellungen zu unterschiedlich sind oder Sie nicht auf einer Wellenlänge liegen. Oder dass es einfach nicht Klick gemacht hat und Sie sich nicht verliebt haben. Nicht jeder Mensch gewinnt auf den zweiten oder dritten Blick. Wenn Sie ein komisches Gefühl haben, sollten Sie dem anderen freundlich mitteilen, dass Sie es hierbei belassen möchten. Ist Ihnen das alles zu direkt, dann können Sie auch erwähnen, dass Sie noch andere Verabredungen haben und sich nicht festlegen möchten. Sollten Sie ein Gespräch von Angesicht zu Angesicht partout nicht wagen, so rufen Sie an oder schicken zumindest eine schriftliche Absage.

Begründungen sind unnötig! Stellen Sie sich vor, Sie erlitten Schiffbruch: Sie sinken, doch statt ins Rettungsboot zu steigen und zur sicheren Insel hinüberzupaddeln, diskutieren Sie mit dem Kapitän über die Gründe der Havarie. Unterdessen zieht das sinkende Schiff Sie mit auf den Grund. Anstatt sich zu retten, reißen Sie sich also lieber tiefer in Ihr Unglück.

Ähnlich ist es, wenn Sie den Gründen, warum es nicht gepasst hat, zu lange und intensiv nachforschen. Das Schiff sinkt und ist nicht zu retten. Machen Sie sich also auf den Weg zur Insel, bevor Sie ertrinken. Wenn Sie erst in Sicherheit sind, können Sie über die Gründe noch endlos lange reflektieren. Im ersten Moment sollten Sie sich jedoch aus Selbstschutz aus der Gefahrenzone bringen, an der Sie sowieso nichts ändern können.

Wenn Sie selbst den Korb austeilen, dann geben Sie bitte keine Gründe an, die in der Person des anderen liegen, damit jeder sein Gesicht wahren kann. Gerade Makel oder Äußerlichkeiten sollten Sie einem anderen niemals vorhalten. Das lässt Sie oberflächlich erscheinen.

Nicht so zurückhaltend müssen Sie sich geben, wenn konkrete Anlässe die Abweisung ausgelöst haben. Wenn sich etwa beim ersten Date herausstellt, dass die Bilder im Online-Profil falsch oder die Angaben nicht nur ein bisschen beschönigt, sondern grob gelogen waren. Oder wenn Sie nach drei Wochen erfahren, dass der vermeintliche Single noch mitten in einer endlosen Trennungsphase steckt.

Absagen gehören zur Partnersuche dazu – es geht nun mal nicht ohne –, aber sie machen den Weg frei für andere, neue Bekanntschaften. Lassen Sie sich daher nicht entmutigen, und bleiben Sie in Ihrer eigenen Beurteilung realistisch. Vielleicht sind Sie nicht jedermanns Traum, aber garantiert sind Sie auch nicht jedermanns Alptraum.

Nicht Ihr Erfolg bei anderen macht Sie zu einem besseren Menschen. Und dass Sie sehr wohl liebenswert sind, beweisen die Beziehungen zu Freunden und Familie oder zu früheren Partnern. Nicht jeder kann und muss Sie mögen. Wenn Sie auf Partnersuche gehen, lernen Sie eine Menge neue Menschen kennen. Darunter sind zwangsläufig und trotz aller Vorsicht welche, die Sie unsympathisch finden – und umgekehrt. Je mehr Personen Sie kennenlernen, umso größer wird die Zahl derer, mit denen Sie nichts zu tun haben möchten. Das liegt in der Natur der Sache und muss Ihr Selbstbild nicht ankratzen.

Machen Sie sich daher vorab schon klar:

Einsamkeit schmerzt und ist ungesund. Kein Mensch ist für die Isolation gemacht, sondern ein jeder benötigt Nähe,

Zuneigung und Kontakt. Das muss nicht gleich der Partner fürs Leben sein, doch ein soziales Netz aus verlässlichen Freunden benötigt jeder. Positiver zwischenmenschlicher Kontakt sorgt für die Ausschüttung von Glückshormonen und macht uns glücklich.

Denken Sie positiv. Geraten Sie nicht in die Schleife der sich selbst erfüllenden Prophezeiungen. Viele Einzelgänger denken: Mein Leben ist enttäuschend. Oder: Die Welt ist so schlecht. Solche Gedanken sind von der jeweiligen Perspektive abhängige Konstruktionen. Sie sind völlig subjektiv und irrational und sollten dringend in neue, positive Bahnen gelenkt werden. Dabei können Freunde oder Fachleute helfen, wenn Sie sich zu sehr in Ihren kreisenden Gedanken gefangen fühlen.

Werden Sie aktiv! Das Glück klopft nun mal nicht von selbst an jede Tür. Nicht der neue Partner gibt Ihrem Leben einen Sinn, das müssen Sie schon selbst tun. Besuchen Sie Kurse, Veranstaltungen, Museen, Vereine, Messen und Fortbildungsangebote. Alles, was Änderungen in der Lebensführung provoziert, hilft Ihnen dabei, selbstsicherer und dadurch attraktiver für andere zu werden.

Nur so sind Sie auf dem richtigen Weg, einen geeigneten Partner zu finden.

Anhang

Adressen

Freizeit und Ausgehen

www.meineleute.de
Lokale Community für alle Städte Deutschlands

www.freundesfreunde.de
Frisches Web-2.0-Freundschaftennetzwerk

www.xing.com
Großes soziales Netzwerk für geschäftliche Kontakte

www.vhs.de
Unabhängiges Verzeichnis für Volkshochschulen in Deutschland und Nachbarländern

www.dosb.de
Verzeichnis aller Vereine und Angebote des Deutschen Olympischen Sportbundes

www.prinz.de
Veranstaltungshinweise aus den Metropolen Deutschlands

Partnersuche im Internet

www.neu.de
Populäre Single-Börse mit über fünf Millionen Mitgliedern

www.elitepartner.de
Online-Agentur für Akademiker und Singles mit Niveau

www.parship.de
Die führende Partneragentur für anspruchsvolle Singles

www.singleboersen-vergleich.de
Unabhängiger Überblick über die besten Single-Angebote im Internet

Reisen

www.sunwave.de
Erfahrener Anbieter von Single-Reisen

Single-Events

www.datingcafe.de
Umfangreiches Angebot hochwertiger Single-Veranstaltungen

Seminare und Coaching

www.BegegnungsArt.de
Single-Seminare und Intensiv-Coaching für Kennenlernen und Partnerschaft

www.dieperfektemasche.de
Pickup-Artist-Seminar um die perfekte Masche

Quellen

Coren Apicella, David Feinberg, Frank Marlowe, *Voice pitch predicts reproductive success in male hunter-gatherers*, in: *Biology Letters*, Nr. 6, 2007, S. 682–684.

Steven Carter, Julia Sokol, *So nah und doch so fern. Beziehungsangst und ihre Folgen*, Fischer, Frankfurt [8]2000.

Ellen Fein, Sherrie Schneider, *Die Kunst, den Mann fürs Leben zu finden. Alle Regeln in einem Band*, Piper, München [10]2002.

Manfred Hassebrauck, Beate Küpper, *Warum wir aufeinander fliegen*, Rowohlt, Reinbek [3]2002.

Eric Hegmann, in Zusammenarbeit mit Lisa Fischbach, *Die Traumprinz-Falle,* Mosaik bei Goldmann, München 2006.

Bernhard Ludwig, *Anleitung zur sexuellen Unzufriedenheit*, Goldmann, München 2008.

Stanley Milgram, *The Small World Problem*, in: *Psychology Today*, Mai 1967, S. 60–67.

Norbert F. Schneider, Heiko Krüger, *Der subjektive Sinn der Ehe und die Entscheidung zur Heirat,* in: *Zeitschrift für Soziologie* Bd. 36/2, 2007.

Register

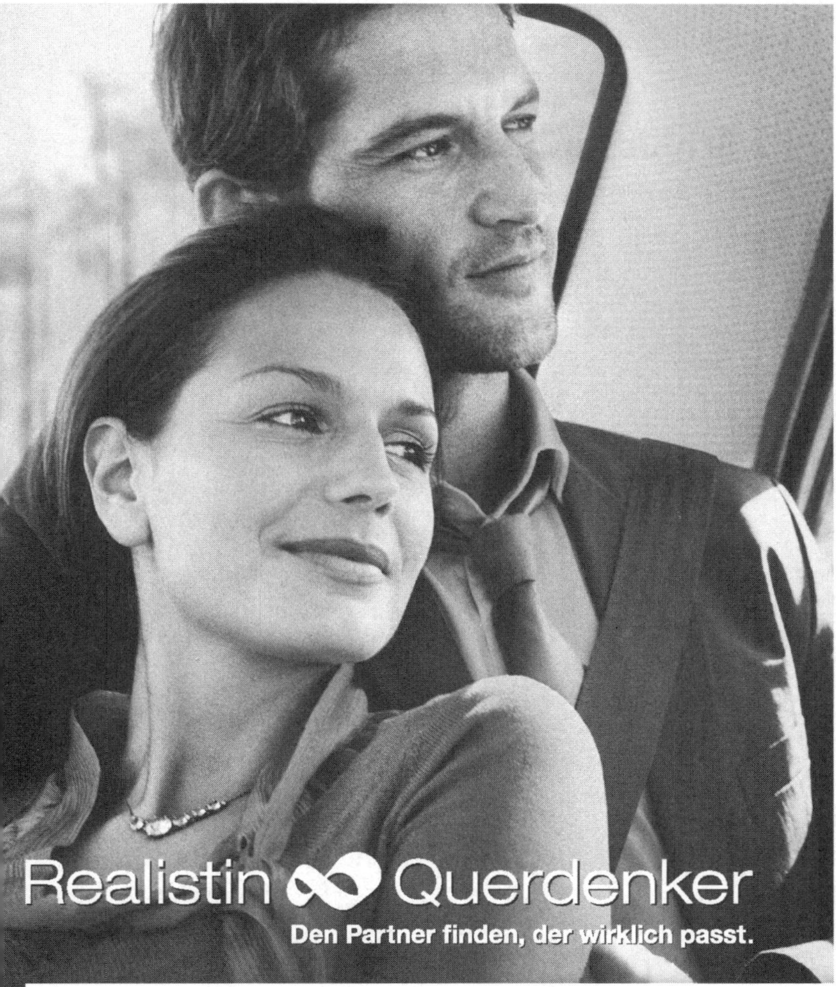
Realistin Querdenker
Den Partner finden, der wirklich passt.

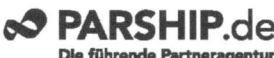

Schluss mit dem Single-Dasein!

16624

16678